신학박사 논문시리즈 [21]

미국교회 부흥신학

부흥론 성격변천에 관한 비교분석 연구

박용호 지음

기독교문서선교회

기독교문서선교회(Christian Literature Crusade: 약칭 **CLC**)는
1941년 영국 콜체스터에서 켄 아담스에 의해 시작되었으며
국제 본부는 영국의 쉐필드에 있습니다.

국제 CLC는 59개 나라에서 180개의 본부를 두고, 약 650여 명의
선교사들이 이동도서차량 40대를 이용하여 문서 보급에 힘쓰고 있으며
이메일 주문을 통해 130여 국으로 책을 공급하고 있습니다.

한국 CLC는 청교도적 복음주의 신학과 신앙서적을 출판하는
문서선교기관으로서, 한 영혼이라도 구원되길 소망하면서
주님이 오시는 그날까지 최선을 다할 것입니다.

Revival Theology in America

by
Yong Ho Park

Korean Edition
Copyright © 2012 by Christian Literature Crusade
Seoul, Korea

| 추천사 1

오덕교 박사
前 합동신학대학원대학교 총장

　교회의 부흥은 단순히 신자 수의 증가를 의미하지 않고 신자들의 삶이 질적으로 변화되는 현상을 의미한다. 부흥운동이 일어날 때에는 항상 언어와 생활의 개혁이 일어났다. 세상적인 대화를 주로 하던 이들이 하나님의 나라와 하나님의 의에 대하여 말하기를 좋아하고, 죄를 즐기던 이들이 회심과 함께 거룩함을 추구하며, 자신만을 위하던 이들이 다른 이를 위해 희생하며 봉사하는 현상이 일어나곤 하였다. 부흥운동을 통하여 생활의 개혁이 이루어진 것이다. 이점에서 기독교의 부흥운동은 창조질서의 회복이며, 성경적 복음 신앙의 회복이다.
　이러한 점에서 볼 때 기독교 역사는 부흥의 역사이다. 예수 그리스도께서는 이 세상에 오셔서 "회개하라! 천국이 가까이 왔다"고 선언하심으로 아담의 타락 이후에 왜곡된 창조질서를 회복하였다. 예수님의 설교를 듣고 허다한 무리들이 하나님의 품안으로 돌아와서 교회의 부흥을 이끌었다. 사도들도 그리스도의 고난과 부활을 증거하고 회개를 촉구함으로 큰 부흥을 이끌었다. 특히 사도 베드로는 오순절 성령강림 후 3,000명 또는 5,000명이 회개의 열매를 맺게 하였다. 바울 일행도 가는 곳마다 회개의 복음을 증거하여 허다한 이방인들이 하나님에게 돌아오는 교회의 부흥을 체험하였다.
　이렇게 시작한 초대교회의 부흥운동은 콘스탄디누스의 개종과 함께 정점에 달하였고, 로마 가톨릭교회가 무지와 미신으로 교회를 이끌면서 중세를 암흑시대로 만들었고, 교회 부흥의 불길은 거의 사그라졌다. 그렇지만 루터(Martin Luther)와 칼빈(John Calvin)과 같은 종교개혁자들에 의하여 교회는 다시 한 번 부흥을 맞이하였다. 로마 가톨릭교회가 1229년에 열린 발렌시아교회회의를 통하여 성경을 금서로 지정하면서 말씀의 빛이 사라졌지만, 종교개혁자들은 성경을 성도들에게 돌려주어 수많은 이들이 복음의 빛으로 돌아와 교회 부흥의 절정기를 이루었다.

말씀의 부흥과 함께 생활개혁과 사회개혁이 이루어짐으로 근세시대를 열었고, 이러한 부흥운동의 전통은 18세기를 넘어 20세기까지 이어져 세계복음화운동으로 이끌었다. 이러한 부흥운동의 역사적 맥락에 기초하여, 박용호 박사는 본서를 통하여 근세 부흥운동의 주역이었던 4명의 인물들-조나단 에드워즈(Jonathan Edwards), 찰스 피니(Charles G. Finney), 디 엘 무디(D. L. Moody), 빌리 그레이엄(Billy Graham)-의 부흥론에 대해 비교하면서 소개하였다. 그는 네 명의 부흥사들의 저서를 직접 연구하여 부흥신학이 어떻게 발전하고 변화하는지 연구하였고, 그에 기초하여 진정한 부흥이 무엇인지를 논하고 있다.

박용호 박사는 4명의 부흥사의 부흥관을 비교 연구하면서 올바른 부흥신학은 인위적 조처나 조작에 의한 부흥이 아니라 하나님의 말씀에 기초하며, 하나님에 의하여 주도되는 부흥운동이라고 주장하고 있다. 본서는 부흥의 진정한 근원이 무엇인지 제시하고 있을 뿐만 아니라 부흥의 가능성과 올바른 방향성을 제시하고 있다. 이 점에서 본서는 영적인 부흥을 간절히 고대하는 한국교회의 목회자와 신학생 그리고 성도들에게 큰 유익을 제공할 것이라고 믿는다. 이 책을 통하여 한국교회의 부흥이 다시 한 번 크게 일어나게 되기를 고대하면서 독자 여러분에게 일독을 권하는 바이다.

| 추천사 2

정준기 박사
광신대학교 교회사연구소장

성경은 구약과 신약을 통해 부흥(Revival)이 하나님의 뜻임을 말씀하고 있다. 교회사에서 우리는 다양한 시대에 다양한 곳에서 부흥이 일어났음을 볼 수 있다. 이것은 하나님이 지금도 교회가 부흥하기를 바라신다는 증거이다.

박용호 박사의 『미국교회 부흥신학』은 21세기 교회가 이러한 하나님의 뜻을 어떻게 현실화 할 수 있는지를 빌리 그레이엄의 **부흥론**을 중심으로 하여 역사적이며 신학적인 측면에서 조명한 탁월한 저술이다.

미국의 부흥신학에 영향을 받은 한국교회는 인위적이고 기계적인 부흥론에 젖어 있음을 부인할 수 없다. 본서는 이러한 부흥론을 극복하고 성경적이며 참된 부흥론을 주장하고 있다.

박용호 박사는 마틴 루터(Martin Luther)처럼 법학자이며, 존 칼빈(John Calvin)처럼 신학자이고, 리처드 백스터(Richard Baxter)처럼 목회자이다. 광신대학교에서 교회사 등을 강의했고, 교회사연구소 연구원으로 활동하고 있는 학자이다. 본 저서는 저자 자신이 대학생들의 바른 신앙운동에 헌신하고 있는 목회자로써 청년학생 부흥을 위한 그 동안의 고민을 목회적 입장에서 신학적으로 연구하되 법학적 논리를 적용하여 조나단 에드워즈, 찰스 피니, 디 엘 무디, 빌리 그레이엄의 부흥론을 체계적으로 비교한 훌륭한 작품이다.

저자는 "조나단 에드워즈는 칼빈주의 청교도 부흥론, 찰스 피니는 알미니안 칼빈주의 부흥론, 디 엘 무디는 보수적 성격의 알미니안 칼빈주의 부흥론 그리고 빌리 그레이엄은 신복음주의 부흥론이 특징"이라고 평가하고 있다. 이러한 저자의 연구결과가 알미니안화 되어 인간중심으로 형성되어 있는 한국교회를 비롯한 모든 교회들의 부흥신학을 하나님 중심의 부흥신학으로 되돌리는 데 크게 공헌할 것으로 기대한다.

| 머리말

　우리가 역사를 연구함은 케케묵은 과거의 자료들을 뒤적거려 거기서 남이 알지 못했던 뭔가 독특한 것을 발견하여 자기만의 지적 희열을 느끼고자 함이 아니다. 역사연구를 통해 현재의 나와 공동체가 어떠한 과거의 영향들 속에 있는지 그 정체성을 발견하고 혜안을 얻기 위함이라는 것은 누구나 알고 있는 상식이다. 그러므로 역사연구에 있어서 현재의 우리와 관련된 주제들이 관심사항이 될 수밖에 없으며 그러한 주제들이 연구되어지는 것은 자연스러운 현상이다. 이런 현상은 각 시대마다 관심이 있게 다루어졌던 역사연구의 주제들에 관한 연보(annals)만 보아도 알 수 있다. 교회사 연구에 있어서도 마찬가지다. 현재 교회의 관심사항이 교회사 연구의 주제로 설정되는 것은 지극히 자연스러운 현상이다. 본서『미국교회 부흥신학』역시 그렇다. 2007년은 한국교회가 평양대부흥(1907)을 경험한지 100주년 되는 해였다. 교회마다 혹은 신학교마다 부흥에 관한 주제들이 논의되었고 100년 전의 부흥을 다시금 경험하고자 하는 집회들이 많이 열렸다. 그러나 이러한 노력들은 하나의 행사위주로 끝나버렸고 평양대부흥과 같은 부흥이 임하지 않았다. 왜인가? 무엇이 문제인가? 하나님은 50년 혹은 100년 단위로 부흥을 주셔야만 하는가? 하나님은 우리가 설정한 의미 있는 시간에 꼭 부흥을 내려주셔야만 하는가?

이런 문제의식들이 본서의 주제를 설정하고 연구하는 동기가 되었다. 본서는 근대 미국교회 부흥신학 성격 변천에 관한 것으로서 1차 대각성 때부터 현재까지 미국교회 부흥신학이 어떻게 변천되어 왔는가를 분석한다. 부흥에 관련된 책들이 꽤 많이 나와 있다. 그러나 대부분 몇 가지 점에서 아쉽다. 첫째, 부흥에 관련된 신학적 견해가 분명한 책들은 부흥을 역사적 맥락에서 살피는 것이 미흡하다는 점이요, 둘째, 부흥에 관해 역사적 맥락에서 살피는 책들은 신학적 견해가 불분명하여 모든 시대의 부흥을 동일가치로 기록함으로써 오히려 부흥신학의 변천과정을 살피는 작업을 어렵게 만든다는 점이며, 셋째, 부흥에 관해 역사적 맥락과 신학적 관점에서 쓴 책들은 사료 인용이 단편적이고 성급한 결론을 내림으로써 학문적인 신뢰감이 떨어진다는 점이다.

본서는 이러한 점들을 극복해 보고자 하였다. 첫째, 역사적 맥락에서 부흥신학을 살피고자 1차 대각성 때부터 현재까지를 연구의 범위로 잡았다. 이 기간은 대략 300여 년에 해당하는 긴 기간이다. 그래서 미국교회 부흥신학 형성에 중요한 네 사람, 즉 조나단 에드워즈, 찰스 피니, 디 엘 무디, 빌리 그레이엄을 선정하였다. 300여 년의 부흥신학 변천을 단지 네 사람의 부흥신학을 통해서 바라본다는 것은 역사를 지나치게 단순화시킬 위험성이 없지 않다. 그러나 네 사람은 미국교회 부흥운동사에서 빼놓을 수 없었던 중요한 사람들로서 각 시대를 연결하는 징검다리 역할을 하기 때문에 이들 네 사람의 부흥신학만 살펴도 미국교회 부흥신학의 변천을 역사적 맥락에서 분석하는데 조금도 부족하지 않다고 생각된다. 둘째, 신학적 관점에서 연구하여 각 사람의 부흥신학의 독특성을 드러내고자 했다. 이를 위해 네 사람의 저서에 나타난 부흥신학을 분석해 내고 그것들을 빌리 그레이엄의 부흥신학과 비교연구하였다. 각 사람의 저서에 나타난 부흥신학 분석에 집중한 것은 1차 사료에 집중함으로써 2차 사료의 편견들을 극복하고자 함이었다. 또 빌리 그레이엄을 중심으로 비교연구한 것은 각 시대의 부흥신학의 차이점과 공통점을 드러냄으로써 부흥신학 변천의 모습들을 보여주기 위함이었다. 무엇보다 빌리 그레이엄을 중심으로 비교연구한 것은 그가 현존하는 인물로서 최근까지 세계적으로 가장 영향력을 끼치고 있는 부흥사이기 때문이며, 또한 미국과 동맹관계에 있는 한국의 교회가 그의 부흥신학에 적지 않은 영향을 받았기 때문이다. 빌리 그레이엄을 중심으로 부흥신학이 비교연구될 때 한국교회 부흥신학의 역사적·신학적 좌표를 확인하는 데 용이할 것이라 생각했기 때문이다.

 필자는 본서에서 빌리 그레이엄의 부흥신학은 절대적인 부흥신학이 아니라 근대 미국교회 부흥의 역사에서 계속해서 알미니안화 과정을 겪어왔던 상대적 부흥신학일 뿐임을 밝힘으로써 한국교회로 하여금 칼빈주의 부흥신학 형성의 화두를 던지고자 한다. 근대 미국교회 부흥신학은 조나단 에드워즈의 칼빈주의 청교도 부흥신학에서 찰스 피니, 디 엘 무디, 빌리 그레이엄에 이르면서 점차 알미니안화 되어 하나님의 주권성보다 인간의 행동과 노력을 강조하는 인간본위적인 부흥신학으로 변천되어 왔다. 이는 하나님 중심의 칼빈주의 신학에서 매우 많이 떠나 있는 부흥신학이다. 칼빈주의 신학은 하나님 중심이다. 부흥에 있어서 하나님 중심성을 상실하고 인간 중심성으로 변모되어 갈 때 신적 종교를 인적 종교로 변모시켜 심각한 병폐를 초래한다.

 현대의 부흥신학은 알미니안화 된 인본주의 부흥신학으로 그 성격이 변화되었다. 거기에 하나님의 능력으로 말미암는 진정한 변화의 역사가 일어나지 않는 이유가 있다. 부흥은 하나님의 것이다. 부흥은 하나님에 의한 것이며 하나님을 위한 것이다. 부흥은 하나님의 절대주권에 의한 것이며 하나님의 영광을 위한 것이다. 부흥은 인간이 인위적으로 조작하여 만들어 낼 수 있는 인공물이 아니라 죄인들에게 베푸시는 하나님의 은혜요, 긍휼의 역사다. 부흥을 위해 무슨 행동을 하기에 앞서서 먼저 올바른 부흥신학 정립이 있어야 하는데, 그것은 하나님이 하나님 되시게 하는 데 있다. 인간 중심성을 벗고 하나님 중심성으로 돌아와야 한다. 칼빈주의 신학과 신앙으로 되돌아와야만 참된 부흥, 성경적인 부흥의 역사가 일어날 것이다. 칼빈주의 부흥신학 정립이 오늘날의 비정상적인 부흥운동의 폐해를 치료할 수 있는 치료책이다.

한국교회는 1907년의 평양대부흥을 오늘날도 재현해 낼 수 있다는 신념의 행동보다 부흥은 하나님이 주시는 것임을 겸손히 인정하는 법부터 배워야 한다. 이는 부흥을 위한 인간의 노력이 필요 없다거나 소극성과 안일을 조장하고자 함이 아니다. 부흥이 누구에게로부터 무엇을 위해 주어지는 것인지가 분명히 정립되지 않는다면 반복해서 알미니안화 된 인간적 행동주의에 사로잡혀 부흥을 위해 몸부림을 칠지언정 부흥의 영광을 맛볼 수 없다는 우려 때문이다. 알미니안화 된 부흥신학에 너무나 깊이 젖어 있는 우리 자신을 발견하고 하나님 중심으로 되돌아가는 것, 그것이야말로 진정한 부흥이다.

본서가 나오기까지 많은 분들의 기도와 사랑이 있었다. 먼저 광신대학교에 와서 마음껏 공부할 수 있도록 여러모로 배려해 주시고 늘 온화한 미소로 격려해 주셨던 정규남 총장께 깊이 감사드린다. 또한 열과 성을 다해 부족한 종을 가르쳐주신 광신대학교 교수님들에게 깊이 감사드린다. 특히 정준기 박사님은 필자를 학문의 길로 들어서도록 아버지 같은 섬세한 사랑으로 이끌어주셨다. 필자가 개인적으로 어려운 시련들로 연약해져 있을 때 도리어 학문하도록 격려해 주심으로써 사람과 다투지 않고 하나님이 주신 은사를 개발하는 창조적 인생을 살아가도록 이끌어주셨다. 고광필 박사님은 건강상의 어려움에도 불구하고 초연한 조직신학자로서 인생을 달관한 경건한 하나님의 사람의 풍모가 무엇인지 삶을 통해서 가르쳐주셨을 뿐 아니라 한 가지 주제에 대해 깊이 사고하는 법을 배우도록 하셨고, 조봉근 박사님은 늘 우렁차고 힘 있는 목소리로 하나님의 진리를 변증하면서도 넓은 포용력으로 사람을 끌어안고 섬기는 참 목회자의 본이 되어주셨으며, 김효시 박사님은 교회사 연구에 있어서 역사연구 방법론을 꼼꼼히 적용하는 것이 무엇인지 배우도록 하셨다. 합동신학대학원대학교 전 총장이신 오덕교 박사님은 바쁘신 중에도 논리적으로 글을 쓰는 것이 무엇인지 지도해주셨고 친히 추천사까지 써주셨다. 이분들은 모두 개혁신학에 기초하여 공부하고 목회하는 것이 무엇인지 가르쳐 주신 나의 스승들이기에 존경과 사랑의 마음을 담아 감사를 드린다. 또한 함께 공부하며 주 안에서 깊은 우정을 나누었던 번성교회 강민수 박사님과 광신대학교의 김호욱 박사께 감사하지 아니할 수 없다. 그리고 이 책의 출판을 기꺼이 허락해주신 CLC 박영호 사장님과 편집을 위해 수고하신 편집부에게 감사를 드린다.

교회를 신자들의 어머니라고 했던 키프리안과 칼빈의 말처럼 하나님은 필자를 대학생성경읽기선교회(UBF)로 부르셔서 이곳을 어머니 품으로 삼아 신앙적으로 양육하셨다. 이 과정에서 나의 일대일 성경교사가 되셨던 나모니카 목자님과 영적 아버지가 되셨던 이여호수아 목사님은 늘 나의 마음에 존경과 감사의 자리를 차지하고 있다. 또한 지금 이 시간도 한국 캠퍼스 지성인 복음화를 위해 자신들의 전 인생을 드려 눈물로 말씀의 씨를 뿌리고 있는 한국의 동료 스텝 목자님들 그리고 오늘도 선교의 최전방에서 언어와 문화의 장벽과 외로움을 극복하며 세계 캠퍼스에 하나님 나라가 임하길 고대하며 고군분투하는 신교사님들 그리고 선교의 최전방에 수시로 심방하여 선교사들을 위로하기에 바쁜 나날 속에서도 필자가 공부할 수 있도록 여러모로 지지해 주신 전요한 박사께 감사드린다. 그동안 공부하느라 사역에 좀 더 많은 시간을 드릴 수 없었던 저를 깊이 이해해주시고 사랑으로 기도해주셨던 조선대학교 UBF 성도님들에게 감사드리며, 필자의 유년시절부터 영혼을 위한 기도의 끈을 한 번도 놓지 않으신 나의 누님 박윤자 권사님에게 감사드린다.

연구실에서 많은 시간을 보내느라 함께해 줄 시간이 많지 않았음에도 불구하고 밝고 건강하게 자라준 사랑스런 두 아들 엘리야와 에스라에게 감사하며, 특히 뒤에서 보이지 않게 기도하며 사랑의 수고를 마다하지 않은 아내 박드보라 사모에게 깊은 감사를 드린다. 무엇보다 나를 죄에서 구원하시고 아름다운 하나님의 집을 섬기는 복된 삶으로 부르신 성삼위 하나님께 이 모든 영광을 드리며 본서를 바친다.

무등산이 바라보이는 지산동 연구실에서
저자 **박용호** 識

일러두기

1. Billy Graham의 한글표기는 '빌리 그래함', '빌리 그레함', '빌리 그레이엄' 등으로 나오나, 본서에서는 번역된 책을 인용하는 부분을 제외하고는 저자의 의견에 따라 '빌리 그레이엄'으로 통일합니다(제1장 각주 3번 참조).
2. 본서에 인용된 책 제목은 한글로 번역하지 않고 저자의 의견에 따라 원서명을 그대로 둡니다, 다만 번역된 서적의 경우 각주의 『 』 안에 번역서명을 표기합니다(제1장 각주 25번 참조).

목 차

추천사 1(오덕교 박사, 前 합동신학대학원대학교 총장) _ 5
추천사 2(정준기 박사, 광신대학교 교회사연구소장) _ 7
머리말 _ 9

제1장 서 론 _ 17
    1. 부흥신학에 관련된 책들의 역사적 맥락의
       빈약성 때문이다 _ 23
    2. 역사적 맥락에서 쓴 책들의 신학적 관점의
       모호성 때문이다 _ 26
    3. 부흥신학에 관련된 자료 인용의 단편성 때문이다 _ 28

제2장 빌리 그레이엄의 부흥신학 _ 33
    1. 빌리 그레이엄의 주요 저서들에 나타난 부흥신학 _ 37
    2. 빌리 그레이엄의 부흥신학 정리 _ 78

제3장 조나단 에드워즈와 빌리 그레이엄의 부흥신학 _ 105
    1. 조나단 에드워즈의 주요 저서들에 나타난 부흥신학 _ 108
    2. 조나단 에드워즈의 부흥신학 정리 및 빌리 그레이엄의 부흥신
       학과 비교 _ 150

제4장 찰스 피니와 빌리 그레이엄의 부흥신학 _ 175

   1. 찰스 피니의 주요 저서들에 나타난 부흥신학 _ 177

   2. 찰스 피니의 부흥신학 정리 및
      빌리 그레이엄의 부흥신학과 비교 _ 205

제5장 디 엘 무디와 빌리 그레이엄의 부흥신학 _ 229

   1. 디 엘 무디의 주요 저서들에 나타난 부흥신학 _ 231

   2. 디 엘 무디의 부흥신학 정리 및
      빌리 그레이엄의 부흥신학과 비교 _ 251

제6장 결 론 _ 267

참고문헌 _ 279

제1장
서 론

본서는 근대 미국교회 부흥신학이 어떻게 변모되어 왔는지를 연구하여 우리 시대의 부흥신학이 어떠한 역사적·신학적 좌표 속에 놓여 있는지 통찰력을 제공함으로써 올바른 부흥신학 정립에 기여하고자 하는 데 목적이 있다.[1] 한국교회는 1907년의 평양대부흥 100주년인 2007년에 상당한 의미를 부여하고서 부흥에 관한 각종 세미나와 집회가 열렸으며 부흥에 관한 각종 서적이 번역되거나 출판되었다. 한국교회가 2007년의 평양대부흥 100주년을 기념하며 그때와 같은 부흥이 일어나길 소망했던 것은 긍정적으로 평가하지만 도대체 부흥이란 무엇이고 또 무엇을 위한 부흥인가에 대한 그 개념과 목적 정립이 미약했던 점에 대해서는 아쉽다.

---

[1] 미국역사는 건국초기 때부터 역사적으로 근대사에 해당하는바 미국교회사는 사실 세계교회사 입장에서 볼 때 '근대교회사'이다. 본서의 연구 범위는 지금까지 살아 있는 빌리 그레이엄의 부흥신학에까지 이르지만 주로 근대교회사의 인물들인 조나단 에드워즈, 찰스 피니, 디 엘 무디의 부흥신학에 대한 연구이기에 본서에서는 '근대 미국 부흥신학' 혹은 '근대 미국교회 부흥신학'이라는 용어를 쓰겠다. 그러므로 본서에서 자주 사용되는 '근대'라는 말은 역사연구의 엄밀한 시대구분 용어가 '근대'보다 약간 확장되어 '현대'까지 포함하는 개념이다.

1990년대 이후 한국개신교인의 수적 성장이 둔화·정체되고 사회적으로 반(反)기독교 정서가 확산되자 이에 대한 자구책으로 평양대부흥 100주년에 커다란 의미를 부여하고 이를 확대시켜 돌파구를 마련하고자 했다는 인상을 지울 수 없다.[2] 물론 하나님은 역사적으로 부흥을 통해서 교인수가 괄목하게 성장하게 하셨고 대(對)사회적·도덕적 리더십을 주셨으나 그러한 목적만을 위해서 부흥을 주신 것은 아니다. 단순히 교인수의 성장과 대사회적·도덕적 리더십 목적만을 위해 부흥을 논하거나 기도한다면 이는 심각하게 왜곡된 부흥신학에 기초하고 있는 것이다.

한국교회는 1970년대 초에 시작된 빌리 그레이엄[3] 부흥집회 이후 이와 유사한 부흥집회를 통해서 교인수가 성장하는 재미를 맛보고 대사회적 힘을 과시하면서[4] 그러한 부흥집회들이 내포하고 있는 부흥의 개념, 목적, 방법론 등에 대해서는 진지한 신학적 검토 없이 무분별하게 추종하였다.[5] 70년대 이후 빌리 그레이엄식의 부흥집회는 교회성장을 위한 하나의 효과적이고 전형적인 패턴으로 받아들여지게 되었으며,

---

[2] 노치준, 『한국 개신교 사회학』(서울: 한울아카데미, 1998), 11-40; 이원규, 『한국교회 무엇이 문제인가?』(서울: 감리교신학대학교출판부, 1998), 165-208; 한국기독교문화연구소, 『한국교회 성장둔화 분석과 대책』(서울: 숭실대학교출판부, 1998). 노치준과 이원규는 한국교회 성장둔화 원인을 종교사회학적으로만 분석하였으나 한국기독교문화연구소는 교회성장론적·선교신학적·종교사회학적·성경신학적·한국교회사적·문화사론적·종교학적·조직신학적·목회신학적 접근방식으로 다각도로 분석했다.

[3] Billy Graham의 한글표기에 '빌리 그래함', '빌리 그레함' 등으로 표기된 책들이 많이 있으나 본서에서는 '빌리 그레이엄'으로 통일하겠다.

[4] "복음주의 신학자 자기 반성해야", 국민일보(2008.5.13), 28면. 김의환 전 총신대 총장은 제51차 한국복음주의신학회 정기논문발표회에서 한국교회의 복음주의의 역사적 흐름을 짚으면서 1973년 빌리 그레이엄 전도대회와 이듬해 엑스플로 74대회 이후 계속된 대의도 집회를 통해 한국교회의 전도 가속화와 급성장으로 이어졌다고 했다.

[5] 1973년의 '빌리 그레이엄 전도대회', 1974년의 '엑스플로 74', 1977년의 '77민족 복음화 전도대회' 등이 대표적이다.

한국교회는 이를 반복했다. 한국교회는 미국과의 동맹관계라는 한국적 정치상황과 미국 중심의 선교사들에 의한 피선교국으로서의 신학적 대미의존도 등에서 미국 시민종교의 대부인 빌리 그레이엄의 부흥신학에 지대한 영향을 받지 않을 수 없었다. 1973년에 있었던 빌리 그레이엄 부흥집회는 한국교회 17개 교단이 참석한 대규모 부흥집회로서 서울과 지방을 합하여 총 4,436,500명이 참석하였으며, 54,310명이 결신하였다.[6] 폐막집회로 열렸던 여의도집회에서는 한번에 100만 명이 넘는 사람들이 모여서 빌리 그레이엄 부흥집회 역사상 가장 많은 인원이 모였다.[7] 이때 박정희 정부가 육군 공병단까지 파견하여 1만 명의 합창단이 올라갈 수 있는 연단을 설치해주었으며, 집회의 교통지도를 위해 7천 명의 군인들이 투입되었다.[8] 2007년에는 빌리 그레이엄의 아들 프랭클린 그레이엄이 한국에 와서 부흥집회를 인도했다.

빌리 그레이엄에 대해 호의적인 저자들은 빌리 그레이엄의 부흥신학을 "칼빈주의 청교도 개척자들, 조나단 에드워즈, 조지 휫필드, 티모시 드와이트, 찰스 피니, 디 엘 무디, 빌리 선데이"로 이어지는 부흥신학의 계승자 혹은 그들을 훨씬 능가하는 자로 묘사함으로써 크게 두 가지 잘못을 범했다.[9] 첫째는 미국 개척 초기의 칼빈주의 청교도들의 부흥신학과 그 이후 모든 세대의 부흥신학이 변치 않고 흘러왔다는 인상을 주어 판단력을 흐리게 한 것이요, 둘째는 빌리 그레이엄을 초기 칼빈주의 청교도 개척자들의 부흥신학을 충실하게 잇는 자인 것처럼

---

[6] 한국전도대회특집, 『빌리 그레이엄 전집』(서울: 신경사, 1973), 23-69.
[7] Billy Graham, *Just As I Am: The Autobiography of Billy Graham* (New York: Harper Collins Publishers, 2001), 275.
[8] William Martin, 『빌리 그레이엄』(*The Billy Graham Story*) 전가화 역(서울: 고려원, 1993), 435-40.
[9] William Martin, Ibid., 23-49.

오인하게 하여 그의 부흥신학에 대한 깊은 신학적 검토 없이 무분별하게 추종토록 한다는 것이다. 심지어 신복음주의자들마저 자신들을 신학적으로 "어거스틴, 루터와 칼빈, 미국 각성운동의 거장들인 조나단 에드워즈와 찰스 피니의 후예들"로 생각함으로써 신학적 정체성에 대해 판단력을 흐리게 하고 있다.[10] 그러나 빌리 그레이엄의 부흥신학은 미국 건국 초기의 칼빈주의 청교도의 계승자였던 조나단 에드워즈의 부흥신학과는 매우 다르다. 빌리 그레이엄의 부흥신학은 칼빈주의에 대해 노골적 반감을 표시하며 신학적 알미니안화를 추구했던 찰스 피니의 부흥신학을 잇고 있다.

이안 머레이(Ian Murray)는 부흥에 대한 견해를 크게 세 가지로 요약한다. 부흥은 오순절 성령강림으로 이미 일어난 사건이므로 부흥이 반복적으로 일어나는 것은 비성경적이라고 주장하는 화란 개혁주의 대표인 아브라함 카이퍼의 견해, 부흥은 인간의 노력 여하에 따라 언제든지 반복될 수 있다고 주장하는 찰스 피니의 견해, 부흥은 하나님의 주권에 따라 반복될 수 있다고 주장하는 영미 구학파(Old-School)의 견해인데, 그는 이 중에서 세 번째 견해를 지지하며 오늘날 '부흥(Revival)'과 '부흥주의(Revivalism)'의 혼용으로 인해 혼란이 초래되어 진정한 부흥을 가로막고 있다고 비판하였으며, 이러한 혼란은 부흥을 인간노력의 산물로 보는 찰스 피니의 부흥주의에서 비롯되었다고 강력한 비판의 화살을 날리고 있다.[11] 그러므로 본서는 한국교회가 크게 영향을 받고 있는 빌리 그레이엄의 부흥신학은 역사적 칼빈주의 부흥신학이 아니

---

[10] 정준기, 『복음운동사』(광주: 광신대학교출판부, 1998), 306. 정준기 교수는 칼 헨리(Carl Henry), 에드워드 카넬(Edward Carnell), 윌버 스미스(Wilber Smith), 에버렛 헤리슨(Everett Harrison), 글리슨 아처, 에드워즈 린드셀, 조지 래드, 다니엘 풀러, 폴 제이트 같은 신복음주 학자들도 자신들을 어거스틴 루터와 칼빈-미국 각성운동의 거장들과 연결시키고 있다고 비판했다.

[11] Iain H. Murray, *Pentecost-Today?*(Edinburgh: The Banner of Truth, 1998).

라 찰스 피니의 알미니안화 된 부흥신학이며 따라서 그의 부흥신학은 절대적인 것이 아니라 미국교회사에서 변천되어 왔던 하나의 상대적인 부흥신학일 뿐임을 보여줌으로써 객관적 시각으로 바라보도록 돕고자 한다.[12]

본서의 연구 주제는 '빌리 그레이엄의 부흥신학은 조나단 에드워즈의 칼빈주의 부흥신학이 아니라 찰스 피니의 알미니안화 된 부흥신학을 계승하고 있다'는 것을 증명하는 것이다. 미국교회 부흥신학은 고정된 것이 아니라 끊임없이 변천되어 왔다. 미국교회사는 칼빈주의 청교도들이 뉴잉글랜드에 상륙한 이후부터 끊임없이 부흥과 궤를 같이 해 왔다. 시대마다 부흥신학이 어떻게 변모되었는가와 상관없이 미국교회는 부흥 혹은 부흥운동과 맥을 같이 해 온 것만은 사실이다. 그것은 미국교회사를 다루고 있는 책들 속에서 1, 2차 대각성운동과 그 이후의 부흥운동들이 차지하는 비중을 볼 때 확실하며, 또한 미국의 역사를 시대마다 수차례 계속되어왔던 부흥의 역사로 기록하는 책들을 볼 때도 확실하다.[13] 그러기 때문에 미국교회사에서 부흥운동에 쓰임 받았던 주역들은 종종 미국적 영웅으로 취급되었다.[14]

---

12 엄밀하게 말해 조나단 에드워즈의 신학이 역사적 칼빈주의를 그대로 잇고 있는 것은 아니다. 에드워즈가 당대의 점증하는 알미니안 학파에 대항하여 칼빈주의를 옹호하기 위해 싸웠고 항상 하나님의 절대주권을 강하게 주장하였으나 또한 동시에 인간의 책임에 보다 큰 무게를 두어야 한다고 생각하였다. 그리하여 역사적 칼빈주의와는 약간 다른 신학적 색깔을 띠는데, 그의 후계자들이라고 자처했던 사람들이 나중에 New Divinity 혹은 Edwardian 학파를 형성하였다(William Warren Sweet,『미국교회사』[*The Story of Religion in America*], 김기달 역 [서울: 대한기독교서회 1977], 169.). 에드워즈의 신학은 전반적으로 알미니안화로 기울이던 그 시대에 엄격한 역사적 칼빈주의 신학의 고수로 평가되고 있다.
13 William W. Sweet, *The Story of Religion in America* (New York: Harper & Row, Publishers., 1950); Jerald C. Brauer, *Protestantism in America* (*Revised Edition*): *A Narrative History* (Philadelphia: The Westminster Press); Mark A. Noll, *A History of Christianity in the United States and Canada* (Michigan: Grand Rapids, 1993); James H. Smylie, *A Brief History of the Presbyterians* (Louisville, Kentucky: Geneva Press, 1996).
14 土肥昭夫,『日本基督教의 史論的 理解』, 서정민 역 (서울: 한국기독교역사연구소, 1993), 353-65.

그런데 미국교회사에서 여러 번 있었던 부흥만큼이나 부흥신학이 변천되어왔다는 것 또한 분명하다. 미국교회사에서 부흥신학은 '조나단 에드워즈의 칼빈주의 청교도 부흥신학→찰스 피니의 알미니안 칼빈주의 부흥신학→디 엘 무디의 보수적 성격의 알미니안 칼빈주의 부흥신학→빌리 그레이엄의 신복음주의 부흥신학'으로 변천되었다. 조나단 에드워즈는 역사적 칼빈주의 부흥신학을 고수했지만 찰스 피니 때부터 알미니안화 된 부흥신학으로 변모된 이후 피니의 대중적 성공에 힘입은 부흥신학이 근대 미국교회 부흥신학의 주된 흐름으로 이어져 왔다. 디 엘 무디를 단순히 알미니안 칼빈주의 부흥신학자로 규정하기에는 다소 무리가 따르는데, 이는 그가 특정 신학 노선보다도 단순히 성경에 따르는 부흥신학을 전개했기 때문이요, 그의 부흥신학과 방법론이 칼빈주의 색채를 강하게 띠고 있기 때문이다. 그렇지만 그도 큰 틀에서는 피니 이후 미국교회사에서 광범위하게 진행되던 알미니안 칼빈주의 부흥신학의 한 흐름 속에 있었다고 볼 수 있다.

빌리 그레이엄은 찰스 피니의 알미니안 칼빈주의 부흥신학과 방법론을 그대로 추종하되 부흥방법론이 부흥신학을 훨씬 더 압도하는 형국으로까지 나아갔다. 한마디로 미국교회 부흥신학은 역사적 칼빈주의의 하나님 주권과 영광이 점점 낮아지고 인간의 책임과 능력을 점점 강조하는 알미니안화로 진행되었다고 할 수 있다. 역사적 칼빈주의의 농도는 점차 약화되면서 알미니안주의는 점차 높아져가는 반비례의 형국을 보이면서도 또한 그 방법론적 실용주의와 기술주의가 점차 높아져가는 형국으로 변모해 왔다.

따라서 본서는 미국교회 부흥신학의 역사적 변천과정을 추적하되 빌리 그레이엄의 부흥신학이 칼빈주의 청교도 부흥신학에서 얼마나 떠나 있으며 찰스 피니와 디 엘 무디의 부흥신학과는 어떻게 다른지

보임으로써 빌리 그레이엄의 부흥신학의 역사적·신학적 좌표를 확인 토록 할 것이다.

부흥에 관련된 책들이 지금까지 꽤 많이 나와 있다.[15] 그런데도 부흥에 관련된 이러한 책들은 근대 미국 부흥신학이 어떻게 변천되어 왔으며 특히 빌리 그레이엄의 부흥신학이 어떠한 부흥신학을 견지하고 있는지 살피기에는 무언가 허술하다. 세 가지 점에서 그렇다.

1. 부흥신학에 관련된 책들의 역사적 맥락의 빈약성 때문이다

부흥과 관련된 대부분의 책들이 교회성장에 관한 일화나 간증 일색이니면 성경 여기저기서 뽑아낸 구절들에 기초하여 자기 나름대로 부흥에 대한 견해를 피력하는 데 급급하고 있다. 신학적 기초도 허약하고 역사적 맥락 또한 빈약하다. 마틴 로이드 존스와 이안 머레이가 탄탄한 개혁주의 신학에 입각하여 부흥신학에 관한 탁월한 책들을 썼지만, 이들 책 역시 역사적 맥락이 빈약하다.

마틴 로이드 존스의 1959년 런던 웨스트민스터 채플 설교 시리즈 묶음인 Revival이라는 책은 부흥의 긴박성, 장애물, 목적, 결과, 방식 등의 여러 주제들을 총 24장에 걸쳐서 논하되, 각 장마다 연관된 성경구절에 기초해서 논했다.[16] 본서는 청교도 개혁주의 신학에 입각하여 부흥에 관해 체계석으로 쓴 탁월한 책이지만, 그럼에도 불구하고 부흥에 관한

---

[15] John H. Amstrong, 『부흥을 준비하라』(When God Moves), 김태곤 역 (서울: 생명의말씀사, 1998). 저자는 이 책의 후반부에 참고 도서목록 51권을 수록하여 개혁주의 입장에서 각 책에 대한 간단한 논평까지 첨가하여 개혁주의 입장에서 부흥신학을 살피는 데 큰 도움을 주고 있다.

[16] D. M. Lloyd-Jones, 『부흥』(Revival), 시문강 역 (서울: 생명의말씀사, 2002).

각 장의 주제를 설명하기 위해서 부흥에 관한 역사적 사건들을 부분적으로만 인용하고 있을 뿐이다. 그가 웨스트민스터 청교도연구회에서 1959년부터 1978년까지 19회에 걸쳐 강연한 자료 묶음인 *The Puritans: Their Origins and Successors*는 청교도 신학을 역사적 맥락에서 깊이 있게 다룬 책이다.[17] 그런데도 이 책 첫 번째 강연(1959)의 주제 "부흥-역사적 및 신학적 관점에서 본 부흥"에서도 부흥을 역사적 맥락에서 접근하나 주로 찰스 피니까지만 매우 단편적으로 다룰 뿐이다.

이안 머레이의 *Pentecost-Today?:The Biblical Basic for Understanding Revival*은 부흥신학 이해의 중심이 되는 하나님의 주권과 인간의 책임, 성령세례의 단회성과 반복성을 신학적 관점에서 잘 설명하고 있으며 찰스 피니의 부흥신학을 청교도 개혁주의 신학에서 날카롭게 비판하고 있으나, 책 전체의 흐름은 역사적 맥락에서 접근하지 않고 있다.[18] 그의 책 *Revival and Revivalism*은 부흥을 역사적 맥락에서 접근하면서도 청교도 개혁주의 신학의 입장에서 부흥신학을 깊이 있게 파헤치고 있으나, 그 연대는 주로 1750-1858년까지이다.[19] 그는 이 책에서 1858년 이전에는 부흥이 하나님의 주권으로 일어난다는 부흥관이 유일한 견해였으나, 1858-1958년에는 부흥은 인위적으로 발생할 수 있다는 '부흥주의'가 등장했고, 1958-현재는 '부흥'과 '부흥주의'를 구별하지 못하는 언어적 혼동의 시대라고 분석했다. 이안 머레이의 *Revival and Revivalism*은 미국교회 부흥신학을 '부흥은 하나님의 주권으로 일어난다는 부흥

---

[17] D. M. Lloyd-Jones, 『청교도 신앙: 그 기원과 계승자들』(*The Puritans: Their Origins and Successors*), 서문 강 역 (서울: 생명의말씀사, 2002).

[18] Iain H. Murray, *Pentecost-Today?:The Biblical Basic for Understanding Revival* (Edinburgh, UK: The Banner of Truth Trust, 1998).

[19] Iain H. Murray, 『부흥과 부흥주의』(*Revival and Revivalism: The Making and Marring of American Evangelicalism*), 신호섭 역 (서울: 부흥과개혁사, 2005).

관이 유일한 견해였던 시대(1620-1858)', '부흥은 인위적으로 발생할 수 있다는 부흥주의가 등장했던 시대(1858-1958)', '부흥(Revival)과 부흥주의(Revivalism)를 구별하지 못하는 시대(1958-현재)'로 시대구분을 했다. 1858년이 기준이 되는 것은 그때가 북미의 마지막 종교적 대각성 해이기 때문이요, 1958년이 또 다른 기준이 되는 것은 1958-59년 사이에 버나드 와이스버거(Bernard A. Weisberger)와 윌리엄 맥롤린(William G. Mcloughlin)이 부흥신학에 관해 새로운 견해의 책을 출판했기 때문이다.[20]

이안 머레이는 와이스버거와 맥롤린이 부흥에 관한 주제에 대해 전면적이며 세심한 과학적 재검토를 하면서 현대 부흥집회에서 강단초청이나 그리스도를 영접하도록 촉구하는 인위적 수단들 배후에 있는 심리적이고 사회적인 의도들을 밝혀내고 비판한 것은 좋지만, 인위적 수단에 의해 조작된 부흥과 신적 주권으로 일어난 부흥을 구별하지 않음으로써 부흥과 부흥주의를 똑같이 취급하는 우를 범했다고 비판한다. 이안 머레이는 와이스버거와 맥롤린이 학문적으로 부흥과 부흥주의를 구별하지 않고 사용함으로써 인위적으로 조작된 부흥과 참된 부흥을 구별하지 못하도록 하는 책임이 그들에게 있다고 하면서 1958년을 '부흥'과 '부흥주의'를 구별하지 못하고 사용한 혼돈의 시점이라고 했다. 이안 머레이의 이런 분석과 시대구분은 부흥신학을 역사적 맥락에서 보는 하나의 틀을 학문적으로 제시했다는 점에서는 탁월하지만, 이미 찰스 피니 시대부터 인위적인 부흥신학인 부흥주의가 존재하고 있었고 또한 20세기 중반에 그러한 부흥주의를 대대적으로 유포한 사

---

20 Bernard A. Weisberger, *They Gathered at the River: The Story of the Great Revivalism and Their Impact upon Religion in America* (Boston: Little, Brown and Co., 1958); William G. Mcloughlin, *Modern Revivalism: Charles Grandision Finney to Billy Graham* (New York: Ronald Press Co., 1959).

람이 빌리 그레이엄인 것을 생각해 볼 때 단순히 두 학자의 책에 부흥과 부흥주의의 혼돈 책임을 묻고 이를 역사적 시대구분으로 삼는 것은 적절치 않다. 이안 머레이의 *Revival and Revivalism*은 분명 부흥신학을 역사적으로 연구한 탁월한 책이지만 근대 미국교회 부흥신학을 전체적으로 살피는 점에서는 미흡하고 부흥운동사에서 탁월하게 영향력을 끼쳤던 사람들을 중심으로 하는 시대구분이 아니라 와이스버거와 맥롤린 같은 학자들의 학문적 견해에 시대구분을 두었던 점은 적절치 못하다.

로이드 존스와 이안 머레이의 책들은 청교도 개혁주의 입장에서 부흥신학을 논한 탁월한 책들임이 분명하다. 그러나 전반적으로 설교 또는 강연을 위해 부흥에 관한 주제들을 잡아서 청교도 개혁주의 신학의 입장에서 접근한 것들이 주를 이루고 있어서 부흥신학의 역사적 맥락을 잡기 어렵고 특히 이안 머레이의 *Revival and Revivalism*은 역사적 맥락에서 잘 써진 책이지만 미국교회 부흥신학 전체가 아니라 1750-1858년에 집중되어 있으며 더구나 시대구분의 부적절성의 한계를 노출하고 있다.

2. 역사적 맥락에서 쓴 책들의 신학적 관점의 모호성 때문이다

키드 하드만이 쓴 *Seasons of Refreshing*은 청교도들에서부터 시작해서 빌리 그레이엄과 루이스 팔라우에 이르기까지 방대한 부흥운동의 역사를 인물중심의 역사로 기록했다.[21] 본서는 미국의 부흥운동사에 대해서 중요한 역사들에 대한 간략한 설명과 함께 인물들에 대해서 빈

---

21 Keith J. Hardman, *Seasons of Refreshing: Evangelism and Revivals in America* (Michigan: Book House Company, 1994).

틈없이 기록하고 있음에도 불구하고 모든 인물들을 '부흥을 위해서 힘썼던 훌륭한 사람들'이라는 틀 속에서 보았다. 그가 책 서론에서 밝히고 있는 것처럼 서구의 복음전도 역사에 등장하는 위대한 이들, 즉 청교도들로부터 시작해서 조나단 에드워즈와 조지 휫필드와 찰스 스펄전과 빌리 그레이엄, 심지어는 찰스 피니까지도 칼빈주의자로 분류하고 있는데, 이는 각 사람들의 부흥신학에 대한 세세한 신학적 검토보다도 부흥운동사에서 주목되는 인물들을 신학적 비교평가 없이 무리하게 같은 계보에 연결시킴으로써 오히려 근대 미국 부흥신학이 어떻게 흘러왔는가를 파악하기 어렵게 만들어 버린다.

빌리 그레이엄의 전기를 썼던 윌리엄 마틴도 *The Billy Graham Story*에서 근대 미국 부흥신학에 관해 약술하면서 빌리 그레이엄이 미국 개척 초기 뉴잉글랜드 청교도들, 솔로몬 소토다드, 조나단 에드워즈, 조지 휫필드, 티모시 드와이트, 찰스 피니, 디 엘 무디, 빌리 선데이로 이어지는 부흥을 이어받고 있는 것처럼 적고 있다.[22] 물론 근대 미국 부흥신학을 살필 때 부흥의 역사에 있어서 빌리 그레이엄이 차지하는 위치를 생각할 때 이런 흐름을 따라서 기록할 수는 있다. 그러나 마치 빌리 그레이엄의 부흥신학이 조나단 에드워즈나 뉴잉글랜드 초기 청교도들의 부흥신학을 이어받은 것처럼 기술하고 있는 것은 부흥신학의 차이점들을 면밀하게 분석하지 않은 채 너무 무리하게 일반화시켜서 부흥의 역사적 계보를 만들어버린 단점이 있다. 근대 미국 부흥신학을 이렇게 부흥신학의 차이점들을 면밀하게 검토하지는 않은 채 나열시키는 것은 부흥신학을 파악할 수 있는 역사적 맥락을 보여주는 것 같은 겉모습을 띠지만 실상은 각 시대마다 혹은 인물들마다 부흥신학이

---

22 William Martin, *Ibid.*, 34-46.

다른 형태를 띠었는데, 그러한 차이점들을 뒤섞어버리고 일반화시켜 버림으로써 근대 미국 부흥신학의 흐름을 파악하기 어렵게 만들어버리는 꼴이 되었다.

3. 부흥신학에 관련된 자료 인용의 단편성 때문이다

도히 아키오는 『일본 기독교의 사론적 이해』라는 책의 "빌리 그레이엄 국제대회" 부분에서 빌리 그레이엄 부흥신학을 매우 날카롭게 분석하고 비판한다.[23] 그는 빌리 그레이엄 전도집회의 방법에 대해서 설명한 후 원래 미국은 기독교와 국가간의 유착관계가 역사적으로 오래되어 국가적 위기 때마다 기독교 부흥의 열기가 달아올랐다고 한다. 전도 부흥은 미국의 전매특허와 같은 것으로서 기독교는 미국의 국민성과 확고히 연결되어 있는데 부흥운동을 이끌어가는 전도자는 미국의 위대한 인물로 존경을 받아왔다고 하면서 빌리 그레이엄이 바로 그와 같은 전형적인 인물이라고 한다. 빌리 그레이엄은 성경말씀이 만병통치약인양 선전하는 종교 세일즈맨과 같은 사람으로서 냉철한 현실인식에 기초하여 기독교적 접근방식을 하도록 돕기보다 오히려 인간을 마취시키고 흥분시킴으로써 현실의 사회적 책임감으로부터 도피시키고 둔하게 만들고 있다고 비판한다. 그는 빌리 그레이엄의 전도집회는 기획된 대중동원능력으로 거대하게 기업화되어 움직이지만 대중의 고통과 고뇌하는 문제와는 유리되어 있기에 진정한 대중성도 갖추지 못하였고 그 결과도 면밀한 사후조사를 해볼 때 별 것이 없었다고 비판적인 결론을 내린다. 빌리 그레이엄의 부흥집회가 어떻게 참다운 기독

---

[23] 土肥昭夫, 『日本基督敎의 史論的 理解』, 서정민 역 (서울: 한국기독교역사연구소, 1993), 353-65.

교의 본질을 무너뜨리고 있는가에 대한 그의 날카로운 비판은 일견 타당하면서도 한편으로는 오히려 사료동원의 협소함으로 말미암아 개인적인 편견이 많이 작용했다는 의구심이 든다.

김홍만의 『개혁주의 부흥 신학』은 비교적 짧은 책이지만 근대 미국 부흥신학이 신학적으로 어떻게 변질되어 왔는가를 꽤 깊이 있게 파헤쳤으며 개혁주의에 기초하여 잘 분석하고 있다.[24] 그는 근대 미국 부흥신학이 변질된 시점이 찰스 피니에 있음을 지적하면서 찰스 피니 이후에는 빌리 그레이엄을 포함한 모든 부흥사들이 찰스 피니의 부흥신학을 잇고 있다고 단 두 줄로 기록하고 있다. 그러므로 김홍만의 책은 찰스 피니 때부터 부흥신학이 변질되어 알미니안화 되었음을 지적하는 점에서는 좋은 책이지만, 피니 이후의 부흥사들에 대한 차이점들을 하나도 적고 있지 않으며 모든 부흥사들이 피니식 부흥신학을 잇고 있다고 단 두 줄로 말해버린 것은 사료적 지지를 받지 못하고 있으며 너무나 안이하고 성급하게 결론을 내려 피니 이후의 부흥신학이 어떻게 변모해갔는지를 추적하기 어렵게 만든다.

지금까지 나온 부흥신학 관련 자료들을 보면 신학적으로 분명한 토대를 갖고 있는 책들은 역사적 맥락에서 미흡하였고, 역사적 맥락을 따라 기술한 책들은 신학적 관점이 분명치 않은 채 모든 부흥운동을 동일하게 취급함으로써 각 시대마다 부흥신학의 차이점을 구별하지 못하게 하였다. 또 어떤 책들은 부흥사들이 남긴 사료를 인용하여 면밀하게 분석하기보다 사료를 협소하게 인용하면서 너무 안이하고 성급하게 비판함으로써 오히려 부흥신학을 파악하는 데 어려움을 주고 있다.

---

[24] 김홍만, 『개혁주의 부흥 신학』 (서울: 도서출판 옛적길, 2002).

이상에서 살펴본 것처럼 지금까지 나온 부흥신학에 관련된 책들은 대체적으로 근대 미국 부흥신학의 전체 역사를 포괄적으로 살펴볼 수 있게 하는 역사적 맥락의 측면, 그러한 부흥신학들의 차이점들을 뚜렷이 비교할 수 있게 하는 신학적인 측면 그리고 만족할 만한 사료인용의 측면에서 빈약했다. 이러한 이유 때문에 본서는 근대 미국 부흥신학의 시기를 1차 대각성 운동 때부터 현재까지 잡되 부흥운동사에서 시대마다 중요한 분수령을 이루었던 대표적인 사람들 넷을 선정하여 이들의 부흥신학을 집중적으로 다루고자 한다. 조나단 에드워즈, 찰스 피니, 디 엘 무디 그리고 빌리 그레이엄이다.

물론 학자들마다 부흥운동사에서 꼭 집어넣어야 된다고 생각하는 사람들이 있을 것이다. 예를 들면 1차 대각성운동 때의 프렐링하이젠이나 테넌트 부자(父子)나 조지 휫필드, 2차 대각성운동 때의 티모시 드와이트 그리고 최근에는 빌리 선데이나 팔라우 등을 꼭 집어넣고 싶을 수도 있다. 그러나 모든 사람들을 다 세세하게 다루게 되면 이는 하나의 백화점식 나열이 되기 쉽고 오히려 각 시대마다 부흥신학이 어떻게 변천해 왔는지를 파악하는 데는 별 도움이 안 된다. 그래서 부득불 단순화의 위험을 무릅쓰고 부흥운동사에서 분수령을 이루었던 대표적인 인물들 넷을 선정하여 이들의 부흥신학을 살피되 주로 이들의 저서들을 꼼꼼하게 분석함으로써 각자의 부흥신학의 차이점을 밝혀서 근대 미국 부흥신학이 어떻게 변천되어 왔는지를 드러내고자 한다.

선정된 네 사람들 중에는 조나단 에드워즈처럼 글을 쓰는 데 탁월한 재능이 있어서 방대한 저서들을 남긴 사람이 있는가하면, 디 엘 무디와 같이 글을 쓰기보다 말하는 화술과 활동력에서 탁월한 사람이 있기도 하다. 그러기에 그들이 남긴 저서들을 중심으로 부흥신학을 비교하고 분석하는 것이 형평성의 원칙에 맞지 않는 한계점을 노출할 수밖에 없다. 그럼에도 불구하고 본서는 이들이 남긴 1차 자료들(original source)

을 중심으로 부흥신학을 살피되 2차 자료들(secondary source)도 참고로 하겠다.[25] 특히 빌리 그레이엄을 중심으로 비교연구의 방법론을 사용하겠다. 빌리 그레이엄을 중심으로 살피는 이유는 그가 비교적 최근까지 세계적인 부흥집회를 인도해 왔으며 지금까지도 영향력을 끼치고 있는 인물이기 때문이다. 빌리 그레이엄의 부흥신학을 조나단 에드워즈, 찰스 피니, 디 엘 무디의 부흥신학과 비교분석함으로써 근대 미국 부흥신학이 어떠한 성격으로 변모되어 왔는지 파악하고자 한다.

본서는 선정된 네 사람들의 모든 신학사상이나 활동내역이나 전기나 그들이 그 시대에 미친 교회사적 혹은 일반사적 영향력들과 평가들에 대해서는 다루지 않을 것이다. 그러한 각각의 주제들에 대해서는 포괄적으로 다룬 충분한 책들이 이미 많이 나와 있기 때문이다. 그러기에 본서는 선정된 네 사람들의 세세한 전기나 활동내역이나 신학사상이나 교회사와 일반역사에 미친 영향력들과 평가들을 다루지 않고 다만 그것들이 그들의 부흥신학 형성과 상관관계가 있는 경우에만 한하여 부분적으로 다룰 것이다. 특히 그들의 신학사상은 부흥신학을 형성하는 데 중요한 골격이 되는 인간론이나 회심론에 집중될 것이며 종말론이 부분적으로 취급되기도 할 것이다.

본서는 다음과 같은 순서가 될 것이다. 제1장은 서론으로서 본서의 연구 목적, 주제, 선행연구, 절차와 방법론과 한계에 관한 것이다. 제2장은 빌리 그레이엄의 저서들에 대한 간략한 소개와 함께 각 저서들을 부흥신학의 관점에서 분석하고 마지막으로 그것을 정리하였다. 제3장은 조나단 에드워즈의 저서들에 대한 간략한 소개와 함께 각 저서들에 나

---

[25] 저자들의 책 제목을 원래는 한글로 번역해서 기록해야 하나 그렇게 하지 않고 원문의 이름을 그대로 쓰고자 한다. 그 이유는 번역자마다 동일 저서를 각기 다르게 번역함으로써 혼동을 많이 주고 있으므로 1차 자료의 정확성을 기하기 위해 책명을 번역하지 않고 원문 그대로 쓰겠다. 번역된 책의 경우는 원서명 앞 『』안에 번역서의 이름을 부기하겠다.

타난 부흥신학을 분석한 후 그것을 정리하여 청교도 개척자들의 부흥신학과 비교한 다음 빌리 그레이엄의 부흥신학과 비교하였다. 제4장과 제5장은 찰스 피니와 디 엘 무디의 부흥신학에 관해서 제3장과 동일한 연구 순서를 따랐으며 그것들을 각각 빌리 그레이엄의 부흥신학과 비교하였다. 제6장은 결론으로서 빌리 그레이엄의 부흥신학이 조나단 에드워즈, 찰스 피니, 디 엘 무디의 부흥신학과는 어떻게 다른지를 제시함으로써 빌리 그레이엄 부흥신학의 역사적·신학적 좌표를 제시하였다.

제2장
빌리 그레이엄의 부흥신학

빌리 그레이엄 자신이 부흥신학에 관해 직접적으로 쓴 책은 없다.[1] 그는 일생 세계 도처에서 수많은 대규모의 부흥집회를 인도해 왔지만 그러한 부흥집회를 이론적으로 체계화시켜 책을 쓰지는 않았다. 그러므로 빌리 그레이엄의 부흥신학이 무엇인가를 일목요연하게 정리하기란 쉽지 않다. 그의 서서들에 섬광처럼 나타난 부흥신학을 포착하여 재구성하는 것이 그의 부흥신학을 이해하는 지름길이다. 그의 저서들 중 신학적 관점, 그 중에서도 회심론과 연관하여 인간론과 구원론이 그의 부흥신학을 이해하는 단서가 된다. 왜냐면 그의 대규모 부흥집회는 전도적 성격의 구령집회(救靈集會)로서 그의 전도신학에 뿌리를 두고 있는바 이는 그가 인간을 어떻게 이해하고 있으며 구원의 개념을

---

[1] 빌리 그레이엄의 생애에 관한 것은 다음의 책들을 참조하라. Glenn Daniels, *Billy Graham: The Man Who Walks with God* (New York: PaperBack Library, Inc., 1967); Ronald C. Paul, *Billy Graham: Prophet of Hope* (New York: Ballatine Book, 1978); John Pollock, *Billy Graham: The Authorized Biography* (New York: McGraw-Hill Book Company, 1966); Curtis Mitchell, *Billy Graham: The Making of a Crusader* (New York: Chilton Books, 1966); Stanley High, *Billy Graham: The Personal Story of the Man, His Message, and His Mission* (New York: McGraw-Hill, 1956); William Martin, *A Prophet With Honer: The Billy Graham Story* (New York: William Morrow & Co., Inc., 1991). 빌리 그레이엄 본인의 자서전도 있다. Billy Graham, *Just As I Am: The Auto Biography of Billy Graham* (New York: Zondervan, 1997).

어떻게 이해하고 있는지 보여주고 있기 때문이다.

빌리 그레이엄의 주요 저서들의 목록이다.
1. *Peace with God*
2. *World Aflame*
3. *The Challenge*
4. *The Jesus Generation*
5. *The Secret of Happiness*
6. *My Answer*
7. *The Holy Spirit*
8. *How to Be Born Again*
9. *Billy Graham Talks to Teenagers*
10. *Angels*
11. *God's Secret Agents*
12. *America's Hour of Decision*
13. *Just As I Am*[2]

---

[2] 이 외에도 다음과 같은 책들이 있다. *Freedom from the Seven Deadly Sins; Approaching Hoofbeats: The Fourth Horsemen of the Apocalypse; The Journey: Living by Faith in an Uncertain World; Daily Meditation; Calling Youth to Christ; I Saw Your Sons at War; Billy Graham answers Your Questions; Till Armageddon; A Biblical Standard for Evangelist; Unto the Hills; Facing Death and the Life After; Answers to Life's Problems; Hope for the Troubled Heart; Storm Warning. Freedom from the Seven Deadly Sins*는 조그만 소책자로서 영적인 죽음에 이르는 일곱 가지의 죄, 교만, 분노, 시기, 탐색, 탐식, 나태, 탐욕을 다루고 있다. *Approaching Hoof Beats: The Fourth Horsemen of the Apocalypse*는 요한계시록에 나오는 4명의 말 탄자에 대한 환상으로서 종말의 말발굽 소리가 가까워오고 있으니 깨어나라는 경고의 책이다. *The Journey: Living by Faith in an Uncertain World*는 어떻게 하나님과 함께 인생을 살아가야 할 것인가에 대한 조언의 책이며, *Daily Meditation*은 365일을 매일 아침과 저녁으로 묵상할 적절한 성경구절들을 뽑아내어 엮은 성경 묵상용 책이다. 나머지 책들도 대체적으로 그리스도에게로의 초청이 복음에 기초하여 여러 현안들을 다룬 일뜨, 질문에 대한 대답들, 임박한 종말(역사적인 것이든 개인적인 것이든)에 대한 경고를 다루고 있다. *A Biblical Standard For Evangelists*는 1983년에 네덜란드의 암스테르담에서 있

위 저서들 중 빌리 그레이엄의 부흥신학을 살피는데 도움이 되는 책들은 *Peace with God; World Aflame; The Challenge; The Jesus Generation*이다.

*How to Be Born Again*은 중생에 관한 책으로서 빌리 그레이엄의 회심론을 보여주고 있지만,[3] 그것은 *Peace with God*에도 풍부하게 나타나 있다. *The Secret of Happiness*는 산상수훈 팔복 강해로서 예수님께서 말씀하신 팔복이야말로 이생에서 뿐만 아니라 다가올 영원한 세상에서의 행복의 비결이라고 주장하는 책이다.[4] *My Answer*는 해결되지 않는 수많은 인생의 문제를 안고 방황하는 영혼들의 질문에 답변한 것을 정리한 책으로서 인생의 갖가지 질문에 대해 개방적이면서도 성경적 기준에 입각하여 말하고 있는 상담형식의 책이다.[5] *Billy Graham Talks to Teenagers*도 *My Answer*와 비슷한 종류의 책인데 답변의 대상이 주로 10대들을 향하고 있다는 점에서 다르다.[6] *The Holy Spirit*은 성령론에 관한 책인데 '성령과 구원'에서는 그의 회심론이 성령과의 관련성에서 얘기되고 있으며, '성령세례'와 '성령충만'을 같이 살펴봄으로써 성령세례와 성령충만에 관한 그의 신학적 관점을 부흥신학과의 관련성에서 살필 수 있다.[7] *Angels: God's Secret Agents*는 하나님의 초자연적 도우심을 믿지 못하는 시대에 성도와 교회를 보호하고, 인도하고, 섬기기 위해 창조된 하나님의 피조물인 천사의 존재와 사역에 대해 말하고 있는 책

었던 순회 복음전도자 국제 대회(Amsterdam '83) 참석자들에 의해서 만들어진 15개 확약 (The Amsterdam Affirmations)에 대한 설명으로서 빌리 그레이엄의 부흥신학에 관한 상당한 자료들을 포착할 수 있으나 책 제목이 말해주듯이 복음주의자들을 위한 성경적 표준에 집중하고 있어서 부흥신학 연구의 주요 자료로는 채택하지 않았다.

3 Billy Graham, *How to Be Born Again* (Texas: Word Books Publisher, 1977).
4 Billy Graham, *The Secret of Happiness* (New York: Double & Company, Inc., 1955).
5 Billy Graham, *My Answer* (New York: Double & Company, Inc., 1960).
6 Billy Graham, *Billy Graham Talks to Teenagers* (Zondervan, 1958).
7 Billy Graham, *Billy Graham Invites You to Discover the Holy Spirit* (New York: Warner Books, Inc., 1980).

이다.[8] 부흥을 타락한 천사들과의 영적 싸움이라는 구도 속에서 볼 때 성도와 교회를 보호하고, 인도하고, 섬기는 천사들의 사역에 관해 연구될 수 있겠으나 성경적인 부흥신학은 하나님의 피조물인 천사의 사역이라기보다는 삼위일체 하나님이신 성령의 사역이므로 부흥신학의 측면에서 이 책은 참고는 될지언정 주요 자료는 될 수 없다. *America's Hour of Decision*은 도덕적·영적 위기상황에 있는 미국사회에 대한 분석과 결단을 촉구하는 책으로서 빌리 그레이엄의 전형적인 부흥설교의 논리를 보여주는 책인데 *World Aflame*과 구조적으로 거의 비슷한 맥락에서 써졌다. *Just As I Am*은 1997년에 쓴 자서전인데 이 책은 엄밀히 말해 그의 부흥사역에 관한 기록들이라고 해야 할 것이다.[9] 그렇지만 이 책은 부흥사역의 외적인 기록들일 뿐 부흥신학에 관해서 말해주는 책은 아니다.

그러므로 빌리 그레이엄의 저서들에 나타난 부흥신학을 살피는데 *Peace with God; World Aflame; The Challenge; The Jesus Generation*이 주요 자료로 사용될 것이며 거기에 *Revival in Our Time*이 첨가될 것이다. *Revival in Our Time*은 1950년에 편집된 책으로서 6편의 부흥설교가 수록되어 있는데, 이는 그의 초기 부흥신학을 이해하는 데 유익한 자료이다. 따라서 빌리 그레이엄의 부흥신학은 *Revival in Our Time; Peace with God; World Aflame; The Challenge; The Jesus Generation*을 주 자료로 하여 분석하되 나머지 책들이 보완자료로 사용될 것이다.

---

[8] Billy Graham, *Angels: God's Secret Agents* (New York: Double & Company, Inc., 1975).
[9] Billy Graham, *Just As I Am: The Auto Biography of Billy Graham* (New York: Harper Collins Publishers., 1997)

1. 주요 저서들에 나타난 부흥신학

1) *Revival in Our Time* [10]

이 책은 1950년 4월에 초판 편집된 책으로서 LA와 Boston에서 전해진 6편의 설교가 수록되었는데, 그것들은 *We need Revival; The Home God honors; How to be filled with the Spirit; Prepare to meet thy God; The Resurrection of Jesus Christ; Judgement* 이다. 여기에 나타난 부흥신학을 살펴보자.

(1) 전천년주의 역사관에 기초한 부흥신학이다

당시의 시대상황은 2차 대전 종료 직후여서 그의 설교 곳곳에 임박한 전쟁, 냉전체제, 가공할 핵무기에 대한 두려움이 나타나 있는데, 이러한 시대적 위기의식을 강조하면서 무엇보다 원자탄에 대한 두려움을 무기화하여 죄를 회개하고 예수님을 믿으라고 촉구했다.[11] LA에서의 부흥설교 *We need Revival*에서는 서구세계는 두려운 상황에 직면해 있으므로 회개함으로써 부흥이 일어나야 한다는 필연성을 주장했다.[12] 그는 세계가 미친 듯이 멸망을 향해 달려가고 있는데, 이는 죄를 회개할 기회로 주신 하나님의 섭리라고 역설했다.[13] 그는 물질주의와 이교주의와 인본주의가 번창하여 초자연적인 하나님의 기적을 부정하고 있으며, 심각한 도덕적 타락과 이혼율과 범죄의 증가, 성적타락과

---

[10] Billy Graham, *Revival in Our Time*, Edited by Publisher (Wheaton, Illinois: Van Kampen Press, 1950).
[11] *Ibid.*, 71, 72-73, 75, 91-92, 109, 121, 126, 130, 140.
[12] *Ibid.*, 71.
[13] *Ibid.*, 71.

도박과 알코올과 10대들의 범죄, 성경에서 나온 서구 문명과 마귀에게서 나온 공산진영의 대립, 인류는 지구상의 어디에서도 피난처를 찾을 수 없을 정도로 가공할 무기인 원자탄과 수소탄과 화학탄에 노출되어 있으며, 사이비 복음과 거짓 선지자들과 신흥종교들의 범람으로 진실한 신자들이 극소수에 달하고 있다고 진단했다.[14] 그는 갤럽의 연구에 의하면 LA의 95퍼센트의 사람들이 하나님을 믿는다고 하지만 일 년에 한 번 이상 교회에 가는 사람은 겨우 8퍼센트에 불과한 것이 당대의 영적 상황이라고 하면서 하나님이 부흥을 일으켜주시도록 적극 기도해야 한다고 했다.[15]

죄를 회개하는 부흥이 없이는 소돔과 고모라와 폼페이와 로마에 임한 하나님의 심판이 LA에도 임할 것이며, 원수들의 원자탄이 먼저는 뉴욕을 휩쓸고, 두 번째는 시카고를 휩쓸고, 세 번째는 LA를 휩쓸 것이라고 하면서 지금 이 순간 하나님의 심판의 손이 LA에 있음을 볼 수 있으니 부흥이 일어나야 한다고 강력히 주장했다.[16] 그는 유럽이 2차 대전으로 파괴되어 황폐화되었으나 미국만이 이를 면한 이유는 미국의 많은 하나님의 사람들이 기도했기 때문이라고 하면서 하나님이 여전히 미국을 세계복음화에 사용하시려는 뜻이라고 했다.[17] 그러면서 미국은 세계 역사 속에서 결정적인 선택의 기로, 즉 부흥이냐 심판이냐에 놓여 있다고 했다.[18] 특히 LA가 회개하지 않으면 전능하신 하나님의 심판의 손이 도시 위에 임할 것이지만 회개하면 하나님이 "옛 형태의, 하늘로부터 임하는, 성령의 부흥(An old-fashioned, heaven-sent, Holy

---

[14] *Ibid.*, 71-73.
[15] *Ibid.*, 73.
[16] *Ibid.*, 74-75.
[17] *Ibid.*, 70.
[18] *Ibid.*

Ghost revival)"이 임할 것이라고 했다.[19] 그는 이처럼 두려운 시대적 상황을 영적인 무기화하여 하나님의 임박한 심판을 경고하였으며, 회개하고 그리스도를 믿으라고 촉구했다.

　빌리 그레이엄의 설교에서는 세계 역사의 낙관적 전망을 찾아볼 수 없다. 그는 세계 역사의 비관적이고 암울한 전망, 무엇보다도 핵전쟁에 의해 인류가 순식간에 멸망할 수밖에 없다는 두려운 전망 속에서 하나님의 심판을 강조하였으며, 죄의 회개와 그리스도께 대한 믿음을 갖도록 촉구하였다. 인류는 피할 길 없는 막다른 골목에 서있으므로 반드시 부흥이 일어나야만 소망이 있다는 부흥 유일주의 견해를 피력했다. 그의 부흥신학은 인류역사의 낙관적 전망 속에 그리스도 재림 전에 이 땅위에 천년왕국이 세워진다는 후천년주의 역사관이 아니라 인류역사의 비관적 전망 속에서 그리스도의 재림으로 천년왕국이 세워진다는 전천년주의 역사관에 기초한 부흥신학이다. 그러기 때문에 그 시대의 위기상황들, 무엇보다도 일순간에 인류문명을 파괴시킬 수 있는 가공할 핵무기의 등장을 그리스도의 재림과 함께 임할 종말과 연관시켜 하나님의 심판을 강조하였으며 회개를 촉구하고 그리스도를 영접하도록 촉구했다. 인류를 심판의 두려움에 노출시켜 회개하고 예수님을 믿게 하는 것을 부흥으로 보았으며, 부흥만이 멸망을 향해 달려가는 인류의 유일한 희망이라고 보았다.

　이러한 부흥신학은 미래에 대한 낙관적 전망 속에서 시대적 사명감을 강조함으로써 천년왕국을 앞당기자고 주장했던 에드워즈나 피니의 후천년주의 역사관에 기초한 부흥신학과 사뭇 다르다. 빌리 그레이엄의 부흥신학은 남북전쟁의 참상을 목격하고 인류역사의 어두운 전망 속에서 부흥의 필연성을 강조했던 무디의 전천년주의 역사관에 기초

---

[19] *Ibid*.

한 부흥신학과 비슷하다. 그러면서도 두려움을 영적인 무기로 삼아 회개를 촉구했던 점에 있어서는 하나님의 사랑에 감동하여 회개하도록 촉구했던 무디의 부흥신학과 다르다. 두려움을 심어 회개를 촉구했던 점에 있어서는 오히려 피니와 가깝다.

(2) 부흥 만능주의 문화관이다

그는 부흥에서 사회적으로 선한 모든 열매들이 나왔다고 보았다. 노예제도의 철폐, 근로조건의 정비, YMCA, 구세군, 모든 자선기관, 모든 교육기관, 슬럼 정화 프로그램, 주일학교 등이 모두 부흥의 열매들이라고 했다.[20] 물론 역사적으로 보면 부흥에 의해서 선한 사회적 열매들이 많이 파생되어 나왔던 것은 분명한 사실이다. 그렇다고 해서 모든 선한 사회적 열매들을 부흥의 결과들로만 보는 것은 극단적인 해석이다. 부흥사들은 모든 선한 사회적 열매들을 부흥의 결과물들이라고 함으로써 자신들의 사역의 의미를 최고로 가치 있는 사역이라고 규정하고 싶은 유혹을 받을 것이다. 이런 점에서 빌리 그레이엄은 부흥이 최상의 문화를 낳는 가장 선한 하나님의 일이라고 여겼던 부흥 만능주의 문화관의 소유자였다.

그리하여 서구 문명을 기독교 문명과 동일시하였으며 서구 문명만이 성경에서 나온 참 문명이요, 공산주의는 마귀에게서 나온 거짓 문명이라는 이분법적이며 단순대조적인 문화관을 나타냈다.[21] 공산주의도 사실은 서구 문명의 산물인데 그는 서구 문명만이 성경에 기초한 참 문명이요, 공산주의는 서구 문명과는 별도의 마귀에게서 유래한 문명이라는 것이다. 이렇게 서구 문명과 기독교 문명을 동일시할 때 서

---

20 *Ibid*., 79
21 *Ibid*., 72-73.

구 문명 우월주의와 서구 문명 이외의 것들은 박멸해야 할 마귀 문명이라고 보는 위험한 전제 위에 전도와 선교도 서구 문명에 착색된 부흥신학의 옷을 입고 나타날 수 있다. 빌리 그레이엄의 부흥신학에는 서구 문명에 대한 자기중심적인 우월주의가 착색되어 있다. 그의 초기 설교는 시종일관 공산주의에 대한 적대적 태도를 취하고 있는데, 이는 성경적 진리에 기초한 것이라기보다 그의 문화관에 기초한 것이라고 할 수 있다. 그가 나중 동·서 데탕트 시대에는 이러한 적대적 태도를 버리고 동구권을 향한 '평화의 사자'요 미국의 '준 외교관' 역할을 자임함으로써 일관성 없는 행보를 보여주었는데, 이는 그의 초기 설교가 서구 문명과 기독교 문명을 동일시하는 서구 문명 우월주의 문화관에 착색된 부흥설교였음을 증명하고 있다.

무엇보다 빌리 그레이엄은 유럽이 전쟁으로 폐허화 될 때 미국이 폐허화되지 않은 것은 미국에 있는 하나님의 종들이 기도했기 때문이요 이것은 미국을 통해 세계를 복음화하려는 하나님의 명백한 뜻이라고 하면서 미국에 의해 세계 역사가 좌우된다고 함으로써 서구 문명에서도 미국을 더 구별하여 가장 위대한 위치에 두는 미국 패권주의와 우월주의가 깊이 깔려 있는데 이는 전통적으로 청교도들이 가졌던 미국의 '명백한 사명(Manifest Destiny)' 사상과 궤를 같이하고 있다.[22] 빌리 그레이엄이 미국의 여러 대도시에서 강력하게 회개를 촉구한 것은 미국의 세계사적 위치가 이처럼 영적으로 볼 때 중요하다는 것을 강조한 점이지만 그럼에도 불구하고 그 저변에는 청교도 시대로부터 이어져 왔던 세계를 향한 미국의 '명백한 사명' 사상이 흐르고 있으며, 이는 그의 부흥운동의 저변에 깔린 문화관이 되고 있다. 이 점은 '언덕 위의 도시(The City of Hill)'로서 세계를 비추는 빛이 되고자 했던 미국 청교도들

---

22 *Ibid.*, 70-71.

의 시대로부터 변치 않고 흘러왔던 문화관으로서 조나단 에드워즈, 찰스 피니, 디 엘 무디가 공통적으로 갖고 있었던 문화관이다.

(3) 부흥은 하나님이 원하시는 조건만 만족시키면 언제든지 창출될 수 있다는 논리를 전개하고 있다

빌리 그레이엄은 LA에서 행한 한 부흥설교에서 *We need revival*이란 선동적인 말을 10번 이상 반복함으로써 부흥의 필요성을 끊임없이 역설하였다.[23] 그러나 무엇이 부흥인가에 대해서 그 내용은 극히 빈약하다. 아니 무엇이 부흥인가에 대해서는 그 내용이 거의 나와 있지 않다. 하나님의 심판의 손길이 LA 위에 머무르고 있으니 부흥이 반드시 일어나야 한다는 것을 역설했으며 회개해야 한다는 것을 역설했다.[24] 그러면서 부흥은 어떤 어두운 시대에도 믿음을 가진 사람들에 의해서 만들어졌다고 강조했다.[25]

그는 부흥이란 하나님이 주시는 것이지만 하나님이 원하시는 조건만 충족되면 언제든지 부흥이 이루어질 수 있다고 했다. 그는 인간이 부흥을 만들어 낼 수 있다고 했는데 그것은 하나님의 조건을 충족시킴으로써 가능하다고 했다. 다시 말해 하나님의 조건을 충족시키면 부흥은 언제 어디서든지 가능하다는 것이다.

그 다섯 가지 조건은 첫째, 부흥의 필요성을 깨닫고 갈망하는 것, 둘째, 회개하는 것, 셋째, 기도하는 것, 넷째, 믿는 것, 다섯째, 부흥이 괄목할만한 사회적 결과들을 가져온다는 것을 아는 것이다.[26] 빌리 그레이엄은 하나님을 다섯 가지 조건에 구속되는 분인 것처럼 말함으로써

---

[23] *Ibid.*, 69-80.
[24] *Ibid.*, 70-75.
[25] *Ibid.*, 75-76.
[26] *Ibid.*, 77-79.

대단히 알미니안화 된 부흥신학, 인간중심적인 부흥신학을 주장하고 있다. 그의 언급들을 살펴보자.

> 나는 우리가 하나님의 조건들을 충족시키면 언제든지 부흥할 수 있다고 믿으며, 하나님은 그의 말씀에 신실하시기 때문에 우리가 하나님의 조건들을 충족시키기면 반드시 우리 위에 의를 비같이 내려주실 줄 믿는다.[27] 우리는 그것(부흥)을 가질 수 있다! 나는 우리가 하나님의 조건들을 충족시키면 우리가 그것(부흥)을 가질 수 있다고 단언한다.[28] 하나님은 우리가 어떤 조건을 충족시키면 부흥을 주실 것이라고 말씀하신다. 즉 그는 복을 주실 것이며 죄인들이 그에게로 돌아올 것이다. 우리는 의심하지 말고 하나님의 말씀에서 하나님을 만나야 한다. 우리에게는 부흥이 필요하다![29]

이를 볼 때 빌리 그레이엄의 부흥신학은 부흥의 주체가 누구인가의 측면에서 볼 때, 하나님이 부흥을 주시는 주체이시지만 인간 편에서 하나님의 조건을 만족시키는 데 더욱 힘써야 한다는 것을 역설하고 있다. 그럼으로써 부흥을 인간의 통제 아래 있는 것으로 만들었다. 다시 말해 인간이 하나님의 조건을 만족시키기만 하면 하나님은 부흥을 주실 수밖에 없다는 것이다. 부흥에 있어서 하나님의 주권과 역사하심보다 인간 편에서 하나님의 조건을 만족시키기만 하면 부흥은 자동적으로 주어진다는 것이다.

---

[27] *Ibid.*, 76-77. "I believe that we can have revival any time we meet God's conditions. I believe that God is true to His Word, and that He must rain righteousness upon us if we meet His conditions."

[28] *Ibid.*, 77. "We can have it! I say we can have it, if we meet God's conditions!"

[29] *Ibid.*, 78. "God says if we meets certain condition, He will send a revival; He will send the blessing, and sinners will turn to him. we have to take God at His word and not doubt Him. We need revival!"

부흥이 하나님으로부터 온다는 것을 강조하는 듯하지만 실은 콩을 심고 물을 주는 자연적 조건만 갖추면 당연히 열매가 맺히는 것처럼 하나님도 하나님이 요구하시는 조건만 인간 편에서 충족시키면 부흥을 주실 수밖에 없다는 것이다. 하나님 자신의 신실하심에 기초하여 마치 하나님이 어떤 질서에 구속되시는 종속적인 존재인 것처럼 대하고 있다. 부흥이 하나님으로부터 온다는 것을 인정하더라도 하나님 자신의 자유로우신 절대주권 행사로서 주어지는 것이 아니라 인간이 하나님의 조건만 충족시키면 자동적으로 주어지는 자연 질서의 어떤 것처럼 만들고 있다. 빌리 그레이엄의 이런 부흥신학은 부흥이 일어날 수 있다는 것을 강조함으로써 부흥의 확신을 심고 부흥을 위한 조건을 만들도록 하는 이유가 있었겠지만 그럼에도 불구하고 이러한 부흥신학은 하나님의 절대주권을 약화시키고 인간의 노력과 성실을 강조하는 알미니안화 된 부흥신학이다. 이는 찰스 피니의 부흥신학을 거의 그대로 답습하는 부흥신학으로서 부흥에 있어서 하나님의 절대주권을 강조하는 조나단 에드워즈의 부흥신학과는 매우 다르다.

2) *Peace with God*[30]

이 책은 1953년에 쓰여진 것으로서 빌리 그레이엄의 신학적 구조를 비교적 잘 보여주고 있다. 그렇다고 본서가 그의 신학적 깊이를 보여주고 있지는 않다. 이 책은 애초부터 사회의 일반대중, 그것도 불신자 전도를 목적으로 한 평이한 책이었다. 그럼에도 불구하고 이 책은 일생 대규모 부흥집회를 이끌어 온 그의 전도신학 혹은 부흥신학이 그의 신학적 구조와 맞물려 잘 나타나 있다.

---

[30] Billy Graham, *Peace with God* (Garden City, New York: Doubleday & Company, Inc., 1953).

(1) 부흥을 위한 논리전개는 인간의 실존적 문제에 대한 탐구에서부터 시작된다

이는 빌리 그레이엄의 전형적인 논리전개 방식이요 설교 형식이다. 삶의 혼돈과 불안, 공허, 고독 같은 문제들이 정치적 자유의 획득, 고등교육, 보다 높은 생활수준 등으로 해결되지 않았음을 설득력 있게 논증한다. 또한 인간사회는 급속한 물질문명의 발달과는 달리 인간성의 진보가 없었으며 여전히 죄와 슬픔과 죽음으로 가득찬 실낙원의 상황임을 역설한다. 그는 인간사회의 실존적 진면목을 이렇게 말한다. "세 가지 사실이 인간의 진실한 이야기로 요약된다. 과거는 죄로 가득 차 있으며, 현재는 슬픔으로 뒤덮여 있고, 미래는 죽음의 확실성에 직면한다는 것이다."[31]

이처럼 칠흑 같은 어둠 속을 헤매고 있는 인간을 구출할 수 있는 유일한 열쇠는 성경이다. 빌리 그레이임은 성경을 모든 인류에게 피할 수 없이 적용되어야만 하는 "헌법과 같은 하나님의 법전"이요, 인간 문제를 해결할 수 있는 "유일한 열쇠"라고 한다.[32] 그는 성경의 영감론에 관해 매우 보수적인 특징을 보여주며, 기계적 영감론을 지지하는 인상을 준다.[33] 특히 그의 성경관은 성경을 구속사적 관점에서 본다는 것이요 철저히 기독론적 관점에서 본다는 것이다. 그는 "성경의 핵심주제

---

[31] Ibid., 21. "These three facts constitute the true story of man: his past is filled with sin; his present is overflowing with sorrow; and the certainty of death faces him in the future."

[32] Ibid., 23, 26-27

[33] Ibid., 24. "Sixteen hundred years were needed to complete the writing of the Bible. It is the work of more than thirty authors, each of whom acted as a scribe to God. These men, many of whom lived generations apart, did not set down merely what they thought or hoped. They acted as channels for God's dictation; they wrote as He directed them; and under His divine inspiration they were able to see the great and enduring truths, and to record them that other men might see and know them too."

는 예수 그리스도 안에 존재하는 하나님의 구속의 이야기"라고 한다.34

성경의 이야기, 곧 구원의 이야기는 우리의 구주 예수 그리스도에 관한 이야기이다. 성경을 상고하는 학생은 구약성경이 시작되는 부분에서부터 예수 그리스도에 관한 이야기를 발견하게 되는데, 왜냐하면 예수 그리스도는 신약과 구약 전체의 참된 주제이기 때문이다. 예수 그리스도는 창세기에서는 여자의 씨로, 출애굽기에서는 유월절 양으로, 레위기에서는 속죄 제물로, 민수기에서는 얻어맞은 반석으로, 신명기에서는 선지자로, 여호수아에서는 주의 군대장관으로, 사사기에서는 구원자로, 룻기에서는 하늘나라 친척으로, 왕들에 관한 여섯 권의 책(삼상-대하)에서는 약속된 왕으로, 느헤미야에서는 나라의 회복자로, 에스더에서는 대변자로, 욥기에서는 나의 구속자로, 시편 에서는 나의 전부가 되시며 모든 것 안에 계시는 분으로, 잠언에서는 나의 모형으로, 전도서에서는 나의 목표로, 솔로몬의 노래(아가)에서는 나를 만족케 하는 분으로, 선지서에서는 장차 오실 평화의 왕으로, 복음서에서는 (죄인을) 찾아 구원하기 위해 오신 그리스도로, 사도행전에서는 부활하신 그리스도로, 서신서에서는 아버지 우편에 계신 그리스도로, 요한계시록에서는 재림하셔서 통치하시는 그리스도로 각각 계시되었다. 이것이 성경의 영원한 메시지다. 성경은 생명과 평화와 영원과 천국의 이야기다. 성경은 숨은 의도를 갖고 있지 않다. 성경은 특별한 해석이 필요 없는 책이다. 그것은 생명이 있는 모든 사람들을 위한 단순하면서도 명확하고 대담한 메시지, 즉 하나님과의 평화를 제공하는 그리스도의 메시지이다.35

---

34 *Ibid.*, 24.
35 *Ibid.*, 28-29. "The message of Jesus christ, our savior, is the story of the Bible-it is the story of salvation. Profound students of the Bible have traced the story of Jesus Christ from the beginning of the Old Testament, for He is the true theme of the Old as well as the New Testaments. He appears in Genesis as the Seed of the Woman. In Exodus, He is the Passover Lamb. In Leviticus, He is the Atoning Sacrifice. In Numbers, He is the Smitten Rock. In Deuteronomy, He is the Prophet. In Joshua, He is the Captain of the Lord's Hosts. In

성경에 계시된 하나님은 영이시며, 인격적이시며, 거룩하시고, 의로 우시며, 사랑이시다.[36] 하나님이 의롭고 사랑이 많으신데 인간사회가 추악한 것은 아담의 죄로 인한 결과 때문이며, 아담 앞에 놓였던 두 갈래의 길은 현재의 우리 앞에도 놓여 있다고 한다. 그는 인간의 죄를 다섯 가지로 규정하는데 하나님의 법을 어기는 불법, 하나님의 의에 이르지 못하는 불의, 과녁을 빗나간 미달, 하나님의 주권적 영역에 대한 침범, 믿지 않는 불신앙이다.[37] 뿐만 아니라 인류의 첫 조상을 유혹하여 타락시켰던 그 마귀가 지금도 여전히 활동하고 있으며 사악한 힘으로 잘못된 길로 이끌고 있다.[38] 인간은 죄로 인해 죽게 되었으며, 죽음 이후에는 지옥의 불심판이 있다.[39]

빌리 그레이엄의 부흥논리는 이처럼 인간사회의 여러 문제들을 다각도로 탐구하여 위기의식을 고조시키는 것에서부터 시작하는데, 그 목적은 실존적 위기의식을 자극함으로써 그러한 위기의 근원이 성경의 안경으로 볼 때 하나님과의 관계성 파괴, 즉 죄에 있음을 지적하기 위함이다. 빌리 그레이엄이 인간사회의 제반 문제들을 사회학적으로, 문화인류학적으로, 심리학적으로, 통계학적으로 다각도로 탐구하고

Judges, He is the Deliverer. In Ruth, He is the Heavenly Kinsman. In the six books of Kings, He is the Promised King. In the Nehemiah, He is the Restorer of the nation. In Esther, He is the Advocate. In Job, He is my Redeemer. In Psalms, He is my Pattern. In Ecclesiastes, He is my Goal. In the Song of Solomon, He is my Satisfier. In the Prophet, He is the Coming Prince of Peace. In the Gospels, He is Christ coming to seek and to save. In Acts, He is Christ risen. In the Epistles, He is Christ at the Father's right hand. In the Revelation, He is the Christ returning and reigning. This is the eternal message of the Bible. It is the story of life, peace, eternity, and heaven. The Bible has no hidden purpose. It has no need for special interpretation. It has a single, clear, bold message for every living being-the message of Christ and His offer of peace with God."

36 *Ibid.*, 33-42.
37 *Ibid.*, 43-55.
38 *Ibid.*, 57-67.
39 *Ibid.*, 69-82.

분석하는 것은 그러한 학문적 방법들로 인간사회의 문제를 접근하여 해결해보겠다는 목적이 아니라 그러한 문제들의 근원에 죄가 있음을 지적하기 위한 것이다. 다시 말해 그는 사회문제에 관심이 있다기보다는 그러한 사회문제들이 있게 한 인간의 본질문제에 관심이 있다.

그는 성경이 계시하는 인간의 실존은 죄로 인해 부패해 있으며, 마귀의 유혹 아래 있으며, 죽음 아래 있다고 지적한다. 이런 파멸적인 실존적 위기상황에 놓여 있는 인간을 위해 예수님께서 오셨고 십자가에서 피 흘려 죽으셨다고 선포한다. 예수 그리스도께서 십자가에서 흘리신 피는 속죄의 피로서 하나님과 가깝게 하는 힘, 화평케 하는 힘, 의롭게 하는 힘, 깨끗케 하는 힘이다.[40] 하나님이 이처럼 그리스도의 십자가 피를 통해 인간을 위해 하실 수 있는 모든 일을 다 해놓으셨다면 인간 편에서 해야 할 일이 무엇인가에 대해서 그는 이렇게 말한다.

"하나님에게 돌아가는 길은 단 한 길밖에 없다. 예수님은 '너희가 돌이켜 어린 아이들과 같이 되지 아니하면 결단코 천국에 들어가지 못하리라(마18:13)'고 하셨다. 이와 같이 예수님은 회심을 요구하셨다. 이것이 시발점이다. 이것이 출발하는 방법이다. 당신은 회심되어야만 한다."[41]

(2) 부흥의 내용인 인간의 회심이 개념적으로 혼란상태에 있다

부흥의 내용은 인간의 회심이라 할 수 있는데 빌리 그레이엄의 회심론은 개념적 혼란상태에 있다. 빌리 그레이엄은 인간의 새로운 출발점을 회심에 두었다. 그런데 그는 회심과 중생의 개념적 혼란상태에 있다. 중생을 회심의 한 요소로 보면서도 또한 그 결과로 보고 있다.

---

[40] *Ibid.*, 87 101.
[41] *Ibid.*, 103.

사실 성경적 회심은 세 단계가 포함되어 있다. 이들 중에서 둘은 적극적인 것이고 하나는 소극적인 것이다. 적극적인 회심에는 회개와 믿음이 포함되어 있다. 회개는 그 출발점에서 본 회심, 즉 이전의 삶으로부터의 전향이다. 믿음은 회심의 객관적 측면을 나타내는데 그것은 하나님에게로 전향하는 것이다. 회심의 셋째 단계는 소극적인 것으로서 우리가 거듭남 또는 중생이라고 부르는 것이다.[42]

당신이 십자가 밑에 서서 회심하는데 있어서 성령은 당신으로 하여금 죄인임을 깨닫게 하신다. 성령은 당신의 믿음을 당신이 서 있는 그곳에서 죽으신 그리스도에게로 이끄신다. 당신은 마음을 열고 그리스도를 모셔들여야만 한다. 바로 그 순간에 성령께서 중생의 기적을 행하신다. 당신은 진정 새로운 도덕적 피조물이 된다. 하나님의 성품이 심겨지는 역사가 일어난다. 당신은 하나님 자신의 생명에 참여하게 된다. 예수 그리스도는 하나님의 성령을 통하여 당신의 마음속에 거하신다.[43]

빌리 그레이엄은 중생을 회심의 결과인 것처럼 말하고 있으며 그것도 인간 편에서의 의지적 노력의 결과인 것처럼 말함으로써 중생을 마치 인간적 노력의 산물인 것처럼 말하고 있다. 그러면서도 또 한편으로는 중생하기 위해서 우리가 할 수 있는 일은 아무 것도 없고 성령께

---

[42] *Ibid.*, 107. "Actually, Biblical conversion involves three steps-two of them active and one passive. In active conversion, repentance and faith are involved. Repentance is conversion viewed from its starting point, the turning from the former life. Faith indicates the objective point of conversion, the turning to God. The third, which is passive, we may call the new birth, or regeneration."

[43] *Ibid.*, 108-09. "In conversion as you stand at the foot of the cross, the Holy Spirit makes you realize that you are sinner. He directs your faith to the Christ who died in your place. You must open your heart and le Him come in. At that precise moment the Holy Spirit performs the miracle of the new birth. You actually become a new moral creature. Their comes the implantation of the divine nature. You become a partaker of God's own life. Jesus Christ, through the Spirit of God, takes up residence in your heart."

서 하시는 일이라고 강조한다.[44] 우리가 거듭나는 일을 위해서 아무 것도 할 수 없는 이유는 우리가 죽어 있기 때문이라고 한다.[45] 빌리 그레이엄은 중생과 회심의 논리적 순서가 도치된 개념적 혼란을 일으키고 있으며 중생과 회심의 개념이 정리되지 않아 오락가락 하고 있다. 그는 또한 중생과 회심을 같은 개념으로 취급하기도 한다.

> 우리는 지금까지 예수님이 회심을 요구하셨음을 보았다. 우리는 또한 회심의 3대 요소는 회개, 믿음, 중생임을 보았다. 이 세 요소가 어떤 순서로 일어날 것인가에 대해서는 논쟁의 여지가 있을 것이나 일반적으로 그것들은 동시에 일어난다는 데 의견이 일치되고 있다. 당신이 그것을 의식하든 그렇지 못하든 이 3대 요소는 회심의 결정적인 순간에 동시에 일어난다.[46]

빌리 그레이엄은 중생을 회심의 한 요소로 집어넣어 생각하고 있다. 그러면서 때로는 중생이 회심의 결과로서 일어나는 것처럼 말하여 회심을 중생보다 앞세워 인간 의지적 산물인 것처럼 말하기도 하고 때로는 중생을 인간 편에서의 어떤 노력의 산물이 아닌 성령의 단독적인 사역이라고 함으로써 중생에 있어서 하나님의 주권성을 말하기도 함으로써 그 스스로 오락가락 하는 논리적 모순에 빠져 있다.

---

[44] *Ibid.*, 136. "Being born again is altogether a work of the Holy Spirit. There is nothing that you can do to obtain this new birth."

[45] *Ibid.* "You cannot be born of the will of flesh, the Scripture says. In others words, there is nothing you can do about it. you are dead. A dead man has no life to do anything."

[46] *Ibid.*, 114. "We have now seen that Jesus demanded conversion. We have also seen that the three elements of conversion are repentance, faith, and regeneration. It may be debatable in which order these three should come, but it is generally agreed that they probably happen at the same time. Whether you are conscious or unconscious of it, in the critical moment of conversion these three take place simultaneously."

회심론은 부흥신학을 이해하는 중요한 열쇠이다. 빌리 그레이엄의 회심론은 스스로도 혼돈과 모순을 일으키고 있을 뿐 아니라 인간의 의지와 결단을 대단히 강조하여 알미니안적 색채가 농후하다. 예를 들면 회개의 요소로서 지·정·의 세 가지 측면이 요구되나 참된 회개는 의지의 여부에 따라 결판이 난다고 하여 의지를 매우 강조하고 있다.[47] 감정에 대해서는 대단히 인색하게 다루고 있으며 거짓된 감정주의에는 많은 위험이 포함되어 있다고 한다.[48] 그는 신앙감정을 중요한 한 요소로 취급하면서도 지·정·의 전체의 통합적 관점을 추구하는 에드워즈와 달리, 인간의 의지와 결단만을 거의 결정적 요소로 강조하는 찰스 피니의 회심론을 추종하여 회개를 위한 인간의 자유의지를 강조한다.

그의 이런 회심론은 그가 믿음을 어떻게 정의하느냐에서도 분명히 드러나고 있다. 그는 회심의 요소인 믿음을 다루는 데 있어서 히브리서 11:23-25에 나타난 모세의 믿음을 예로 들고 있다.[49] 그런데 과연 히브리서 11:23-25의 믿음이 회심론의 신앙을 나타내는 구절로 적합한 본문인지 의문이 들고, 또한 그가 전반적으로 강조하는 믿음의 내용은 의지적 결단의 측면이 강하다는 인상을 지울 수 없다. 그는 자유의지에 의한 선택을 강조했으며,[50] 믿음의 내용도 지·정·의 세 요소가 포함되어야 하지만 의지적 요소가 제일 중요하다고 말하고 있다.[51] 그는 거듭남에 있어서도 지·정·의 세 가지 요소가 필요하다고 하지만 의지적인 경

---

47 *Ibid.*, 117-18.
48 *Ibid.*
49 *Ibid.*, 121-32. "믿음으로 모세가 났을 때 그 부모가 아름다운 아이임을 보고 석 달 동안 숨겨 임금의 명령을 무서워 아니하였으며 믿음으로 모세는 장성하여 바로의 공주의 아들이라 칭함을 거절하고 도리어 하나님의 백성과 함께 고난 받기를 잠시 죄악의 낙을 누리는 것보다 더 좋아하고 (히 11:23-25, 개역한글판)."
50 *Ibid.*, 122.
51 *Ibid.*, 129-31.

향을 강조하는 것은 여전하다.[52] 구원의 확신에 관해서도 지·정·의 세 가지 요소가 필요하지만 감정적 경험보다도 중요한 것은 의지적인 요소임을 대단히 강조하고 있다.[53] 이런 점에서 빌리 그레이엄의 회심론은 중생을 그 요소로 포함시키기도 하고 때로는 회심의 결과로 취급하기도 하는 개념적 혼란과 모순을 보이지만 분명한 사실은 그가 중생과 회심에 있어서 인간의 자유의지를 대단히 중요한 요소로 강조했던 자요 인간의 의지적 노력과 결단을 강조했던 알미니안적 회심론을 강하게 드러내고 있다는 데 있다.

   빌리 그레이엄의 이런 회심론은 그의 부흥운동의 방식에도 고스란히 스며들어 있다. 그가 부흥설교 후 사람들을 앞으로 불러내어 복음을 짤막하게 진술한 후 결신을 요청하고 기도하는 것은 그 앞에 나온 자들이 그 순간 의지적으로 결심하는 것을 중생과 회심의 대단히 중요한 요소로 보았다는 것을 말해준다. 다시 말해 빌리 그레이엄의 부흥신학은 중생과 회심이 성령의 주도적인 사역에 의한 것이 아니라 부흥운동을 일으키는 자들이 얼마나 잘하는가에 달려 있으며 또한 그 곳에 참석한 사람들의 순간적인 의지적 결심여하에 달려있다는 것을 매우 강조한다. 결국 그의 부흥신학은 하나님에 의한 부흥이 아니라 인간이 의지적으로 부흥을 만들어 낼 수 있다는 부흥신학이다. 이러한 알미니안적 회심론은 부흥에 있어서 하나님의 주권과 초자연적인 역사보다도 부흥집회를 인도하는 부흥사의 재치와 부흥집회에 참석하는 사람들의 의지적인 결단으로 얼마든지 중생과 회심이 일어날 수 있다는 왜곡된 신학을 심어주어 하나님의 역사를 인간의 역사로 격하시키는 오류를 범하게 할 수 있다. 그는 이렇게 말한다.

---
[52] Ibid., 131-41.
[53] Ibid., 143-49.

이제 당신은 결단을 내렸다. 이제 당신은 거듭났다. 이제 당신은 회심했다. 이제 당신은 의롭다 함을 받았다. 이제 당신은 하나님의 자녀가 되었다.[54]

신학적으로 볼 때 중생은 물론 한 순간에 일어나는 역사이다. 회심도 그렇고 칭의도 그렇다. 그러나 중요한 것은 이러한 중생과 회심과 칭의가 인간의 의지적인 결단에 좌우되는 게 아니라 하나님의 선택과 성령의 주도적인 역사에 있다는 것이다. 이를 간과할 때 신적 종교를 인간종교로 전락시켜 구원역사의 주체를 하나님이 아니라 인간으로 변모시키는 오류에 빠지기 쉽다. 빌리 그레이엄의 회심론은 이 점에서 취약점을 드러내고 있다.

(3) **부흥의 내용인 인간의 회심과 성화가 서로 유리된 모습을 보여주고 있다**

부흥은 회심과 성화를 동시적으로 가져오는데 빌리 그레이엄의 성화론은 회심론과 유리된 모습을 보여주고 있다. 성령으로 중생하고 회심하여 의롭다 칭함을 받은 사람들은 성화의 삶을 살아간다. 즉 성화는 회심과 논리적으로 연결되어 있는데 이는 그것이 성령의 계속적인 사역이기 때문이다. 빌리 그레이엄은 회심하고 의롭다 칭함 받은 신자들은 이제 새로운 삶을 살아야 하는데 우리의 영적인 대적 마귀와 세상과 육신의 정욕과 영적 싸움에서 승리하기 위해 성령의 충만을 받아야 한다고 했다.[55]

이를 위한 신앙의 규칙들로서 매일 성경읽기, 기도의 비결을 배우기, 언제나 성령님을 의지하기, 규칙적으로 교회에 출석하기, 전도하는 그리스도인이 되기, 사랑을 생활의 제일원리로 삼기, 순종하는 그

[54] *Ibid.*, 153.
[55] *Ibid.*, 153-62.

리스도인이 되기, 시험과 유혹을 이기는 법을 배우기, 건전한 그리스도인이 되기, 환경을 극복하는 그리스도인이 되기를 들고 있다.[56]

또한 그리스도의 몸 된 교회 안에서 한 지체를 이루어 예배, 성도간의 교제, 믿음을 굳게 하고, 봉사하며, 물질로서 헌신하고, 복음전파에 힘쓰며, 인도주의가 광범위하게 발휘되도록 하라고 한다.[57] 더 나아가 그리스도인으로서 사회적 책임을 다하라고 하는데 훌륭한 시민이 되기, 나그네를 대접할 줄 알기, 성에 대해 올바른 태도를 취하기, 그리스도인으로서 올바른 결혼관을 갖기, 노동문제에 관하여 그리스도인으로서 올바른 태도를 갖기, 인종분규의 문제를 그리스도의 눈을 통해서 보기, 경제문제에 있어서 그리스도인의 태도를 분명히 하기, 주변의 고통당하는 사람들에 대해서 관심을 갖기, 동료 그리스도인들을 위하여 특별한 책임을 가지기, 관대한 마음을 갖기 등을 들고 있다.[58] 무엇보다 그리스도인은 이생의 삶만을 위해서 살아가는 존재들이 아니라 재림하실 그리스도로 인해 건설될 새 하늘과 새 땅의 찬란한 미래를 바라보며 사는 자들이라고 한다.[59] 이러한 삶을 사는 자들에게 참된 평화가 넘치리라고 한다.[60]

빌리 그레이엄은 회심 이후의 삶에 대해서 매우 아름다운 필치로 그려내고 있다. 그러나 중생과 회심의 단계에서부터 성령의 주도적인 역사보다 인간의 자유의지와 결단을 앞세우는 그의 회심론이 과연 동일한 성령의 주도적인 역사에 의해 진행되어야 할 성화의 삶들에 있어서 얼마나 생명력 있는 성화의 삶으로 나타날지는 미지수이다. 빌리 그레

---

56 *Ibid.*, 163-71.
57 *Ibid.*, 173-85.
58 *Ibid.*, 187-202.
59 *Ibid.*, 203-16.
60 *Ibid.*, 217-22.

이엄의 회심론이 근본적으로 인간의 자유의지와 결단을 앞세우는 알미니안적 색채를 띠고 있기에 회심 이후의 성화의 삶들 역시 성령에 의해서 주도되는 생명력 있는 삶보다도 인간의 자유의지에 기초한 다방면의 활동들에 초점을 맞추고 있는 듯한 인상을 준다. 물론 그가 회심 이후의 삶에 대해서 성경읽기와 기도하기와 교회생활과 대사회적 봉사활동 등에 있어서 성령의 인도하심을 강조하고 있지만 그럼에도 불구하고 '이제 구원 받았으니 경건생활과 종교적 활동들에 힘씀으로써 성령의 충만을 받으라'는 인상을 지울 수 없다. 성령의 주도적인 역사보다도 인간의 자유의지와 결단을 앞세우는 알미니안적 색채의 회심론은 역시 동일한 색채의 성화론을 낳을 수밖에 없는 것이다.

(4) 부흥운동의 규모에 비해 부흥신학이 얕다

빌리 그레이엄의 부흥운동은 규모면에서 일찍이 그 누구도 흉내낼 수 없는 범세계적인 부흥운동이었음에도 불구하고, 그 규모만큼 깊이가 없고 뿌리가 약한 것은[61] 그의 부흥신학을 뒷받침하고 있는 신학적 깊이가 깊지 못한 데서 기인하고 있음이 분명하다. 특히 회심론과 성화론에 있어서 인간의 자유의지와 결단을 강조하는 알미니안적 색채가 농후하기 때문이다. 인간의 자유의지와 결단 위에 세워진 그의 회심론은 인간의 노력과 열심을 강조하는 인본주의 부흥신학을 낳았으며 그리할 때 결국 한 세대에는 온 세상을 휩쓰는 거대한 규모의 부흥운동이 될 수 있었을지 모르지만 인간영혼의 깊은 변화를 가져올 수 없었으며 그리하여 문화 저변을 변모시키는 파급효과는 미미하여 삭

---

[61] Christian News (1999. 9.27), 1,18. R. L 히머스 박사는 다양한 통계조사를 통해 빌리 그레이엄의 부흥집회의 결실로서 교회들에 등록하는 사람들이 미미하다고 주장한다(김효성의 『현대교회의 문제: 배교, 타협, 혼란』의 311-12에서 재인용); 土肥昭夫, 『日本基督教의 史論的 理解』, Ibid., 363.

성운동으로까지는 연결되지 못한 것으로 사료된다. 빌리 그레이엄의 부흥운동이 그 거대한 규모에도 불구하고 각성운동으로까지 연결되지 못한 것은 그 신학적 깊이의 문제, 알미니안화 된 인본주의 회심론과 성화론의 문제인 것 같다.

3) *World Aflame*

고(故) 한경직 목사는 *World Aflame*을 가리켜 세계적인 기독교 전도자인 빌리 그레이엄의 가장 중요한 역작이라고 평하였다.[62] *World Aflame*은 빌리 그레이엄이 1965년에 그의 영혼이 불타오르는 심령으로 쓴 "모든 사람을 위한 책(This is our book!)"이다.[63] 이 책 역시 그의 부흥신학을 직접적으로 보여주고 있지는 않지만, 위기에 처한 현 세계에 대한 광범위한 분석과 복음적 접근을 보여줌으로써 그의 부흥신학이 무엇인지 간접적으로 보여주고 있다. 이 책은 *Peace with God*와 거의 동일한 구조이다. 그러나 *Peace with God*가 좀 더 신학적인 색깔을 강하게 보여주고 있어서 사회의 일반대중을 목표로 하면서도 신앙에 관심을 가진 사람들을 주 목표로 하는 것이라면, *World Aflame*은 좀 더 광범위한 일반대중을 목표로 하여 그들에게 전도하기 위한 목적으로 써진 것이다.

(1) 부흥이란 불타는 세계에서 빠져나오는 것이다

빌리 그레이엄이 생각하는 부흥의 개념은 '불타는 세계에서 빠져나옴' 혹은 서구 문명을 위대하게 했던 '기독교의 원리로 돌아가는 것'이

---

[62] Billy Graham, 『불타는 세계』(*World Aflame*), 정동섭 역 (서울: 생명의말씀사, 1979), 3.
[63] Billy Graham, *World Aflame* (New York: Doubleday & company, INC., 1965), vii.

다. 그는 먼저 인간사회에 대한 광범위한 관찰의 결과 위기상황임을 역설하며 이를 '불타는 세계'라고 개념화했다. 빌리 그레이엄은 현대사회를 이렇게 분석하고 있다.

> 우리의 세계는 불타고 있고, 하나님 없는 인간은 결코 이 불길을 제어할 수 없을 것이다. 지옥의 마귀들이 풀려났다. 욕정과 탐심과 증오와 탐욕의 불길이 세계를 휩쓸고 있다. 우리는 아마겟돈을 향하여 미친 듯이 질주하고 있는 것처럼 보인다.[64]

그는 인간의 통제를 벗어난 이러한 타오르는 불길들로서 인구팽창의 불길, 불법의 불길, 인종주의의 불길, 적색(공산주의)의 불길, 방종적인 과학의 불길, 정치적 딜레마의 불길을 들고 있다.[65] 빌리 그레이엄은 현대사회는 성적 타락이 극심하여 시궁창과 같은 호색문학과 영화들이 범람하고 있으며 부정직이 만연하여 죽어가는 문화가 되었다고 개탄하면서 부흥이 일어나지 않으면 안된다는 것을 역설하기 위해 워싱턴 통신의 메이 크레이그의 말에 동의하며 인용한다.

> 만약에 미국 사람들의 심저에 변화가 있지 않고, 공적이건 사적이건 방종과 부도덕에 대항하는 진정한 개혁이 없다면, 우리는 미합중국의 쇠퇴와 멸망을 눈앞에서 똑똑히 보게 될 것이다.[66]

---

[64] Billy Graham, *World Aflame* (New York: Doubleday &company, INC. 1965), 1.
"Our World is on fire, and man without God will never be able to control the flames. The demons of hell have been let loose. The fire of passion, greed, hate, and lust are sweeping the world. we seem to be plunging madly toward Armageddon."
[65] *Ibid.*, 2-17.
[66] *Ibid.*, 26. "Unless there is a change deep down in the American people, a genuine crusade against self-indulgence and immorality, public and private, then we are witness to the decline and fall of the American Republic."

빌리 그레이엄은 또 현대인은 생활에서 오는 긴장과 중압감이 너무 커서 신경과민에 걸려 있다고 한다. 많은 미국인들이 여러 형태의 정신병을 앓고 있는데 펜실베니아 대학에는 20퍼센트의 학생이 재학 중 정신보건소의 도움을 요청하고 있으며, 하버드 대학에서는 재학생의 25퍼센트가 정신병 담당 의사나 사회사업가들을 찾는다고 한다.[67] 현대인들은 극도의 심리적 불안에서 벗어나기 위해 일종의 도피주의가 생겨났는데 알코올이나 수면제와 같은 약물로 도피하거나, 다방에서 빈둥빈둥 놀며 칵테일파티에서 관능적인 춤을 춤으로써 시간을 탕진하거나, 이중사고나 군중사고로 도피하여 도덕적 책임을 면하려는 거짓말쟁이가 되었다고 한다.[68] 빌리 그레이엄은 또한 "서구인들의 우상은 인본주의, 물질주의, 섹스"이며, 한마디로 "현대 서구문화는 이방종교와 기독교의 혼합물이다"라고 한다.[69] 서구인들은 하나님 대신 과학과 물질과 자기 자신을 숭배하고 있는데 이러한 우상들은 결국 도덕적 균형감각을 파괴시키고 권태와 수많은 문제들을 낳고 있어 성경의 증언처럼 이러한 우상들은 종말을 고하고 말 것이라고 한다.[70]

이러한 내용들이 주로 '불타는 세계'의 현상에 대한 빌리 그레이엄의 분석이다. 그는 광범위하게 현대사회와 현대인들의 모순을 분석하고 그러한 상황이 마치 걷잡을 수 없는 불길, 아마겟돈을 향하여 질주하는 모습이라고 진단했다. 그러나 현대사회와 현대인들에 대한 그의 분석은 치밀하고 조직적인 학문적 분석이라기보다 오히려 현대사회가 위기에 처했다는 것을 강조하기 위한 조금은 과장되고 억지스런 분석

---

[67] *Ibid.*, 32.
[68] *Ibid.*, 33-41.
[69] *Ibid.*, 42. "The idolatry of Western man is humanism, materialism, and sex ⋯Modern Western culture has become a mixture of paganism and Christianity."
[70] *Ibid.*, 43-49.

으로 밖에 보이지 않는다. 이는 그의 종말론에서 기인한 것으로서 그의 종말론은 세속에 몰입해서 살아가는 현대인들을 각성시키는 역할을 했을지는 모르나 끊임없이 '아마겟돈 전쟁'을 강조하면서 그러한 전쟁이 세계의 특정지역에서 일어나는 3차 대전이라고 묘사함으로써 냉전시대를 살아가는 당대 사람들의 위기의식을 더욱 부채질하여 신경과민에 빠질 정도의 불안과 두려움을 심어 그리스도께로 돌이키고자 하는 시한부 종말론의 상투적이고 뻔한 논리를 전개하고 있다.[71] 그의 책 서두와 결론을 일관하고 있는 것은 '아마겟돈 전쟁'이며, 그는 이러한 전쟁의 화염 속에서 구원의 길을 외치고 있는 선지자로서 자신을 묘사하고 있다.[72]

현대사회와 현대인들이 위기에 처했다면서 '위기의식'을 강조하는 빌리 그레이엄 자신이 시한부 종말론의 안경으로 현대사회와 현대인들을 분석함으로써 지나친 신경증에 깊이 빠진 것이 아닌가 생각된다. 그의 분석의 관점은 지나치게 현세계의 위기의식을 강조하는 시한부 종말론에 깊이 물들어 있고 그러면서도 서구 문명을 기독교 문명과 동일시하며 특히 기독교와 미국주의의 결합이 농후한 색체를 띠고 있는데 서구의 자본주의 문명과 동구의 공산주의 문명을 기독교 문명 대(對) 반기독교 문명으로 그리고 있는 데서 분명히 나타나고 있다.[73] 그러므로 빌리 그레이엄이 생각하는 부흥은 불타는 세계에서 빠져나옴 혹은 서구 문명을 위대하게 했던 기독교로 돌아가는 것인데 이는 곧 서구화 된 기독교이다. 그는 이렇게 말한다.

---

[71] *Ibid.*, 189-263.
[72] *Ibid.*, 1, 224, 27.
[73] *Ibid.*, 9-12.

이 세계의 멸망을 알리는 시끄러운 소리들 속으로 하나님의 말씀이 임한다. 성경은 말하길 아직은 너무 늦지 않았다고 한다. 나는 우리가 돌아올 수 없는 지점을 통과했다고 믿지는 않는다. 나는 모든 것이 깜깜하고 희망이 없다고 믿지는 않는다. 서구를 위대하게 만들었던 도덕적, 영적 원리들로 돌아올 수 있는 시간이 아직은 남아 있다. 아직도 하나님이 관여하실 시간은 남아 있다. 그러나 너무 늦어서 돌아올 수 없는 때가 오고 있으며 우리는 그러한 때를 향하여 빨리 나아가고 있다.[74]

그의 이러한 부흥신학은 사회개혁과 문화발전에 소극적이고 안이한 태도를 갖게 한다. 시한부 종말론에 기초하여 이 세대가 불타버릴 것이고 그러한 불타는 세계에서의 빠져나옴을 부흥으로 생각하기에 이는 문화발전에 관한 기독교인의 소명의식을 너무 소극적이고 안이한 태도로 만든다. 그러기에 그가 '새 사람의 사회참여'에서 묘사하는 기독교인의 사회관은 예수 그리스도께로 사람을 인도하여 인간을 변화시킨 후에 그러한 인간들을 통해 사회를 변화시키는 것인데 전반적으로 볼 때 사회참여에 대하여 소극적이고 안이하다.[75] 그러면서도 부흥을 상당부분 서구를 위대하게 했던 도덕적, 영적 원리로 돌아가는 것이라고 함으로써 서구의 근대문명에 대한 우월주의를 드러내고 있는데 이는 문화에 관해 안이하고 소극적인 그의 신학 전반적 이해와 충돌하는 모순을 보여주고 있다.

---

[74] Ibid., 17. "Into this cacophony of the voices of doom comes the Word of God. The Bible says that it is not too late. I do not believe that we have passed the point of no return. I do not believe that all is black and hopeless. There is still time to return to the moral and spiritual principles that made Western great. There is still time for God to intervene. But there is coming a time when it will be too late, and we are rapidly approaching that time!"
[75] Ibid., 177-78.

(2) 부흥의 대상인 인간 이해가 피상적이다

빌리 그레이엄의 인간론과 기독론은 부흥의 대상인 인간과 그러한 부흥의 주체가 되시는 그리스도에 대한 이해가 너무 피상적이어서 그의 부흥운동이 범세계적이었음에도 불구하고 그만큼 깊지 못하게 하는 원인으로 작용했음이 분명하다. 그는 '불타는 세계'에서도 출구를 찾듯이 많은 사람들이 출구, 즉 구원의 길을 찾고 있다고 한다.[76] 인생의 의미와 목적에 관한 질문은 세계 어느 곳에 사는 사람들이라도 공통적으로 묻는 태고의 질문으로서 이는 인간이 하나님의 형상대로 창조되었기 때문이다.[77] 인간이 앓고 있는 불치의 병은 죄인데 이는 하나님에게 대한 반역이요 하나님의 목표에 빗나간 삶으로써 그 결과는 죽음이다.[78] 죽음은 죄에 대한 심판인데 육체의 죽음, 영적인 죽음, 영원한 죽음이다.[79] 이러한 인간에 대한 구원의 도는 '인간의 도'가 아니라 '하나님의 도'이다.[80] '하나님의 도'는 구원의 치료제로 보내신 예수 그리스도다.[81] 종교는 창세기 3장에 나오는 '가인의 제단'과 '아벨의 제단', '인간의 종교'와 '하나님의 계획', '자연종교'와 '초자연종교', '참종교'와 '거짓종교'로 나누어 볼 수 있는데, 현대종교를 인본주의적인 자연종교의 후예들이요 가인의 후예들이요 거짓 선지자들이라고 규정하는데 이는 기독교의 생명을 버리고 한낱 도덕종교로 만들어 버리는 자유주의 신학적 흐름을 비판한 것이다.[82]

하나님은 오늘날도 말씀하고 계시는데 자연을 통한 계시, 양심을 통

---

[76] *Ibid.*, 50-58.
[77] *Ibid.*, 59-64.
[78] *Ibid.*, 65-74.
[79] *Ibid.*, 74-77.
[80] *Ibid.*, 77-78.
[81] *Ibid.*, 78-80.
[82] *Ibid.*, 80-88.

한 계시, 성경에 나타난 계시, 예수 그리스도에 나타난 계시를 통해서 말씀하신다.[83] 그러므로 그리스도와의 대면을 피할 수 없다. 그리스도는 특이한 존재로서 신성과 함께 인성을 가지신 '신인'으로서 역사적 존재이다.[84] 하나님은 인간이 생각할 때 어리석은 방법, 즉 그의 독생자 예수 그리스도를 십자가에 못 박혀 죽게 하심으로써 인간을 구속하셨는데 빌리 그레이엄은 구속(atonement)을 전치사 at(…에서)와 하나 되게 함(onement)의 합성어로써 '하나님과의 화해'라고 정리했다.[85] 그리스도의 십자가는 죄인들을 위한 유일한 치료제로서 그리스도의 십자가에는 세계 인류가 모두 죄인이라는 사실이 가장 분명하게 드러나 있으며, 하나님이 죄를 얼마나 미워하시는지 드러나 있으며, 십자가 앞에 선 우리는 하나님의 사랑을 보며 세계 각국간의 참 우애의 터전을 발견한다고 한다.[86] 십자가에 죽으신 그리스도는 또한 부활하셨는데 이는 인간 위에 왕 노릇하던 사망이 죽어버린 날이다.[87]

이상이 대략적으로 빌리 그레이엄이 이해하고 있는 인간론과 기독론이다. 그는 인간을 이해할 때 현대사회 속에 존재하는 각종 병리현상들을 탐색함으로써 인간은 그 무엇으로도 치료할 수 없는 질병을 안고 있다고 진단하며 사망에 이르게 하는 그 질병은 바로 죄라고 규정한다. 그의 인간론은 너무 죄의 결과적 측면만을 살피고 있으며 그것도 사회 현상적 측면에서만 살피고 있다. 신론(神論)에 대한 깊은 조명과 함께 하나님과의 관계에서 인간의 본질과 죄의 기원을 살피고 있지 않기 때문에 그의 인간론은 피상적이며 자칫 사회학적·인류학적 인간론 위에 무리하게 신학적 인간론을 대입시킨 느낌을 준다. 기독론 부

---

[83] *Ibid.*, 89-102.
[84] *Ibid.*, 103-12.
[85] *Ibid.*, 113-18.
[86] *Ibid.*, 118-24.
[87] *Ibid.*, 125-37.

분에서도 하나님과 그리스도와의 관계가 면밀하게 살펴지지 않고 있으며, 특히 십자가의 속죄사역에 대해서 객관적 속죄의 측면보다도 인간 편에서 십자가를 어떻게 바라보느냐는 주관성에 의해서 그 효력이 나타나는 도덕감화설 내지 화해설에 치우쳐 있다. 무엇보다 속죄의 효력이 미치는 범위가 보편속죄설은 아닐지라도 하나님의 선택된 자들에게만 미치는 개혁파의 제한속죄설 보다 넓다는 점은 분명하다. 특히 십자가의 화해를 하나님과 인간의 화해 정도가 아니라 세계 각국간의 참 우애의 터전으로 보는 것은 지나치게 광범위한 해석이며 그리스도가 재림하시기까지는 세계 평화는 불가능하다고 주장하는 그의 종말론과도 논리적 모순을 보이고 있다.[88]

빌리 그레이엄의 인간론과 기독론은 결국 그의 부흥신학의 가장 중요한 요소인 구원론, 특히 회심론의 뼈대가 되는데 아마도 그가 이렇게 피상적인 인간론과 구원론을 전개한 것은 그의 부흥운동에 있어서 다양한 교단배경을 가진 사람들과 부딪히지 않고 연합하기 위한 '신학적 다이어트'였다고 할 수 있겠다. 그의 신학적 피상성은 다양한 교단적 배경의 사람들을 흡수하여 거대한 부흥운동에 연합하게 했을지는 모르지만 외쳤던 메시지의 신학적 빈곤은 그 부흥운동이 사회개혁의 강력한 힘으로는 작용하지 못한 원인이 되었을 것이라고 생각된다.

(3) 구원론의 교리체계가 모호하다

빌리 그레이엄의 부흥신학을 결정적으로 말해주는 구원론, 즉 중생과 회심론의 교리체계가 모호하며 여전히 오락가락한다. 12년 전에 썼던 *Peace with God*보다는 약간 수정되었으나 근본적인 색채는 변치 않고 있다. 그는 현대사회는 인류학과 심리학과 사회학을 포함하는 행동

---

[88] *Ibid.*, 123-24, 209.

과학을 통하여 인간이 스스로를 개조할 수 있다는 신념 속에 행동하고 있으며 특히 과학자들은 계속 새로운 방법을 고안하여 우리의 감정과 사상과 행동을 지배하는 방법을 발견하려고 한다고 주장한다.[89] 그러나 인간을 개선하기 위한 인간 스스로의 노력은 실패할 것인데 그것은 인간본성과 내재적 의지와 충동은 변하지 않기 때문이다.[90] 인간이 진정 새롭게 되는 길은 중생이다. 그런데 아이러니컬하게도 현대교회는 중생을 무시하고 있다고 한다.

> 현대교회는 대부분 중생의 메시지를 무시함으로써 교회자체에 수치를 안겨주었으며 사회에 해를 끼치는 결과가 되었다. 현대교회는 사회변화, 군비축소, 입법을 설교하지만 우리가 살고 있는 세계의 모든 문제를 풀기 위한 결정적인 한 가지를 경시하고 있는데 그것은 '변화된 인간'이다. 인간의 근본문제는 영적이지 사회적인 것이 아니다. 인간은 그 자신 안에서 완전한 변화를 필요로 한다.[91]

그렇다면 어떻게 새 사람이 되는가? 그것은 하나님과 화해함으로써 가능한데 여기에는 회심, 회개, 믿음이 요구되며 사실 이 세 용어는 구원과 관련되는 용어이다.[92] 따라서 이를 단순히 표현하자면 주 예수를 우리 자신의 개인적인 주인과 구주로 믿을 것을 선택하는 것이다.[93] 회심은 하나님만이 홀로 하실 수 있는 사역으로서 여기에는 회개와 믿음

---

[89] *Ibid.*, 138-39.
[90] *Ibid.*, 143.
[91] *Ibid.*, 141. "To its own shame and to the detriment of society, the modern church has to a large extent abandoned this message of the new birth. It preaches social change, disarmament, and legislation; but it does not major in the one thing that will solve the problems of our world-changed men. Man's basic problem is spiritual, not social. Man needs a complete change from within."
[92] *Ibid.*, 148.
[93] *Ibid.*, 149.

이라는 두 요소가 내포된다.[94] 회개는 죄로부터의 방향전환을 동반하며 그렇게 하고 싶은 의지적 결단이 요구되며, 믿음은 한 인격이신 그리스도에 대한 믿음이요 위임이다.[95] 그러면서도 회심하는 과정에는 감정적 위기를 겪기도 하며, 회심에는 의지의 결단이 요구된다고 한다.[96]

또한 의지의 결단이 있다. 의지는 회심에 필연적으로 연관된다. 사람들은 정신적 갈등과 감정적 위기를 거칠 수 있지만 여전히 회심하지 않은 채로 남아 있을 수 있다. 회심하도록 하는 자유로운 도덕적 동인(動因)과 의지의 특권을 경험하고 나서야 실제적으로 회심이 가능한 것이다. 이 의지의 행동은 영접과 위임이다. 그들은 적극적으로 하나님의 인애를 영접하고 하나님의 아들을 받아들이고 그런 다음에 그들 자신을 하나님의 의지에 위임한다. 모든 진정한 회심에서 인간의 의지는 하나님의 의지와 병행한다. 성경의 거의 마지막 구절에서 이와 같은 초청이 있다. "원하는 자는 값없이 생명수를 마시라(계 22:17)." 여러분에게 달려 있다. 여러분은 구원받기를 원해야 한다. 그것이 하나님의 의지이나 그것은 또한 당신의 의지가 되어야 한다.[97]

이런 과정을 거쳐서 죄 사함을 받은 의인은 하나님의 양자가 되어 성령 안에 거하며 시험과 죄를 이기고 승리할 수 있는 능력을 갖게 된

---

[94] Ibid., 149-50.
[95] Ibid., 152-54.
[96] Ibid., 155-58.
[97] Ibid., 155-56. "There is also volitional resolution. The will is necessarily involved in conversion. people can pass through mental conflicts and emotional crises without being converted. Not until they exercise the prerogative of a free moral agent and will to be converted are they actually converted. This act of will is an act of acceptance and commitment. They willingly accept God's mercy and receive God's son and then commit themselves to do God's will. In every true conversion the will of man comes into the line with the will of God. Almost the last word of the Bible is this invitation: "And whosoever will, let him take of the water of life freely(Rev. 22:17)". It is up to you. You must will to be saved. It is God's will, but it must become our will, too."

다.⁹⁸ 새 사람도 불완전하지만 이제는 새로운 표준에 따라 이제는 쉬지 말고 하나님의 말씀과 기도로 살아감으로써 새로운 성품을 기르며 세상과 육신을 갈망하는 낡은 성품을 굶겨 죽여야 한다.⁹⁹ 더 나아가 그리스도를 모시고 새로운 사회참여를 해야 하는데 예수님의 사회정책을 따라 인간의 근본문제인 인간성의 치료부터 시작되는 것이다.¹⁰⁰

이상이 대략적인 빌리 그레이엄의 구원론으로서 중생과 회심에 대한 그의 이해이다. 그런데 그의 중생과 회심론은 오락가락하며 모호하다. *Peace with God*가 1953년에 써졌고 *World Aflame*은 1965년에 써져 무려 12년의 시간차이가 있는데도 그 교리적 모호함과 오락가락함은 여전하다. 물론 중생을 회심의 결과로 보고서 인간의 자유의지를 지나치게 강조했던 과거의 알미니안적 색채를 약간 누그러뜨린 감이 없지 않다. 또한 중생을 회심의 앞에 둠으로써 구원의 논리적 순서가 비교적 가지런히 정리되고 있고 중생과 회심에 있어서 하나님의 성령께서 이루시는 주도적인 사역을 좀 더 강조하고 있다. 이런 점들은 12년이 지난 후 그의 구원론이 어느 정도 정리되어 가고 있음을 보여준다. 그러나 여전히 회심, 회개, 믿음을 구별 없이 사용하는 점이나 중생을 회심의 결과로 보고 있는 점이나 회심에 있어서 여전히 인간의 자유의지를 강조하여 구원에 있어서 신인협동설을 취하는 점은 그대로 유지되고 있다. 그의 신학전반이 여전히 변치 않았으며 모호함과 오락가락함을 그대로 유지하고 있다. 부흥의 대상이 인간이라는 점을 생각한다면 그의 회심론은 그의 부흥신학의 핵심이라고 할 수 있다. 그런데 회심론이 이처럼 신학적으로 불분명하고 오락가락하니 빌리 그레이엄이

---

98 *Ibid.*, 161-67.
99 *Ibid.*, 167-75.
100 *Ibid.*, 175-88.

막대한 비용을 지불하여 그 많은 군중들을 모아 외치는 부흥의 진정성과 그 효과를 의심치 않을 수 없다.

4) *The Challenge* [101]

*The Challenge*는 빌리 그레이엄이 전한 10편의 설교를 모은 설교집이다. 맨하탄의 매디슨 스퀘어 가든과 뉴욕시의 펠트 포럼의 여러 대중 앞에서 행한 설교모음이다. 10편의 설교 타이틀과 날짜를 보면 다음과 같다. "와서 하나님을 알자(1969.6.13)", "또 하나의 죽음(1969.6.14)", "반항하는 인간(1969.6.15)", "탕자(1969.6.16)", "천국과 지옥(1969.6.17)", "진리와 자유(1969.6.18)", "용감하기로 하자(1969.6.19)", "두 종류의 눈(1969.6.20)", "마주친 거인(1969.7.21)", "심판의 그날(1969.7.22)"이다. 본서가 보여주는 그의 부흥신학은 다음과 같다.

(1) 죄의 회개를 촉구하다

빌리 그레이엄의 부흥설교의 출발점은 성경의 본문을 당대의 사회적, 도덕적, 영적 상황과 연결시켜 죄를 드러내고 회개를 촉구하는 데서부터 시작된다. "와서 하나님을 알자"에서는 사도행전 17장을 본문으로 하여 고대 철학의 도시 아테네와 같은 뉴욕시의 물질주의, 황금주의, 성문란, 쾌락주의, 방탕, 유행, 오락, 야욕을 지적하고 있다.[102] "또 하나의 죽음"에서는 히브리서 9:22에 기초하여 피 흘림이 없이는 사함이 없다는 것을 설명하기 위해 인류학에 기초하여 세계 도처의 종교의식 속에 들어 있는 피의 제사의식들, 심지어 당시에 일어났던 중

---

[101] Billy Graham, 『도전』 (*The Challenge*), 권혁봉 역 (서울: 생명의말씀사, 1973).
[102] *Ibid.*, 9-11.

국 문화혁명에서 홍위병들이 외친 구호 "피 흘림이 없이는 혁명이 없네"를 예로 들면서 인류는 한 혈통으로서 아담의 죄를 모두 다 이어받았는데 그 속에는 죄라고 불리는 병으로 독이 들어 있다고 했다.[103] "반항하는 인간"에서는 디모데후서 3장에 나오는 말세의 전 세계적인 불법, 범죄, 특히 청년층의 반항이 성경적으로 어떤 죄악인지 지적하고 있으며, "탕자"에서는 누가복음 15장의 탕자비유를 기초로 매월 입신출세와 행복을 추구하기 위해 가정을 떠나 뉴욕으로 모여드는 청년들의 수가 무려 2,000명이 넘으며 매년 이러한 반항적인 청년들로 인해 30만장 이상의 학교 유리창이 깨어지며 30만개 이상의 전화박스가 깨어진다고 하면서 이러한 반항적인 청년들의 모습은 하나님을 떠난 자들의 모습이라고 지적한다.[104]

"천국과 지옥"에서는 마태복음 7장의 좁은 문과 넓은 문을 인용하면서 현 세계만이 전부인줄 알고 거기 집착해서 살아가는 삶의 모습을, "진리와 자유"에서는 진리의 말씀대로 양육받기를 싫어하는 반항적이며 거짓된 가르침을 따르는 우매한 죄악을, "용감하기로 하자"에서는 누가복음 14장을 인용하여 자신을 부인하고 십자가를 지고 그리스도를 따르는 제자의 길에 헌신하지 않는 겁 많고 소심한 미국 기독교인들의 모택동을 위해 기꺼이 죽으려고 하는 홍위병들이나 공산주의자들의 헌신에도 못 미치는 안일주의 죄악을 회개토록 촉구하고 있다.[105] 그는 많은 청년들이 한 발은 세상에, 한 발은 하나님 왕국에 걸치고 있는데 그것은 이것도 저것도 아닌 아무 것도 아니라고 하면서 다음과 같이 강하게 도전한다.[106]

---
[103] Ibid., 33-37.
[104] Ibid., 56-73, 77-94.
[105] Ibid., 104-10, 127-35, 148-64.
[106] Ibid., 162.

몇 년 전에 「뉴욕 타임스」에 나온 광고를 여러분은 아실 것입니다. 어떤 사람이 북극지방으로 가려는데 동행할 지원자가 없어서 광고를 냈던 것입니다. 그의 말인즉 아래와 같았습니다. "북극행에 동행해도 보수는 많지 않다. 그런가 하면 북극행이란 힘들고 거칠은 고역이 아닐 수 없다. 막바지에 이르러서는 제명에 죽지 못하고 죽음을 당할지도 모른다." 그러나 「뉴욕 타임스」에 실렸던 어떤 광고문보다 이 광고문에 최대의 반응을 내 보이더라는 사실을 여러분은 알고 계십니까? 그렇습니다. 청년은 뭔가 도전을 원합니다. 뭔가 힘들고 거칠은 일을 원합니다. 예수님도 그런 것을 요구하셨습니다. 예수님은 재미 좋은 세월을 요구하시지 아니하셨습니다. 고난을 자초하시고 십자가를 자초하시고 죽음을 자초하셨습니다. 그러나 그 보상은 상상치 못할 귀한 것, 곧 영생이며 평강이며 기쁨이었습니다. 여러분의 친구와 이웃을 사랑하게 될 초자연적인 능력이 필요합니다. 우리가 살고 있는 이 세상을 좀더 좋은 세상으로 변화시킬 수 있는 새 힘도 요청됩니다.[107]

아마도 이 책의 제목이 *The Challenge*(『도전』)이라고 붙여진 이유가 이러한 도전적인 메시지에 있을 것이다. 계속해서 그는 "두 종류의 눈"에서 요한계시록 3:17과 마가복음 10장에 나오는 소경거지 바디메오를 통해 물질적으로는 부요하지만 영적으로는 벌거벗은 줄 알지 못하고 그리스도의 십자가를 미련하게 보는 영적 소경됨을, "마주친 거인"에서는 사무엘상 17장을 인용해 거인 골리앗에 부딪힌 다윗처럼 청년들이 수많은 거인과 같은 풀기 어려운 난제들에 부딪혀 있음을, "심판의 그날"에는 베드로후서 3장을 인용해 노아시대 사람들처럼 경건한 삶을 싫어하고 비웃는 패역한 당대의 죄악을 지적하며 심판 날이 멀지 않으니 회개하라고 촉구하고 있다.[108]

---

107 *Ibid.*, 164.
108 *Ibid.*, 170-78, 195-204, 216-26.

이상의 예에서 보듯이 빌리 그레이엄은 각각의 설교본문에서 많은 부분을 그가 설교하기 위해서 대면했던 도시의 청중들의 영적상태, 청중들의 죄악과 실존적 고민 등에 대해서 깊이 있게 연구하여 이러한 문제들을 성경본문과 대면시키고 있다. 다시 말해 성경의 본문이 먼 과거의 이야기가 아니라 부흥집회가 열리고 있었던 당대의 도시, 그곳의 청중들에게 오늘 이 시간에 말씀하고 있는 하나님의 권위있는 말씀임을 받아들이도록 연구하고 적용시켰다. 이런 점에서 그의 부흥집회 때 선포된 메시지는 깊은 교리적인 메시지라기보다 현장 적응능력을 갖춘 메시지, 특히 죄로 인해 심리적으로 사회적으로 방황하는 문제들을 진지하게 다루면서 결국은 하나님 앞에서 죄를 회개하도록 촉구하고 도전하는 메시지라고 할 수 있다. 이것이 그의 부흥집회 때마다 채택된 본문과 그 본문을 현장감 있게 연결시키려는 고민 속에 나타난 메시지의 형태이다.

(2) 강단 앞으로 초청하다

빌리 그레이엄의 부흥집회는 우리 죄를 위해 십자가에 죽으신 그리스도에 대한 소개로 절정에 이르며 그리스도를 영접하기 원하는 자들을 강단 앞으로 불러내는 것으로 마무리되고 있다. 이는 빌리 그레이엄의 부흥회 때마다 선포되었던 각각의 설교들의 전형적인 형태라고 할 수 있다.[109] 설교의 중간 이후부터 마지막 강단으로의 불러내기까지 그리스도를 소개하는 부분은 대부분 십자가에 죽으신 그리스도에 대한 선포적인 소개이며, 곧바로 설교를 마무리하면서 강단으로 나오도록 초청하는데, 매우 호소력 있는 초청이다. 예를 하나 들어보자. "와서 하나님을 알자"라는 설교를 마무리하면서 이렇게 초청하고 있다.

---

[109] *Ibid.*, 29-30, 52-53, 74-76, 97-99, 123-24, 145-46, 166-67, 191-92, 210-13, 234-36.

지난 주간에 미국 대학의 수천 명 학생들이 학위를 받기 위해 여러 사람이 보는 앞에서 나아오고 있었습니다. 그런데 나는 오늘 저녁 여러분께 간구하고 싶은 것이 있습니다. 여러분도 여러 사람이 보는 가운데서 그리스도를 영접하기 위해 앞으로 나오실 것을 부탁하는 바입니다. 주님을 통해 여러분의 죄를 사함 받으십시오. 주님을 여러분의 마음속에 모시고 여러분은 이제 새 생명과 새로운 삶의 방향을 가지시고 여러분의 이름이 생명책에 기록된 사실을 아시고 돌아가시기 바라는 마음 간절합니다. 여러분, 오늘 저녁 여러분은 결코 심판에 이르지 아니한다는 사실을 아시고 자리를 떠나시기 바랍니다. 여러분, 여러분의 모든 죄는 사함을 받은 사실을 아시고 돌아가시기 바랍니다. 여러분, 이제 숨을 거두더라도 여러분은 하늘나라로 가고 있다는 사실을 아시고 돌아가시기 바랍니다. 이제 여러분은 일상생활에서 당면하는 문제의 난점을 직면할 새 능력을 안고 집으로 돌아가시기 바랍니다. 어떻게 그렇게 할 수 있을까요? 나는 오늘 밤 여러분에게 마지막으로 간구합니다. 당신이 이 광장 어디에 계시든지 간에 자리를 떠서 이 강단 앞으로 나와 주님 앞에 서기기 바랍니다. 자, 어서 앞으로 나오십시오.[110]

빌리 그레이엄의 모든 설교 끝에서 이렇게 강단 앞으로의 초청은 부흥집회에서 회심한 사람들을 그리스도 안에서 잘 자라도록 상담하고 안내책자를 주고 교회에 연결시켜주기 위한 목회행정적 측면도 없지 않지만 신학적 측면이 강하게 작용하고 있음을 알 수 있다. 그는 강단 초청 때마다 "누든지 사람 앞에서 나를 부인하면 나도 하늘에 계신 내 아버지 앞에서 그를 부인하리라(마 10:33)"는 말씀을 인용하여 강단초청에 응하는 것을 그리스도를 믿겠다는 공개적인 신앙고백적 차원으로 받아들이고 있으며, 또한 그렇게 함으로써 회심자들의 마음속에 확정

---

[110] Ibid., 29-30.

을 주자는 신학적 의도가 깔려 있었다.¹¹¹

  빌리 그레이엄은 또한 좀 더 많은 사람들이 이러한 초청에 응하여 강단 앞으로 나오도록 하기 위해서 좀 더 극적인 방법을 쓰기도 하는데 그것은 그리스도 안에서 변화된 사람을 하나의 예로 제시하는 것이다. 1969년 6월 19일에 뉴욕에서 행한 부흥설교의 제목은 "탕자"였는데 그는 20여 년 전 LA의 부흥집회에서 그리스도를 만난 찜 바우스를 소개하면서 많은 사람들을 초청했다.¹¹² 찜 바우스는 한때 미국 서부지역 범죄자들의 두목이었는데 LA부흥집회 때 그리스도를 믿고 변화되었던 사람이다. 초청의 시간에 찜 바우스를 소개함으로써 극적인 분위기를 만들었고 강단 앞으로 나오는 어떤 죄인도 찜 바우스처럼 변화될 수 있다는 소망을 심어 호소력을 높였다. 빌리 그레이엄은 이런 인사들을 소개하기 위해 부흥집회 이전에 그의 참모들을 통해 참석자들의 명단을 받아보곤 했다. 어쨌든 빌리 그레이엄의 이런 부흥집회 방식은 '불안의 좌석(anxious seat)'을 만들고 '새로운 측정법들'을 만들어 부흥집회를 조작 가능한 인위적인 것으로 만들어 구 프린스턴 신학과 논쟁을 촉발했던 찰스 피니의 부흥신학과 밀접한 관련이 있다는 명백한 증거이다.

5) The Jesus Generation ¹¹³

  이 책은 1971년에 당시의 방황하는 젊은이들을 위해 써졌다. 모든 권위에 대한 부정, 과격한 혁명사상, 히피 문화가 특색을 이루던 시대의 젊은이들에게 복음으로 접근하여 돕고자 8개월에 걸쳐 써진 책이다.

---

111 *Ibid.*, 53.
112 *Ibid.*, 98-99.
113 Billy Graham, *The Jesus Generation* (Minnesota USA: World Wide Publications, 1971).

(1) 열린 마음으로 접근하다

젊은이들 심령에 부흥을 일으키기 위해 먼저 그들의 문제에 대해 열린 마음으로 접근하는 개방성이 있다. 1960년대는 미국의 젊은이들 사이에서 기성세대를 향한 반항의 문화, 즉 히피문화가 맹위를 떨쳤다. 기성세대는 젊은이들을 버릇없고 이해할 수 없는 존재들로 여겼다. 젊은이들은 기성세대의 모든 권위를 부정해야 할 것들로 보았다. 빌리 그레이엄은 단순히 기성세대의 한 사람으로서 젊은이들의 문제를 접근하고 있지 않다. 그렇다고 무조건 젊은이들 입장이 되어서 그들을 옹호하고 있지도 않다. 그는 열린 마음으로 젊은이들의 문제를 접근하되 그들의 문제에 대해서 깊이 파고든다.

예를 들면 기성세대의 모든 권위를 부정하지만 건설적인 대안은 없는 젊은이들의 나약함과 방향성 없음을 지적한다. 그러면서도 젊은이들이 비판하는 사회의 여러 가지 모순점들은 기성세대들이 포착하지 못한 매우 날카로운 의견이라고 하면서 존중하고 있다. 빌리 그레이엄은 긴 머리를 하고서 이글거리는 눈빛으로 그들 시대의 모순적인 모든 것을 불태워 버리고 처음부터 다시 시작해야 한다고 혁명적인 주장을 하는 과격한 젊은이들에게 "모든 것을 파괴시켜 버린다면 그 다음에는 무엇을 세우려고 하느냐?"고 묻고 있다.[114] 그는 과격파 젊은이들이 상투적인 마르크스적인 혁명사상에 붙들려 있음을 지적하면서도 그들이 지적하는 것처럼 인간사회는 가난과 공해와 가공할 전쟁 핵무기와 세대차이와 종족간의 편견과 증오심으로 모순 속에 가득 차 있으며 이로 인해 인간은 전멸의 위협 속에 놓여 있으며 이러한 상황 속에서 젊은이들이 안정된 삶을 즐길 수 없다는 데에 공감한다.[115]

---

[114] Ibid., 28.
[115] Ibid., 29-36.

그러면서도 그는 현대사회의 문제의 기저에는 인간의 죄가 도사리고 있다고 하면서 신학적인 접근을 하고 있다.[116]

왜 인간은 이렇게 사악한가? 내가 믿기로 그것은 '죄'라고 불리는 영적 질병에 시달려 그 자신을 구원할 수 있을 만큼 온전히 행할 수 없기 때문이다. 한 영국의 수상이 논평하길 인간의 가장 깊은 두려움은 수소폭탄이 아니라 인간의 마음이라고 했다. "그의 마음은 전쟁이요(시 55:21)"라고 옛날 시편 저자가 말했다.[117]

그는 젊은이들과 기성세대 간에 존재하는 가장 큰 위협적인 요소는 세대차(generation gap)인데 이러한 세대차가 생기게 된 원인을 역사적·철학적·심리적·사회적·경제적·공학적·교육적·문화적 입장에서 다각도로 분석한다.[118] 그는 또한 젊은이들이 앓고 있는 골칫거리들(hang-ups)은 기성세대에 대하여 느끼는 일종의 '억압'으로서 심리적이고 정서적인 장애라고 분석하면서 이를 사랑하는 아버지 다윗에 대한 압살롬의 패역한 반항의 심리라고 말한다.[119] 또한 젊은이들은 비틀즈의 락 음악만큼이나 시끄러운 잡음(bad vibrations)에 시달리고 있는데 이는 음조가 맞지 않는 불협화음으로서 조화나 충족감이나 충만한 의미와는 반대의 권태·실망감·우울감·좌절감·죄의식·절망 등의 표출이라고 한다.[120] 이러한 잡음은 청년들의 정신과 영혼을 뒤흔들어 놓았고 잘

---

[116] *Ibid.*, 38.

[117] *Ibid.*, 36. "Why is man so perverse? I believe it is because he is afflicted with a spiritual disease called "sin" and cannot act rationally long enough to save himself. A British prime minister commented that man's ultimate terror is not really the H-bomb but the human heart. "War was in his heart" said the ancient Psalmist(Psalm55:21)."

[118] *Ibid.*, 43-62.

[119] *Ibid.*, 63-79.

[120] *Ibid.*, 81.

못된 길을 가게 하였는데 그러한 잡음은 죄에서 오고 있으며 특히 청년의 정욕이 큰 문제라고 지적한다.[121] 그래서 성(sex)과 연관된 각종 죄악들, 특히 결혼 전의 성적 탈선과 순결의 상실에 대한 여러 종류의 인본주의적인 합리화의 주장에 대해서 성경적으로 그것이 죄임을 지적한다.[122]

그는 또한 60년대 후반과 70년대 초반의 젊은이들을 지배하고 있었던 거부와 반항심의 히피문화에 대해서 역사적·문화적 입장에서 연구하여 그것은 가장된 자유를 부르짖으나 방향과 출구 없는 절망의 표출이며, 나약함의 표출이며, 태만이라고 지적한다.[123] 빌리 그레이엄은 60년대와 70년대 초반의 젊은이들이 안고 있는 실존적 문제에 대해서 단순한 편견이나 기성세대의 완고함으로 접근하지 않고 열린 마음으로 학문적 기반에 기초하여 탄탄하게 접근하고 있다. 그러면서도 이 모든 문제를 성경적이고 신학적인 기초로 답하려고 노력하고 있다. 무엇보다도 반항의 세대들, 히피문화의 젊은이들을 목자의 마음으로 긍휼히 여기며 끌어안고 이들을 그리스도께로 인도하고자 하는 측면에서 접근하고 있다. 그가 볼 때 당대의 젊은이들은 죄로 인해 허무와 절망의 늪에 빠져 허우적거리는 길 잃은 양이었다. 그는 이런 길 잃은 양들을 찾는 목자의 마음으로 문제를 접근했다.

(2) 예수 혁명이다

젊은이들을 향한 부흥신학의 핵심골자는 '예수 혁명'이다. 빌리 그레이엄은 당대 젊은이들이 기성세대를 항하여 표출했던 거부와 반항, 그것을 길 잃은 양의 절규로 보았다.

---

[121] Ibid., 82-91.
[122] Ibid., 93-114.
[123] Ibid., 115-45.

나는 누군가 이들을 버렸다고 생각했다. 누구인가? 정부? 가정? 학교? 교회? 누구일까? 그 이후 나는 다음과 같은 분명한 확신을 갖게 되었다. 그들의 반항은 진정한 믿음에 대해서도 아니요, 그리스도에 대해서도 아니요, 하나님에 대해서도 아니요, 진실한 영적 체험에 대해서도 아니라 단지 세속적이고 물질적인 사회의 억압에 대한 반항일 뿐이다.[124]

빌리 그레이엄은 젊은이들의 기성세대를 향한 과격한 거부와 반항심, 모든 것을 파괴시키고 전복시키는 혁명적인 태도를 세속적이고 물질적인 사회 속에서 길 잃고 헤매는 영적 방황으로 보았다. 기성세대의 권위를 부정하며 모든 것을 전복시키고자 했던 젊은이들의 혁명적 과격함, 그것은 예수님을 만나지 못한 방황의 절규였다. 그러므로 사회·문화·정치적 혁명이 아니라 영적인 혁명, 예수 혁명이 일어나야 한다고 주장한다.[125] 그는 젊은이들의 주장처럼 모든 것이 전복되는 혁명이 일어나는 것에 공감하지만 그 혁명은 영적 혁명, 예수 혁명으로서 인간의 변화를 의미한다. 이는 곧 인간의 거듭남이다. 이것이 그의 부흥신학의 골자라 할 수 있다. 그는 젊은이들의 특징은 부딪침이라고 하면서 젊은이들이 부모들과 부딪쳐 갈등할 것이 아니라 예수 그리스도와 부딪쳐 만나라고 한다. 젊은이들이 사회에 부딪쳐 보면 모순에 가득 찬 사회의 실상을 보면서 현대 학문이 주장하는 신기루 같은 환상이 깨어질 것이라고 한다.[126]

인간사회의 본질적인 문제는 인간 자신의 문제이며 따라서 인간 자

---

124 *Ibid.*, 172. "And I thought to myself, 'someone has failed them. Who is it? The government? The home? The school? The church? Who? Since then I have received overwhelming evidence that their rebellion is not against true faith. It is not against Christ, not against God, nor against any genuine spiritual experience. Rather, it is against the pinch and pressure of a secular and materialistic society."
125 *Ibid.*, 148-60.
126 *Ibid.*, 161-69.

신의 근본적인 변화, 즉 하나님의 능력으로 거듭남이 필요하다고 말한다. 그는 어느 모임에서 속임수가 가득한 혐오스런 사회를 만들어 놓고 거기에 민주적으로 참여하여 바꿀 기회를 주지 않는 기성세대를 향하여 갖가지 말로 위선자라고 비난하는 젊은이들에게 다음과 같이 말하였다.

> 여러분은 효과적이지 않다. 앞으로도 계속 그럴 것인데 이는 여러분 자신은 변화되지 않은 채 가정과 학교와 정부와 사회를 변화시키려 하기 때문이다. 자신의 힘만으로는 절대 성공하지 못한다. 오랫동안 이상주의자들이 교육, 박애, 과학, 빈민구제 프로그램 등으로 좀 더 나은 세상을 만들려고 노력했다. 모두 실패했다. 개인이 변화되어야만 한다.[127]

빌리 그레이엄은 젊은이들이 예수님과 부닥쳐서 예수님을 만나고 거듭나는 것, 그것이야말로 진성한 인간의 변화를 가져오는 인간 혁명이요 영적 혁명이라고 한다. 그러므로 예수님은 '큰 별(Superstar)'이다. 인간 본성 속에는 믿고 따르고 숭배할 수 있는 존재, 즉 메시아를 요구하는 마음이 있다. 큰 별이신 예수님을 만나지 못할 때 인간들은 무언가를 메시아처럼 따르는 미혹의 길을 가게 된 것이다. 큰 별이신 예수님을 믿을 때 영생이 있다.[128] 예수님은 십자가에서 우리의 죄를 사하셨고 그리하여 우리는 하나님의 가족이 되었으며 하나님의 영이 우리 안에 거하시기 때문에 매일 유혹을 이길 수 있는 새 힘을 갖게 되었

---

127 *Ibid.*, 169-70. "You are ineffective, and you will continue to be ineffective because you are trying to change the home, the school, the government, and the society without changing yourself. You will never succeed on your own. Idealists in many generations have tried to shape a better world through education, humanitarianism, science, and giveaway poverty programs. All have failed. The individual must changed."
128 *Ibid.*, 175-86.

다.¹²⁹ 마귀는 살아 있어 끊임없이 우리를 대적하지만 우리가 그리스도 안에 있으면서 매일 성경을 규칙적으로 공부하며 기도하고 전도하는 자기부인과 자기 십자가를 지는 삶을 살 때 승리하게 된다.¹³⁰

인간사회는 혼돈스러워 보이지만 성경의 예언대로 종말을 향해 나아가고 있으며 다시 오실 그리스도가 참된 희망이다.¹³¹ 빌리 그레이엄의 종말론은 문자주의 성경해석에 기초한 전천년주의를 따르고 있으며 그리스도 재림의 징조로서 소련이 큰 힘을 갖게 되리라면서 에스겔 38-39장의 곡을 소련의 통치자로 말하고 있는데, 이는 무리한 해석이다.¹³² 빌리 그레이엄은 과격한 거부와 반항의 젊은이들, 기성세대에 대한 전복을 꿈꾸는 과격한 혁명가와 같은 젊은이들, 이들의 진정한 문제는 영적인 것으로서 '큰 별' 그리스도를 만나지 못한 영적 방황이요, 길 잃은 양의 절규로 보았다. 그러므로 진정한 문제의 해결책은 그리스도를 만남으로써 하나님의 능력으로 거듭나는 영적 혁명, 예수혁명이 일어나야 한다고 한다. 이것이 방황하는 젊은이들을 향한 그의 메시지이며 이 속에 그의 부흥신학이 담겨 있다.

2. 빌리 그레이엄의 부흥신학 정리

빌리 그레이엄의 저서에 나타난 부흥신학은 '신복음주의 부흥신학(New Evangelical Revivalism)'이다. 신복음주의(New Evangelicalism)라는 말은 미국교회사에서 현대주의(자유주의)와 근본주의(보수주의)와의 싸움에서

---

129 Ibid., 187-215.
130 Ibid., 216-36.
131 Ibid., 237-54.
132 Ibid., 250.

파생된 교회사적 용어로서 자유주의에 대해 비전투적이며 관용적인 복음주의다.133 빌리 그레이엄의 부흥신학이 어떤 점에서 신복음주의 부흥신학인지 살펴보자.

1) 인간의 실존적 문제를 최우선시하는 인간학적 출발점이다

빌리 그레이엄의 저서와 부흥설교의 전형적인 특징은 그 출발점을 인간의 실존적 위기에 대한 분석에 두고 있다는 점이다. 이는 빌리 그레이엄 설교의 전형적인 논리전개 방식이다. 빌리 그레이엄은 어떤 도시에서 부흥설교를 할 때면 먼저 그 도시의 사회적인 죄악들에 대해서 면밀하게 조사하고 분석하였다. 특히 통계학적 수치들을 동원하여 그러한 조사와 분석의 객관성 확보를 위해 노력하였다. 그리하여 사회적인 죄악들의 심각성을 주장하며 실존적 위기의식을 설득력 있게 주장하였다. 그는 설득력 있는 주장을 위해 사회학적, 인류학적, 경제학적, 정치학적, 심리학적 지식을 총동원하였다. 그렇기 때문에 그의 메시지는 시대와 유리된 메시지가 아니라 시대를 포용하고 시대의 문제를 진지하게 고민한 흔적들이 엿보인다. 이런 포용성과 개방성과 솔직한 자세가 지성인들로 하여금 거부감 없이 그의 메시지에 귀를 기울이게 하는 긍정적 효과를 주었다.

그의 저서나 설교는 현대사회의 문제들에 대해서 비껴가지 않고 진

---

133 '신복음주의'라는 말은 Harold J. Ockenga(1905-85)가 풀러신학교(Fuller Theological Seminary)에서 1948년도 졸업식 연설에서 행한 말에서 기인하였는데, 오켕가의 정의에 따르면 신복음주의는 자유주의로부터의 분리거부, 보다 적극적인 사회참여, 자유주의와 신학적 대화를 나누려는 결의라고 했다. 그러면서 신복음주의 운동의 4가지 주요기관들로 전국 복음주의자 협의회(National Association of Evangelicals, NAE), 풀러신학교(Fuller Theological Seminary), 「크리스채너티 투데이」(Christianity Today) 잡지, 빌리 그레이엄의 에큐메니칼 복음전도를 들었다(David O. Beal, 『근본주의의 역사』 [In Pursuit of Purity: American Fundamentalism Since 185], 김효성 역 [서울: CLC, 1994], 285-97에서 인용).

지하게 고민한 흔적들이 역력하기 때문에 현대적 감각이 있고 또한 지성적 냄새가 난다. 이런 점들이 미국교회사에서 '현대주의와 근본주의 논쟁' 이후 기독교가 미국 사회로부터 무식한 종교요, 현대적인 문제들에 대해 해답을 줄 수 없는 낡은 종교로 인식되어 사회의 한 구석으로 밀려나 있던 데서 매력적인 종교로 부상하는 데 일조했다.[134] 빌리 그레이엄은 인간사회의 실존적 위기에 대해서 조사하고 분석한 후에 늘 이러한 위기의 심층적 원인은 인간의 죄에 있음을 지적했다. 그리하여 인간의 죄 문제를 해결하신 그리스도 안에서 모든 문제들이 해결될 수 있다고 주장했다. 이러한 논리전개 방식은 한 개인에 대한 상담에 있어서나 단체에 설교를 할 때도 변함없이 그대로 유지되고 있다. 어느 저서나 설교를 막론하고 인간의 실존적 문제에 대한 관심과 유리된 내용에 대해 사람들이 귀를 기울이지 않을 것이라는 것은 자명하다. 이런 점에서 빌리 그레이엄은 사회의 현상과 사람들의 내면적 상황에 대해 날카로운 분석을 했고 여기서부터 논리를 전개했기 때문에 사람들의 눈과 귀를 사로잡을 수 있었다. 그의 저서와 부흥설교의 성공적인 이유 중 하나가 여기에 있음이 분명하다.

그런데 이러한 논리전개 방식이 많은 유익을 준 반면에 한편으로는 하나님을 마치 인간의 필요를 위해서 존재하시는 분처럼 왜곡시키기 쉽다는 것이다. 부흥의 목적이 '하나님의 영광'이 아니라 '인간의 행복'으로 변모되기 쉽다는 것이다. 하나님은 분명 인간의 근본적인 문제들, 즉 죄와 죽음의 문제들을 그리스도 안에서 해결해 주셨다. 그것은

---

[134] George M. Marsden, *Fundamentalism and American Culture: The Shaping of Twentieth-Century Evangelicalism* 1870-1925 (New York: Oxford University Press, Inc., 1982); George M. Marsden, *Understanding Fundamentalism and Evangelicalism* (Michigan: 1997). Marsden이 쓴 위의 두 책 중 전자는 근본주의가 미국의 문화에 미친 긍정적인 영향력을 논증하는 책이며, 후자는 미국의 근본주의 운동 속에서 복음주의의 개념이 어떻게 변모해 갔는가에 대해서 다루고 있는데 저자는 서론에서 1950년대와 1960년대에 미국의 복음주의 개념은 한마디로 '빌리 그레이엄에 호감을 가진 자들'이라고 규정했다.

인간에게 분명 복음이며 인간은 복음 안에서 전혀 새로운 존재로서 새로운 삶을 시작하게 된다. 분명 복음은 인간의 참된 행복을 위해서 주신 하나님의 선물이다. 그러나 복음을 주신 근본목적이 과연 인간의 행복에만 있는가? 아니다. 하나님의 영광에 있다. 빌리 그레이엄의 저서와 부흥설교들은 마치 인간의 행복이 최대 목적인 것처럼 주장하고 있으며, 하나님이 그러한 목적을 위해 그리스도를 보내시고 십자가와 부활을 통해 이러한 행복을 주셨다는 메시지를 일관되게 남기고 있다. 인간의 행복이 절대가치요 최대목적인 것처럼 호도되고 있다. 하나님이 인간의 행복에 지대한 관심을 갖고 계시며 또한 이를 위해 그리스도를 보내시고 십자가에 죽게 하셨음은 분명하나 그렇게 하신 목적은 하나님의 영광에 있다. 하나님이 인간행복을 위해서 존재하는 것처럼 주장하는 것은 구속사의 목적을 '하나님 영광'에서 '인간의 행복'으로 변질시키는 것이며 이는 커다란 신학적 왜곡이 아닐 수 없다.

창세기 3장이 보여주는 인간타락은 하나님 영광을 위한 존재목적에서 인간행복의 절대화로 바꾼 데서 시작되었다. 빌리 그레이엄의 저서와 부흥설교는 인간의 행복, 그것을 위해 하나님의 인류 구속사와 그리스도의 복음이 존재하는 것처럼 왜곡시키고 있다. 이는 성경적 메시지의 커다란 왜곡이며 변질이다. 목적이 변질된 부흥신학은 인간 행복 중심의 인본주의 부흥신학이 될 수밖에 없으며 그러한 부흥신학이 당대에 아무리 인기를 끌었다고 할지라도 파괴적인 결과를 남길 수밖에 없다. 세상적 성공을 척도삼아 성경적 메시지의 왜곡과 변질의 책임을 모면할 수 없다. 빌리 그레이엄 부흥운동이 깆는 대중성이 성경적 메시지의 왜곡과 변질을 뒤덮을 수는 없다.[135]

---

[135] Darius Salter, *American Evangelism: Its Theology and Practice* (MI: Baker Books, 1996), 103-05. 지지는 여기서 빌리 그레이엄이 일찍이 어떤 선배 부흥사들보다 내중성을 갖추었는데, 그 이유는 개인적으로 세계적 권력의 중심인 미국의 대통령들과의 친분관계 그리고

고광필 교수의 책『현대신학으로의 초대』는 현대신학을 분석할 때 '출발점에서 본 신학', 즉 하나님의 말씀에서 출발하였느냐 인간학에서 출발했느냐를 기준으로 보았다.¹³⁶ 하나님의 말씀에서 출발하지 않은 신학은 그 부분적 효용성에도 불구하고 심각한 신학적 왜곡과 변질을 가져왔음을 비판하고 있다. 빌리 그레이엄의 부흥설교는 하나님의 말씀에서 출발하지 않고 인간의 실존적 위기에 대한 인간학적 분석에서 시작해서 성경적 안목으로 거슬러 올라가고 있기 때문에 그 진지함과 포용력과 개방성과 지성에도 불구하고 그 출발점과 전제가 잘못되어 신학적 메시지를 왜곡시키고 있다. 즉 '인간의 여러 다양한 필요를 위해 봉사하시는 하나님'으로 그려지게 한다. 다시 말해 부흥설교의 중심은 하나님의 뜻이나 목적을 앞세우는 하나님 중심의 부흥이 아니라 인간의 필요(그것이 육적인 것이 되었든 영적인 것이 되었든)를 채우기 위한 인간중심의 부흥신학이 되고 만 것이다. 마이클 호튼은 개혁주의 입장에서 현대 미국 복음주의의 맹점을 지적하고 있다.

> 민주주의의 시녀가 된 하나님, 실용주의적 복음주의, 소비자 중심주의, 구원으로부터 자기 존중으로, 감정중심의 신앙, 이교로의 복귀, 각자 자기 소견에 옳은 대로 행함, 공동체의 상실이다.¹³⁷

그는 또한『미국제 영성에 속지 말라』는 책에서 미국제 영성을 꼬집고 있다.

복음이 실용주의와 자아도취에 가위눌려 십자가 신학을 기피하고

시청각 자료의 적절한 활용 때문이라고 하면서 그의 대중적 인기의 통계적 수치를 밝히고 있다.
136 고광필,『현대신학으로의 초대』(서울: 도서출판 복음문화사, 2007).
137 Michael S. Horton,『미국제 복음주의를 경계하라』, 김재영 역 (서울: 나침반, 2001).

영광의 신학만을 탐하며, 영적 전투를 주술적 형태로 미신화하며, 진정한 하나님을 버리고 내가 만든 하나님을 섬긴다.[138]

마즈던의 책 *Understanding Fundamentalism and Evangelicalism*의 서론에서 1950년대와 60년대 미국 복음주의를 한마디로 "빌리 그레이엄에 호감 있는 사람들"이라고 분석한 것을 볼 때 현대 미국 복음주의 성격형성에 빌리 그레이엄식 부흥신학을 따르는 복음주의자들이 일정부분 큰 영향을 끼쳤다는 점에 대해서는 부정할 수 없다. 빌리 그레이엄의 부흥설교의 인간학적 출발점은 역사적 칼빈주의 신학의 요체라고 할 수 있는 '하나님 중심의 신학'에서 떠나 인간의 실존적 문제해결 중심으로 무게중심을 옮겨버린 신학, 즉 '인간 중심 위에 하나님의 도우심이 주어지는 신학'으로서 신복음주의 신학의 전형을 보여준다.[139]

2) 알미니안화 된 회심론이다

빌리 그레이엄의 회심론은 그의 저서들에서 약간씩 변천하고 있다. 1953년에 써진 *Peace with God*에서는 인간의 회심과 중생의 개념적 혼란이 가득했다. 중생을 회심의 한 요소로 보기도 하고, 회심의 결과로 보기도 했으며, 때로는 중생과 회심을 같은 것으로 보기도 했다.[140] 무엇보다 회심에 있어서 인간의 의지적 결단을 중요한 결정적 요소로 취급함으로써 회심이 마치 인간의 주체적 결단만으로 이루어지는 것처럼 주

---

[138] Michael S. Horton, 『미국제 영성에 속지 말라』, 김재영 역 (서울: 나침반, 2005).
[139] H. Henry Meeter, 『칼빈주의 기본사상』(*The Basic Ideas of Calvinism*), 박윤선·김진홍 역 (서울: 개혁주의신행협회, 2000), 21-32; 이근삼, 『개혁주의 신학과 교회』(서울: CLC, 1985), 19, 20. 개혁주의 신학은 '하나님 중심'의 신학으로서 인간학적 출발점이 아니다.
[140] Billy Graham, *Peace with God*, 107, 108-109, 113.

장하여 알미니안주의 회심론의 색채를 강하게 띠고 있다.¹⁴¹ 그의 이러한 회심론은 *Peace with God* 가 써진 지 12년 후에 쓴 *World Aflame* 에서도 여전히 모호하고 오락가락 하고 있다. 중생을 회심의 앞에 둠으로써 구원의 차서(次序)가 비교적 잘 정리되어 있고 중생과 회심에 있어서 성령의 사역이 강조되어 알미니안주의 회심론이 약간 누그러져 있으나 여전히 중생을 회심의 결과로 봄으로써 인간의 자유의지를 강조하는 알미니안주의 회심론 색채를 유지하고 있다.¹⁴² 1978년에 써진 *Holy Spirit* 에서도 중생이 성령의 역사임을 매우 강조하지만 그럼에도 불구하고 인간의 의지적 결단에 의해 좌우되는 것임을 강하게 주장하고 있다.

"오직 우리의 창조자이신 하나님만이 우리를 재창조하실 수 있다. 우리가 우리 자신들을 예수 그리스도께 드릴 때 하나님이 바로 그렇게 하신다."¹⁴³ 그는 '재창조(re-creation)'를 '거듭남(born again)'으로 정의하고 있다. 그러므로 빌리 그레이엄은 하나님이 우리를 거듭나게 하시지만 인간 편에서 먼저 예수님에게 자신을 드리는 의지적 결단이 있어야만 한다는 것을 강조한다. 인간 편에서 자기 자신을 예수님에게 바치겠다는 의지적 결단이 있을 때 성령께서 역사하셔서 거듭나게 하신다는 중생관이다. 성령의 중생케 하시는 사역의 결과로써 회심하는 것이 아니라 의지적 결단으로 회심함으로써 성령께서 그것을 축복하신 결과로써 중생케 한다는 논리이다. 그는 중생을 회심의 결과로 보고 있으며 그리하여 회심에 있어서 인간의 자유의지를 강조하며 구원론에 있어서 신인협동설을 일관되게 유지하고 있다.

---

141 *Ibid.*, 153.
142 Billy Graham, *World Aflame*, 149-50, 152-54.
143 Billy Graham, *Holy Spirit*, 74. "Only God-the One who created us-can re-create us, and that is precisely what He does when we give ourselves to Jesus Christ."

그의 회심론은 인간의 자유의지를 강조하는 알미니안주의 회심론이다.[144] 알미니안주의 회심론은 필연적으로 알미니안주의 성화론을 낳게 되어 인간의 의지적 결단과 노력에 의해서 주도되는 신앙생활에 이를 수밖에 없다. 빌리 그레이엄의 부흥신학은 알미니안주의 회심론에 기초하고 있는데, 이는 하나님의 절대주권적이고 초자연적인 역사보다 인간의 의지적 결단에 의해서 회심이 일어난다는 것을 강조하는 부흥신학으로서 인간의 전적 타락과 부패를 인정하기보다 도리어 인간성에 대해 낙관적 견해를 갖는 인본주의 신학과 공존 내지 타협으로 나아갈 수 있는 위험성이 내포되어 있다.

3) '평화의 복음'이다

이는 매우 신학적이면서도 정치적인 용어이다. 빌리 그레이엄의 부흥설교 주제를 한마디로 요약하라고 하면 '평화(화해)'라고 할 수 있다. 그는 인간의 실존적 위기는 죄로 인한 하나님과의 불화 때문이라고 진단했다. 하나님은 이러한 인간들을 위해 예수 그리스도를 보내셨다. 예수 그리스도의 십자가는 하나님과 인간을 화목케 하는 화해의 십자가이다. 빌리 그레이엄에 대해 치밀하게 연구하여 그의 전기를 썼던 윌리엄 마틴은 이렇게 말했다.

> 예수님은 죄인들을 용서하시기 위해서 인간의 변호와 하나님과의 평화를 위해 돌아가셨다. 그것이 그(빌리 그레이엄)의 목회 50년 이상 동안의 중심적 이야기였다.[145]

---

[144] 김광열, 『구원과 성화』 (서울: 총신대학교출판부, 2000), 43-70; Louis Berkhof, *Introduction to Systematic Theology* (MI: Grand Rapids, 1988); 『벌코프의 조직신학』 (*Systematics Theology*), 권수경·이상원 역 (서울: 크리스챤다이제스트, 2005), 659 778.

[145] William Martin, *Ibid.*, 64.

빌리 그레이엄은 죄로 인한 하나님과의 불화상태가 인간 영혼의 문제에만 국한되지 않고 사회적인 차원의 불화의 원인들로까지 확대된 것으로 보았다. 자아의 분열과 갈등으로 인한 심리적인 고통들, 가정불화, 인종분규, 사회적 갈등, 이념분쟁 등의 원인도 이런 차원에서 보았다. 그러기에 그는 복음을 통한 화해를 하나님과 인간의 화해에만 국한시키지 않고 그것을 인간심리, 가정, 사회, 세계적인 차원으로까지 확대시켜서 주장했다. 인종분규에 대한 정죄, 교파간 통합의 강조, 동·서 데탕트 시대에 공산주의자들과 평화를 위한 노력들도 이런 차원에서 해석될 수 있다. 이러한 그의 모습은 적을 만들지 않는 '평화의 사자'가 되게 하여 수많은 심정적 지지자들을 얻어 많은 사람들을 친구로 얻게 하였다.

그러나 이는 신학적 보수주의자들로부터는 호된 비판을 받았던 점이었다. 예를 들면 박아론 교수는 빌리 그레이엄이 표방했던 신복음주의는 "보수주의 또는 근본주의에 대하여는 비판적이고 자유주의와 WCC에 대하여는 이해와 관용을 부르짖는 신학"이라고 정의했다.[146] 신복음주의는 보수주의 또는 근본주의에 대하여서는 가혹한 비판을 가하면서도 에큐메니즘에 대하여는 관용을 베풀고 있다는 사실이 매우 주목할 만한 사실이며, 갈수록 자유주의자들에 대해서는 관용과 호의를 넘어선 동료의식으로 바뀌어가고 있다고 했다.[147] 그러면서 건전한 복음주의자들은 그들의 거점을 복음적인 교회에 두고 복음운동을 전개하지만 신복음주의자들은 그들의 거점을 '비복음적인 교회'에 두고 복음운동을 한다는 사실을 감안할 때 그들은 복음주의를 가장한 자유주의자들이라고 불러도 큰 잘못은 없을 것이라고 했다.[148]

---

[146] 박아론, 『보수신학 연구』 (서울: CLC, 1993), 42.
[147] Ibid., 13-44.
[148] Ibid., 44.

빌리 그레이엄의 교파간 화해의 노력은 신학의 울타리는 낮추거나 공통분모에만 한정하는, 즉 '신학과 직제'와 같은 골치 아픈 문제는 대충 넘어가고 '생활과 실천'의 동역을 부르짖는 에큐메니즘의 일치운동과 잘 어울리는 화해의 개념으로서 자칫하면 자유주의 신학으로 휩쓸릴 위험성의 근거가 되는 개념이다. 신학의 울타리를 낮추거나 모호하게 하거나 걷어냄으로써 역사적으로 현대 에큐메니즘이 얼마나 자유주의화 되어 성경적 복음진리를 담아내지 못한 인본주의 일치운동 내지 화해운동으로 전개되어 왔는지 그 자료들이 명백히 증언하고 있다.[149] 그러므로 빌리 그레이엄이 부르짖은 교파간 화해(평화)는 근본주의를 20세기 교회의 천덕꾸러기처럼 몰아세우고 자유주의 경향을 띤 교회들과의 화해를 부르짖는 인본주의 화해론이다.

그의 화해론은 공산주의자들을 향한 그의 모순된 발자취에서도 증명되고 있다. 그의 초기 설교는 공공연히 공산주의자들을 하나님의 적

---

[149] W.A. Visser't Hooft, 『WCC 연구자료 1, 세계교회협의회 기원과 형성』 (*The Genesis and Formation of the World Council of Churches*), 이형기 역 (서울: 한국장로교출판사, 1993); W.C.C. Geneva, 『WCC 연구자료 2, 세계교회협의회 40년사』 (*And So Set up Signs… The World Council of Chuches' first 40 years*), 이형기 역 (서울: 한국장로교출판사, 1993); W.C.C. Geneva, 『WCC 연구자료 3, 세계교회협의회 역대총회 종합보고서』 (*The Section of the W.C.C.: From the first to the seventh*), 이형기 역 (서울: 한국장로교출판사, 1993); W.C.C. Geneva, 『WCC 연구자료 4, 세계교회협의회 BEM문서-세례·성만찬·직제』 (*Baptism, Eucharist And Ministry*), 이형기 역 (서울: 한국장로교출판사,1993); W.C.C. Geneva,『WCC 연구자료 5, 세계교회가 고백해야 할 하나의 신앙고백』 (*Confessing the One Faith: An Ecumenical Explication of the Apostolic Faith as it is Confessed in the Nicene-Constantinopolitan Creed[381]*), 이형기 역 (서울: 한국장로교출판사, 1996); Edited by Ellen Flesseman-Van Leer, 『WCC 연구사료 6, 에큐메니칼 운동에 있어서 성경의 권위와 해석』 (*The Bible: Its Authority and interpretation in the Ecumenical Movement*), 이형기 역 (서울: 한국장로교출판사, 1996); Lukas Vischer, 『WCC 연구자료 7, 에큐메니칼 운동에 있어서 개혁교회의 증거』 (*Reformed Witness in the Ecumenical Movement*), 이형기 역 (서울: 한국장로교출판사, 1996). 위의 자료들을 면밀히 검토해 볼 때 WCC는 교회일치(화해)라는 지상과제를 위해 교파간 신학적 차이의 명료성을 포기하고 신학을 모호하게 하여 그 기준을 가능한 낮춤으로서 모든 교파가 그 속에 들어올 수 있는 관용주의로 흘러 나중에는 자유주의 신학 내지 혼합주의 신학으로 변모되어 갔나.

이라고 규정할 만큼 매우 비판적이었는데, 이는 그가 냉전시대에 미국 시민종교의 대부로서 미국적 가치관의 대변자였기 때문이다.[150] 이런 그가 동·서 데탕트 시대가 시작되자 마치 공산주의자들을 향한 평화의 사도인 것처럼 재빠르게 활약했는데, 이는 정치권에 밀착되었던 그를 미국 정부가 준(準) 외교관으로 활용하였고 공산국가들도 그를 그렇게 대우하거나 이용했으며 그런 차원에서 그의 부흥집회가 사용되었던 경우가 많았음을 증명한다. 그의 초기 설교를 보면 공산주의자들을 향해 마치 사단의 하수인들, 에스겔이 예언한 곡과 마곡의 전쟁의 한 축으로 규정하였는데, 데탕트 시대에는 공산주의자들을 향한 화해의 사자인 것처럼 움직인 것은 그의 뛰어난 임기응변에도 불구하고 그의 화해론이 성경적 진리에 기반을 두지 않고 대단히 미국적 외교의 실익을 대변하고 있음을 증명하고 있다.[151]

기독교를 마치 미국적 종교인 것처럼 전파하며 미국종교의 대부로서 활약했던 빌리 그레이엄이 공산주의자들을 향한 적대적인 모습에서 하루아침에 평화의 사자인 것처럼 돌변하는 모습을 보여주었다. 여기서 그의 화해론은 하나님과 인간의 죄 문제를 해결하는 화해의 역사를 이루고자 십자가를 졌던 그리스도의 고난에 동참하는 화해론이 아니라, 세계의 이곳저곳에서 영광을 얻기 위한 화해론이다. 그의 화해론은 오히려 교회의 일치(一致)를 지상목표로 각 교파간의 신학적 차이점을 낮추고 모호하게 하였던 현대 에큐메니즘의 교회일치(敎會一致) 이론과 비슷한 화해론으로서 신학적 애매모호함 속에서 모든 교파를 끌어들여 거대한 동원능력을 과시함으로써 세상의 인기를 한 몸에 얻고자 하는 영광의 신학이 농후한 화해론이다.

---

[150] William Martin, *Ibid.*, 336, 502.
[151] Billy Graham, *World Aflame.*, 250.

4) 협력전도이다

이는 '평화의 복음'에서 나온 구체적인 복음전도 방식이다. '평화의 복음'이 신학적이며 정치적인 용어인 것처럼 '협력전도'라는 용어 역시 그렇다. 빌리 그레이엄은 평화의 복음에 기초하여 모든 교파간, 인종간 평화를 주장했고 그것이 공산진영과의 평화를 주장하는 세계평화 이론으로 확대되었다. 그의 이러한 평화의 정신은 협력전도 방식을 낳게 했다.

빌리 그레이엄은 모든 교파가 협력하는 대규모 부흥전도의 방식으로 일해 왔다. 빌리 그레이엄 전도집회의 교파를 초월한 폭넓은 지지층은 협력전도의 모습을 보여주는데, 이는 전형적인 신복음주의 전도방법론이다. 조영엽 박사는 "신복음주의 대부는 해롤드 존 오켄가(Harold John Ockenga, 1905-85), 칼 헨리(Carl F. H. Henry, 1913-), 에드워드 존 카넬(Edward John Carnell, 1919-67)이며 빌리 그레이엄은 신복음주의 선전자"라고 했다.[152] 신복음주의의 특징으로 "지적 교만, 교리의 수정과 관대함으로 신정통주의와 타협했던 바르트주의, 유신진화론 주장, 은사운동의 허용, 말세론의 중요성 경시, 성별과 경건과 성화를 강조하기보다 사랑과 은혜와 화평을 강조, WCC와 사회복음운동의 추종, 근본주의를 분리주의이며 무식한 율법주의라고 비난하고 배척, 배교와 불신앙에 대해 전투적 입장을 취하지 않는 점"이라고 했다.[153] 그러면서 신복음주의 전도방법론을 "침투, 대화, 연합, 참여"라고 요약했다.[154]

빌리 그레이엄의 부흥신학은 신복음주의를 세계화한 부흥신학으로서 신복음주의자들의 전략적 방법론을 그대로 구사하는 부흥방법론이

---

[152] 조영엽, 『교회론』, (서울: CLC, 1997), 543-75.
[153] Ibid., 546-52.
[154] Ibid., 545-46.

다. 김효성은 근본주의가 자유주의자들과의 교제를 단절하고 성별을 강조한다면, 신복음주의는 자유주의자들에 대해 포용적인 입장의 '넓어진 교회'라고 했다.[155] 신복음주의는 19세기말부터 20세기 초 자유주의 신학의 바람이 세차게 불어올 때 근본주의와 자유주의 사이에서 발생한 하나의 새로운 "신중립주의(New Neutralism), 타협주의, 포용주의, 반성별주의"로서,[156] 신복음주의(New Evangelicalism)의 '신(νεος, New)'이란 단어는 "시간적 개념이나 발전된 그 무엇을 의미하지 않고 질적으로 상이한 그 무엇(different kind of quality)"이다.[157] 그러므로 박형룡 박사는 신복음주의를 가리켜 "신자유주의"라고 규정했다.[158]

빌리 그레이엄의 광범위한 협력전도는 그의 위상을 세계적인 복음전도자로 끌어올렸으나 그러한 위상이 어떠하든 과연 그러한 협력의 전제와 기초가 무엇이냐가 중요시 되어야 할 것이다.

빌리 그레이엄이 복음전도를 위해 협력의 대상으로 삼았던 자들은 로마 가톨릭을 포함하여 자유주의 신학자들과 유대인들, 심지어 공산진영의 어용 목회자들까지 포함되어 있다. 그리스도인이 하나되고 협력하여 전도함은 좋은 것이나 그 하나 됨과 협력의 기초는 성경적인 신앙고백이 전제되어야 한다. 빌리 그레이엄은 협력전도의 명분 아래 너무나 신학적 기준을 낮추고 신학을 다이어트하여 낮은 울타리 안에 성경적인 신앙고백을 좇지 않는 자들까지 무분별하게 수용하여 협력전도를 함으로써 겉으로 볼 때는 거대한 전도운동이요 부흥운동인 것처럼 보이지만 실상은 그 정체성을 혼돈스럽게 만들었다. 초교파적 협력전도를 통해서 빌리 그레이엄 본인이 세계적인 개신교 지도자로서

---

[155] 김효성, 『현대교회의 문제: 배교, 타협, 혼란』 (서울: 옛신앙, 2001), 289-91.
[156] 조영엽, Ibid., 541.
[157] 조영엽, Ibid., 542.
[158] 박형룡, 『신복음주의 비평』 (서울: 신망애사, 1971), 47.

인정을 받고 또한 여러 진영을 넘나들며 평화의 사자로 영접되었지만 정작 중요한 것은 신학적 울타리를 낮추고 다이어트를 함으로써 진리를 모호하게 하고 인간적인 하나 됨을 추구하는 부흥운동이 되었다. 협력전도를 통해서 거대한 군중을 동원하고 그러한 군중동원이 복음전도의 성공인양 치부되었다. 그 후의 많은 사람들이 빌리 그레이엄과 같은 복음전도 방식과, 즉 신학적 다이어트와 인위적인 일치를 주장하는 부흥운동으로 나아감으로써 오히려 현대교회가 교리적 기초가 부실하여 온갖 세속주의와 이단사설들에 맞설 수 있는 진리로 무장되기보다 광범위한 무장해제를 당하는 데 일조했다고 할 수 있다.

빌리 그레이엄의 협력전도 부흥방법론은 포용주의 부흥방법론으로서 이는 일치지상주의(一致至上主義)의 명분 아래 신학을 낮추거나 모호하게 하여 분별력을 잃게 만드는 현대 에큐메니즘의 사역방식을 전적으로는 아닐지라도 매우 많이 닮아 있다. 빌리 그레이엄의 협력전도 부흥방법론은 자유주의 교단들과의 성별보다 교제를 통해 그 속으로 침투해 들어가 영향을 미치고자 했으나 도리어 자유주의에 영향을 받아 애매모호하게 되어버린 신복음주의 부흥방법론이다.

5) 가능한 수단의 총동원이다

빌리 그레이엄의 부흥운동은 하나님 주권의 말씀과 성령의 역사라기보다는 빌리 그레이엄을 중심으로 하나의 몸처럼 움직이는 그의 팀 조직의 열심 넘치는 고안에 의해서 만들어진 운동이었다. 빌리 그레이엄의 부흥집회 때 말씀과 성령의 역사가 없었다는 말이 아니다. 그는 부흥집회를 앞두고 대규모의 조직적인 기도운동을 벌였다. 중요한 것은 기도운동이라는 것들도 그의 팀 조직원들이나 그가 관련을 맺고 있는 사람들을 적극 움직여서 이루어갔다는 점이다. 이는 단순히 부흥집회를 이루는 방식의 문제가 아니라 빌리 그레이엄의 부흥신학의 일단을 보여주는 것이다.

빌리 그레이엄의 부흥신학은 말씀과 성령의 역사를 강조하지만 부흥을 주도하는 주체를 인간에 두었다. 부흥이란 하나님 주도의 역사라기보다 인간의 여러 활동들의 결과로써 승리를 보장받을 수 있다는 사상이 너무나 명백한 전제로 빌리 그레이엄과 그의 동역자들 내면에 잠재하고 있었는데 그러한 부흥신학은 그들이 부흥을 위한 대규모 기도운동을 전개한다든지 또한 막대한 돈을 사용하여 홍보를 한다든지 하는 방식으로 나타났다. 부흥집회를 준비하는 방식이 기도와 같은 영적인 활동이냐 홍보와 같은 세속적인 활동이냐가 중요한 것이 아니라 그러한 활동의 이면에 자리 잡고 있는 인간을 부흥의 주체로 보는 인간주도의 부흥신학이 문제이다.

빌리 그레이엄은 그의 사역초기부터 라디오 방송설교를 통해서 매스컴의 사회적 영향력에 대해서 알고 있었던 사람이다. 그는 그의 팀들과 함께 부흥집회를 위해서 사전에 철저하게 조직적으로 준비하고 가능한 모든 수단을 다하여 홍보에 힘을 썼다. 그는 부흥집회를 위한 건물의 임대 또는 임시건물의 설치와 홍보에 막대한 양의 돈을 썼다. 1954년의 런던집회를 위해서 벌인 대대적인 캠페인을 위해 5만 파운드의 돈이 들었고 1만 장의 인쇄광고물과 3만 장의 포스터와 수십만 장의 전단 등이 뿌려졌으며 거기에다 아이젠하워 대통령의 정치적인 힘까지 동원되었다.[159] 그는 런던집회를 위해 대규모의 기도운동, 막대한 자금을 동원한 홍보, 백악관의 정치적인 힘을 동원하였다.

빌리 그레이엄이 이렇게 철저한 준비를 했던 것은 부흥집회를 위한 그의 성실한 성격 때문이기도 했지만 여기에는 신학적인 전제가 깔려

---

[159] William Martin, *Ibid.*, 170-71.

있었다. 윌리엄 마틴은 빌리 그레이엄이 이렇게 부흥집회를 위해 가능한 모든 수단을 동원한 이유에 대해서 다음과 같이 말했다. "그(빌리 그레이엄)는 찰스 피니가 '제대로 된 방법과 철저한 준비로 더욱더 은혜스러운 부흥회를 이룰 수 있다'고 한 말을 이해했다."[160] 그는 또 이렇게 말했다.

> "그리하여 80년대가 끝날 무렵, 20세기의 유명한 부흥사 그레이엄은 19세기의 유명한 부흥사 찰스 피니와 견줄 수 있을 정도가 되었다. 피니가 부흥회를 열기 위해 다녔던 뉴욕 근처의 길을 그레이엄 역시 똑같이 지나갔던 것이다. … 찰스 피니가 명명했던 '선택된 방법'을 잘 이용하였다. 그레이엄이 가는 곳마다 부흥회를 성공리에 끝낼 수 있었던 것은 물론 성경의 도움에 많이 의지하였지만 합리적인 조직성과 활동의 늘길만찬 훈련 덕분이었다."[161]

빌리 그레이엄의 팀 구성원들은 "성공할 수 있는 작전을 미리 세운다"고 했다.[162] 그들은 빌리 그레이엄의 안전문제를 꼼꼼히 챙기며 초대된 손님들의 시간 안배를 잘하여 빌리 그레이엄의 설교 시간을 깎아먹지 않도록 신경을 쓴다. 빌리 그레이엄은 특히 기자들과 좋은 관계성을 유지하여 매스컴을 자기편으로 만들었으며, 라디오와 인쇄매체의 진가를 잘 알고 그것을 이용했고, 영화도 이용했으나, 빌리 그레이엄의 목회에 가장 큰 공헌을 한 것은 TV이었다. 빌리 그레이엄이 이렇게 그의 목회를 위해서 가능한 모든 수단들을 사용한 것은 그가 찰스 피니의 부흥방법론을 계승했기 때문이다. 찰스 피니는 인간의 적극적인 의지와 결단을 강조함으로써 선택된 방법들을 동원하여 부흥을 성

---

[160] *Ibid.*, 98.
[161] *Ibid.*, 582-83.
[162] *Ibid.*, 583.

공적으로 만들어 낼 수 있다고 확신했던 사람이다. 피니의 이러한 부흥방법론을 빌리 그레이엄은 피니보다 훨씬 더 강력하면서도 광범위하게 밀어붙인 사람이었다. 그것도 피니 시대와는 비교할 수 없을 정도로 빠르게 발전하던 대중매체와 각종 홍보수단과 교통수단을 부흥을 위해 사용한 것이다.

그가 그의 부흥집회를 위해 이러한 수단들을 사용한 것이 잘못되었다는 것이 아니라 그러한 것들을 사용하게 된 신학적 전제, 즉 그의 부흥신학이 찰스 피니의 부흥방법론을 잇고 있다는데 문제를 제기하는 것이다. 그것은 선택된 수단들을 적절히 사용하면 얼마든지 성공적인 부흥을 만들어 낼 수 있다는 부흥신학으로서 부흥에 있어서 하나님의 역사를 인정하지만 그럼에도 불구하고 인간의 조직적인 활동과 노력에 부흥의 성공여부가 좌우된다는 인본주의 부흥신학이 전제되어 있는 것이다. 이는 부흥의 주체를 하나님이 아니라 인간으로 대치하고 부흥의 수단들이 부흥의 성공을 좌우한다고 하는 실용주의 논리가 부흥신학에 그대로 함축되어 있는 것이다.

지금까지 빌리 그레이엄의 저서들에 나타난 부흥신학을 인간의 실존적 문제를 최우선시하는 인간학적 출발점, 알미니안화 된 회심론, 평화의 복음, 협력전도, 가능한 수단의 총동원 등 5가지로 정리하면서 '신복음주의 부흥신학'이라고 규정했다. 빌리 그레이엄(Billy Graham, 1918-)[163]은 1차 세계대전이 끝나던 해에 태어나 지금까지 살아 있는 사람으로서 20세기 중·후반 가장 영향력을 미쳤던 복음주의 지도자들 중 한 사람으로 평가되고 있다.[164] 오랜 기간 빌리 그레이엄의 부흥집회에 참석했고 그에 대해 궁금한 모든 것을 개인적인 만남이나 전화로

---

[163] 그의 아내 Ruth Graham은 2007년 6월 14일에 향년 87세로 소천했다.
[164] Christopher Catherwood, 『5인의 복음주의 지도자들』 (서울: 엠마오).

질문했으며 그에 관한 방대한 자료를 인용하여 전기를 썼던 윌리엄 마틴은 빌리 그레이엄에 대해 "기독교 역사상 가장 성공한 부흥사요 세계에서 가장 유명한 설교가", "살아 있는 복음주의 기독교의 상징", "미국을 대표하는 그레이엄 목사"라고 했으며 "선데이, 무디, 피니, 휫필드를 능가하는 일을 한 사람"이라고 했다.[165]

키드 하드먼은 "우리 시대 기독교 최고의 대변인, 40년 동안 미국에서 가장 존경받은 명사 목록의 최상위에 이름이 올려진 사람"이라고 했다.[166] 반면 보수주의 학자들은 빌리 그레이엄을 "신복음주의의 기수" 혹은 "신복음주의 선전자"라고 혹평한다.[167] 하트(D.G. Hart)는 빌리 그레이엄 시대의 개신교는 빌리 그레이엄으로 대표되는 복음주의(신복음주의) 때문에 오히려 교회가 그 정체성을 상실하고 혼돈 속에서 더 암담해졌으므로 이러한 복음주의에 대해서 해체적인 자세로 접근하여 성경이 말하는 본래적 의미의 풍부한 신학적 유산을 되찾는 기독교로 변신해야 한다고 비판적 주장을 내놓고 있다.[168]

빌리 그레이엄에 대한 이와 같은 상반된 평가는 일차적으로 '현대주의(자유주의)'와 '근본주의(보수주의)' 논쟁에 관한 미국교회사의 흐름이 파악되어야 하며,[169] 다음으로 그러한 논쟁 이후 '복음주의'의 개념이 어

---

[165] William Martin, *Ibid.*, 23-49.
[166] Keith J. Hardman, 『부흥의 계절』 (*Seasons of Refreshing*), 박응규 역 (서울: CLC, 2006), 385.
[167] 박아론, *Ibid.*, 27-48; 조영엽, *Ibid.*, 557-75.
[168] D.G. Hart, *Deconstructing Evangelicalism: Conservative Protestantism in the Age of Billy Graham* (MI: Baker Publishing, 2004).
[169] Davie O. Beal, 『근본주의의 역사』 (*In Pursuit of Purity: American Fundamentalism Since 1850*), 김효성 역 (서울: CLC, 1994); George M. Marsden, *Fundamentalism and American Culture: The Shaping of Twentieth Century Evangelicalism 1870-1925* (Oxford New york: Oxford University Press, 1980)를 보라.

떻게 변천해 왔는지 검토되어야 한다.[170] 남북전쟁에서 1차 세계대전 사이의 미국교회는 심각한 신앙적 위기에 직면해 있었는데 그것은 성경고등비평과 진화론이었다. 성경고등비평은 성경을 유일한 믿음의 기초로 삼는 기독교 신앙의 기초를 흔드는 도전이었고, 진화론은 하나님 없는 무신론적 세계관을 정당화시키는 도전이었다.

이러한 자유주의의 도전에 대항코자 1895년에 미국의 나이아가라 휴양지에서 초교파 보수계 신학자들과 교회 지도자들이 모여 자유주의에 대항하는 다섯 가지 근본진리를 선정하였는데, 이는 성경의 무오성, 그리스도의 동정녀 탄생, 그리스도의 대속적 죽음, 그리스도의 부활, 그리스도의 육체적 재림 등이었다.[171] 이 당시의 근본주의를 가리켜 고전적 근본주의라고 하는데 매우 건전하고 학문적 깊이가 있었으니 그것은 1909-12년에 발간된 『근본주의 진리증언』(The Fundamentals: A Testimony to the Truth)이라는 제목으로 출판된 12권의 집필자들이 워필드(B. B. Warfield), 라일(J. C. Ryle), 모울(H. C. G. Moul), 카일(M. G. Kyle), 어드만(C. Eerdman) 등 미국의 저명한 보수주의 신학자들이었던 것만 보아도 알 수 있다.[172]

초기 고전적 근본주의는 이처럼 자유주의의 퇴패를 위한 연합전선을 형성하여 훌륭하게 대항해 왔던 매우 건전하며 지적인 운동이었으나 아이러니컬하게도 이러한 고전적 근본주의의 퇴조는 '세기의 재판'이라 불린 스콥스 재판(1925)에서 법률적 승리를 거둔 후부터였다. 당

---

[170] George M. Marsden, 『미국의 근본주의와 복음주의의 이해』(Understanding Fundamentalism and Evangelicalism), 홍치모 역 (서울: 성광문화사, 1992), 49. 마즈던은 '현대주의'와 '자유주의'를 교호적으로 사용하는 이유에 대해 자유주의는 전통(역사적 기독교)에서의 자유를 외치면서 현대세계에의 적응을 주장하기 때문이라고 한다. 본 서에서는 '자유주의'라는 용어로 쓰겠다.
[171] 박아론, Ibid., 17.
[172] 김의환, 『도전받는 보수신학』(서울:성광문화사, 1970), 97.

시 공립학교 교사였던 존 토마스 스콥스(John Thomas Scopes)가 주(洲) 교육법을 어기고 학교에서 진화론을 가르쳤다는 이유로 근본주의의 명망가 부리안 목사가 이를 문제로 삼자 자유주의 법률가 다로우가 도전함으로써 둘 사이에 치열한 법정공방이 벌어졌다.

그런데 법정공방에서 창조론을 옹호하는 부리안 목사는 횡설수설하면서 오히려 무지를 폭로하는 듯이 보였고 다로우는 명석한 이론과 과학적 지식을 동원하여 부리안 목사를 궁지에 몰아넣었다.[173] 그리하여 법률적으로는 스콥스가 주 교육법을 어기고 진화론을 가르쳤다는 위법행위가 입증되어 유죄판결로 끝났지만 오히려 사회적 여론은 다로우편으로 기울어져 근본주의에 대해서 무식한 운동이라는 인식이 널리 확산되었다. 그 후부터 '세계 기독교 근본주의 연합회'의 모임 참석수가 현저히 저하되었고 자유주의로부터의 분리와 독립교회 설립이 근본주의 운동의 특징이 되었다.[174]

1929년에는 칼빈주의 장로교 신학교였던 프린스턴 신학교가 자유주의화 된 것을 이유로 메이첸(J. Gresham Machen)이 따로 웨스트민스터 신학교를 세웠으며, 1936년에는 미국북장로교회를 떠나 정통장로교회(OPC)를 설립하였다. 마즈던(Marsden)은 메이첸이 미국북장로교회를 떠난 것이 아니라 미국북장로교회 해외선교사들이 전통적인 복음설교 대신 자유주의를 외치는 것을 보고 경악하여 1933년 독립적인 장로교 해외선교부를 설립하자 교권에 도전했다는 이유로 면직시켰기 때문에 어쩔 수 없이 메이첸이 그의 지지자들을 데리고 떠나 1936년에 독립교단을 설립하였다고 했다.[175]

---

[173] 박아론, *Ibid.*, 21.
[174] 박아론, *Ibid.*, 22.
[175] George M. Marsden, *Ibid.*, 212.

메이첸의 죽음 이후 근본주의 진영에서 경건생활(주초)문제, 전천년주의와 세대주의 문제로 격론이 벌어져 칼 메킨타이어를 중심으로 일단의 무리들이 나가 성경장로교회(BPC)를 세웠는데 이들을 가리켜 '신근본주의'라고 부른다. 주로 보수적 침례교회가 신근본주의 노선을 따르고 있다. 마즈던은 근본주의란 "분노하는 복음주의"라고 개념화면서 미국의 근본주의란 "교회 안에 침투한 '자유주의 신학'과 '세속적 인문주의'와 관련된 문화적 가치 또는 도덕상의 변화에 전투적으로 반대하는 복음주의"라고 정의했다.[176]

그는 근본주의자들이란 "복음주의에 속한 한 유파로서 전투적 성격이 그들의 세계관의 핵심을 이루는 자들"로서 단순히 종교적 보수주의자들만을 가리키지 않고 "전투적 입장을 즐겨 취하는 보수주의자들"이라고 정의했다.[177] 보수적 복음주의자들, 즉 근본주의자들이 분노하며 전투적으로 싸웠던 대상은 자유주의였다. 근본주의자들의 전투적 성격은 자유주의자들과의 논쟁에서 형성된 것이었다.

신복음주의는 미국교회사에서 이처럼 자유주의와 근본주의 논쟁에서 발견된 두 가지 약점을 모두 다 극복해 보려고 했던 일단의 보수주의자들의 신앙체계를 의미하는데, 그것은 근본주의자들의 독선과 편견 그리고 사회로부터의 성별만을 주장할 뿐 사회변혁의 문화명령에는 둔감했던 점을 극복하면서도 세상과 타협적인 자유주의자들의 문제를 피하려는 중도적 성격의 복음주의 움직임이다.[178] 즉 더 이상 자유주의자들과 논쟁하는 것을 포기하고 다시 '복음'으로 돌아가기로 하였는데, 그것은 성경공부, 선교, 교육, 예배에 전심전력하면서 개인구

---

[176] Ibid., 13.
[177] Ibid., 13.
[178] 정준기, 『복음운동사』, 303.

원과 사회구원의 통합 및 보수주의 교회들의 힘 있는 연합을 통해 그동안 현대주의자들에 의해 경멸과 수치로 살아온 보수주의자들이 다시 한 번 미국문화의 주무대에 진입하고자 했던 운동이다.[179]

신복음주의 시대는 1947년 10월 캘리포니아 파사디나에 풀러신학교가 세워졌을 때부터 시작되었다. 빌리 그레이엄은 바로 이 신복음주의에 가담하여 부흥운동을 펼쳤던 사람이다. 빌리 그레이엄은 신복음주의 신학과 전도방법론의 충실한 대변자로서 타 교단과 종교에 대해서까지 매우 관용적이었다.

그런데 유독 근본주의에 대해서는 매우 비판적이면서도 강경한 태도를 취하고 있다. 적어도 1950년대 중반까지는 자유주의자들과 협력하지 않았고 보수적인 태도를 취했으나 그 이후부터 자유주의자들과 교류하기 시작하면서 신복음주의 노선을 걷기 시작했다.[180] 1957년의 뉴욕 부흥회 이후로 빌리 그레이엄은 근본주의자들과 갈라섰다.[181] 1957년 12월 8일의 뉴스에서 미국복음주의연맹(NAE)의 초대 회장 오켄가는 신복음주의 운동이 새로운 신학적 국면에 돌입했음을 언급하면서 빌리 그레이엄을 "신복음주의의 믿음과 사상을 대중적으로 확산하고 있는 복음전도자"라고 했다.[182]

빌리 그레이엄은 1957년의 뉴욕 부흥회를 기점으로 근본주의자들과는 적대관계를 형성하고 자유주의자들과는 교류를 더욱 확대하면서 신복음주의의 믿음과 사상을 대중화시켰던 복음전도자로서 색깔을 분명히 드러냈다고 할 수 있다. 빌리 그레이엄은 겉으로 드러나는 관용적인 복음선포자의 이미지와는 달리 근본주의자들에 대해서는 철저한

---

[179] 정준기, *Ibid.*, 304-305.
[180] 조영엽, 『교회론』 (서울: CLC, 1997), 489-525. 여기에는 신복음주의에 대한 자세한 분석과 함께 빌리 그레이엄이 신복음주의 노선으로 전환하게 된 계기에 대해서 잘 나와 있다.
[181] William Martin, *Ibid.*, 203-55.
[182] Keith J. Hardman, *Ibid.*, 359-60.

무관심과 냉대를 보임으로써 근본주의자들보다도 더 강한 전투적 태도를 지니고 있었다.

빌리 그레이엄은 현대문명과 지성에 대해 공격적이었던 근본주의 기독교가 미국사회로부터 무식하고 반지성적이라는 딱지가 붙었을 때 근본주의와 일정한 거리를 두었다. 대신 사회문제를 비롯한 각종 현실적인 문제들에 대해 지성적인 태도와 열린 마음으로 접근하여 기독교를 매력적이며 쓸만한 종교의 위치에 올려놓았다.[183]

LA 부흥집회에서 빌리 그레이엄은 "하나님은 옛 형태의, 하늘로부터 주어지는, 성령의 부흥을 주신다"라고 했다.[184] 그는 자신의 부흥운동이 아마도 미국 건국의 아버지들인 칼빈주의 청교도들의 옛 신앙을 잇는 부흥이라고 확신했기 때문에 옛 형태(old-fashioned)의 부흥이라고 했을 것이다. 그러나 실상 그의 부흥은 옛 형태의 부흥에서 떠난 새로운 형태의 부흥이다. 부흥의 주체이신 하나님의 선택과 절대주권에 대한 언급은 거의 없고 인간의 의지적 결단이 강조되어 하늘로부터 임하는 부흥보다도 인간의 의지에 의해서 좌우되는 부흥, 즉 인간의 팀워크와 준비에 크게 의존하는 부흥이 되었다. 그의 부흥신학은 "옛 형태의 하늘로부터 주어지는 성령의 부흥"이 아니라 "현대화 된 땅으로부터의 인간적 노력과 땀에 의해 거의 대부분이 좌우되는 인간노력의 산물로서의 부흥"이다. 그의 부흥신학에는 하나님이 부흥의 주체로서 설 자리는 갈수록 줄어드는 반면 인간 노력과 활동이 차지하는 자리는 더욱 확대되고 있다. 부흥의 객체인 인간의 회심을 볼 때도 빌리 그레이엄의 부흥신학은 '옛 형태의 하늘로부터 임하는 성령의 부흥'이 아니

---

[183] 사실 근본주의에 대해 반지성적이고 무식한 종교라는 사회적 편견을 씌운 것은 사회일반 대중들이라기보다는 자유주의자들에 의해서였다.

[184] Billy Graham, *Revival in our Time*, 70, 122, 123. "God sends an old-fashioned, heaven-sent, Holy Ghost revival."

다. 빌리 그레이엄의 회심론은 인간의 의지적 결단에 의해서 좌우되는 회심론으로서 성령에 의해서 중생했기 때문에 회심하는 것이 아니라 인간의 의지적 결단에 의해서 회개하고 믿음으로서 중생하고 회심한다는 것이다. 하나님의 선택에 의한 성령의 역사보다도 인간의 자유의지에 의한 결단에 의해 회심의 여부가 좌우된다는 것이다. 조나단 에드워즈 시대에는 인간의 자유의지에 기초한 의지적 결단에 회심이 좌우된다고 보지 않았다. 이는 미국교회사에서 갈수록 알미니안화 되어 가는 과정 속에서 생겨났던 인본주의 회심론이다.

부흥의 방법론 측면에서도 빌리 그레이엄의 부흥신학은 '옛 형태의 하늘로부터 임하는 성령의 부흥'이 아니다. 그의 부흥방법론은 말씀과 기도와 성령의 역사에 의한 1차 대각성운동 때의 단순한 부흥방법론과는 사뭇 다르다. 피니 이후 보편화되었던 부흥의 새로운 방법론들이 더욱 극대화되어 하나님의 성령이 하셔야 할 일을 잘 조직된 팀의 원활한 활동과 고도의 홍보전략에 의해서 좌우되는 부흥의 방법론들이 되었다.

문화관의 측면에서도 '옛 형태의 하늘로부터 임하는 성령의 부흥'이 아니다. 에드워즈나 피니 시대에는 후천년주의 역사관에 기초한 부흥신학으로서 역사적 사명의식에 기반을 두었다. 그런데 빌리 그레이엄의 부흥신학은 전천년주의 역사관에 기초한 부흥신학으로서 역사적 사명의식에 기반을 두기보다 시대의 임박한 종말에 대한 두려움이 전제가 되어 회개를 촉구하고 믿음을 촉구하는 부흥신학이다. 이러한 전천년주의 역사관에 기초한 부흥신학은 그리스도인의 사회적 책무와 문화의 변혁에 대한 적극성을 감퇴시킨다. 무디 이후 이러한 전천년주의 역사관에 기초한 부흥신학이 유행하면서 부흥을 통한 문화의 변혁과 사회적 책임의 완수보다도 멸망할 세계로부터 빠져나옴이 구원의 내용이 되어버렸고 부흥의 성격으로 정착되어왔다. 그러다보니 빌리 그레이엄의 메시지가 갖는 사회·문화적 관심과는 달리 사회·문화적 변혁의 힘은 미약했던 것이다. 18세기의 부흥은 강력한 문화변혁의 에너지로 나타나서 각성운동으로 연결되었는데, 빌리 그레이엄의 부흥운동이 이러한 힘을 갖지 못한 것은 전천년주의 역사관에 기초한 문화관이 부흥신학의 성격을 결정했기 때문이다.

빌리 그레이엄의 부흥신학은 '신복음주의 부흥신학'으로서 그러한 부흥신학을 한마디로 요약하는 말은 '하나님과의 평화'라고 할 수 있다. 화목, 화해, 평화는 빌리 그레이엄 부흥설교의 키워드로서 그의 신복음주의 부흥신학을 함축하는 말이다. 인간은 죄로 인해 하나님과 불화상태에 있으니 회개하고 그리스도를 믿음으로 하나님과 화해하라는 것이요, 이것이 사회계층·인종·교파·국가의 장벽을 뛰어넘는 화해론으로 발전되어 그의 '세계평화주의'를 대변한다. 그런데 각 개인의 하나님과의 화해는 그리스도의 속죄에 기반하고 있지만 그것이 이웃과의 화해론으로 나타날 때에는 그리스도의 속죄에 기반하기보다 에큐메니즘적 화해론에 기반하고 있는 듯하다. 그의 부흥신학, 특히 회심론이 애매모호한 것은 알미니안적 교파들이나 자유주의적 교파들과 부딪히지 않기 위한 의도를 가진 에큐메니즘적 화해론에 기반하고 있기 때문이다. 그런데 빌리 그레이엄의 화해론은 유독 근본주의에 대해서는 1950년대 중반 이후 시종일관 무시하고 냉대하였는데, 이는 그의 화해론이 교회정치적이며 전략적인 성격을 띠고 있었음을 보여준다. 이러한 그의 화해론은 그가 부흥집회를 통해서 명성을 얻고 난 후 자유주의화 된 미국의 대형교단 지도자들과 교류하면서 형성된 부흥신학으로서 그의 사회·정치적 입지를 확장시키는 이론으로 작동하였다. *Peace with God*는 그의 대표적인 책으로서 그가 하나님과의 화해에 기초한 평화주의자인 것처럼 비춰게 하는데 이 책은 그가 북한의 김일성을 만났을 때 전달한 책이기도 하다. 여기에 공산주의를 사단이라고 맹폭격했던 그의 초기 부흥설교와는 180도 다른 모습을 보여준 빌리 그레이엄의 화해론이 갖는 사회·정치적 특징들이 가장 상징적으로 드러나 있는 것이다. 빌리 그레이엄의 신복음주의 부흥신학은 '화해(평화)론'속에 함축되어 있는데 이는 교회일치를 위해 신학적 울타리를 낮추고 모호하게 하였던 현대 에큐메니즘 정도는 아닐지라도 복음적 에큐메니즘 정도는 되겠기에 자칫하면 자유주의화 되어가는 현대 에큐메니즘으로 기울어질 경향이 농후한 부흥신학이다.

••• 제3장 •••

조나단 에드워즈와 빌리 그레이엄의 부흥신학

조나단 에드워즈는 학자적인 목회자답게 매우 방대한 저서를 남겼다.[1] 그의 모교인 예일대학교 출판사에서 편집한 에드워즈 전집은 총 25권에 이른다.

1. *Freedom of the Will*
2. *Religious Affections*
3. *Original Sin*
4. *The Great Awakening*
5. *Apocalyptic Writings*
6. *Scientific and Philosophical Writings*
7. *The Life of David Brainerd*
8. *Ethical Writings*

---

[1] 에드워즈의 생애에 관한 책들로는 다음과 같은 것들을 참고하라. Iain H. Murray, 『조나단 에드워즈의 삶과 신앙』, 윤상문·전광규 역 (서울: 이레서원, 2005); 정부흥, 『죠나던 에드워즈의 생애』 (서울: CLC, 1999); 양낙홍, 『조나단 에드워즈: 생애와 사상』 (서울: 부흥과개혁사, 2007); Jonathan Edwards, *Memoirs in The Works of Jonathan Edwards Volume 1*, Edited by Sereno E. Dwight, Revised and Corrected by Edward Hickman (Pennsylvania: The Banner of Truth Trust, 1995); John H. Gerstner, *A Sketch of Edward's Life in The Rational Biblical Theology of Jonathan Edwards volume 1* (Powhatan, Virginia: Berea Publications & Orlando, Florida: Lingonier Minister, 1991).

9. *A History of the Work of Redemption*
10. *Sermons and Discourses*, 1720-1723
11. *Typological Writings*
12. *Ecclesiastical Writings*
13. *The "Miscellanies"* 1-500
14. *Sermons and Discourses*, 1723-1729
15. *Notes on Scripture*
16. *Letters and Personal Writings*
17. *Sermons and Discourses*, 1730-1733
18. *The "Miscellanies"* 501-832
19. *Sermons and Discourses*, 1734-1738
20. *The "Miscellanies"* 833-1152
21. *Writings on the Trinity, Grace, and Faith*
22. *Sermons and Discourses*, 1739-1742
23. *The "Miscellanies"* 1153-1360
24. *The Blank Bible*
25. *Sermons and Discourses*, 1743-1758.

위 저서들 중 7권 *The Life of David Brainerd*는 에드워즈 본인의 작품이 아니라 인디언 선교사로서 헌신하다 일찍 순교한 데이비드 브레이너드(David Brainerd)의 일기를 에드워즈가 편집하여 출판한 책이기에 에드워즈의 저서 목록에 넣었다.[2] 에드워즈에 관한 25권의 저서들 중 그가 부흥을 어떻게 이해하고 있었는지를 말해주는 저서는 4권 *The Great*

---

[2] Jonathan Edwards, 『데이비드 브레이너드의 생애와 일기』 (*The Life of David Brainerd*), 송용자 역(서울: 복있는사람, 2008).

*Awakening*이다.³ 이 책은 고언(G.G. Goen)에 의해 편집되었는데, 총 5부로 구성되었다. 제 1부는 에드워즈의 부흥신학 이해를 위한 편집자의 서문이고, 2부는 *A Faithful Narrative*이고, 3부는 *The Distinguishing Marks*, 4부는 *Some Thoughts Concerning the Revival*, 5부는 부흥과 관련이 있는 편지들의 모음이다. *The Great Awakening*에 수록된 세 책 *A Faithful Narrative; The Distinguishing Marks; Some Thoughts Concerning the Revival*은 각각 에드워즈의 나이 34세, 38세, 39세에 저술된 개별적인 책들이다. *A Faithful Narrative*는 1737년에 기록된 책으로서 그의 목회사역 중 첫 번째 부흥인 코네티컷 골짜기 부흥(1734-35)을 회고하며 정리해 보낸 서간이다.

*The Distinguishing Marks*는 1741년에 기록된 책으로서 예일대학교 졸업식에서 발표한 논문이다. 코네티컷 골짜기 부흥 이후 한동안 뜸했다가 미국교회사에서 1차 대각성이라 부르는 대규모 부흥이 1740-42년에 일어났다. 이는 미국 13개 주에 영향을 미친 대규모 부흥으로서 그 중심인물은 영국인 순회 전도자 조지 휫필드(1714-71)였다. 그의 정열적인 순회설교로 미국 전역에 부흥의 불길이 일어났다. 뒤를 이어 길버트 테넌트(1703-64)가 부흥의 불길을 이었으나 한편으로는 환상이나 황홀경과 같은 열광주의로 인해 부흥에 대해 부정적인 정서가 일어났다. 이런 와중에 부흥에 대해 올바른 기준을 제시하기 위해서 에드워즈에 의해 요한일서 4:1을 중심으로 조직적으로 기록된 책이 *The Distinguishing Marks*이다.

1741년에 *The Distinguishing Marks*가 나온 이후 부흥에 대해서 양극단적인 견해가 첨예하게 대립하였다. 광신적 열광주의의 대표자는 제임스 데이븐포트(1716-57)였고, 반부흥파의 대표자는 찰스 촌시(1705-87)

---

3 Jonathan Edwards, 『부흥론』(*The Great Awakening*), 양낙흥 역(서울: 부흥과개혁사, 2005)

였다. 에드워즈는 부흥에 관한 이런 양 극단의 견해를 지양하고 균형 잡힌 부흥이 무엇인가를 제시하고자 1742년 *Some Thoughts Concerning the Revival*을 저술했다. 이 책에 나타난 에드워즈의 부흥신학의 균형감각은 그의 신학에서 깊이 연유하고 있다.

특히 그의 균형 잡힌 인간론에 깊이 연유하고 있는데 그 책이 바로 1746년에 나온 *The Religious Affections*이다. 대략 *A Faithful Narrative; The Distinguishing Marks; Some Thoughts Concerning the Revival; The Religious Affections*를 살펴보면 에드워즈의 부흥신학을 이해할 수 있다.

1. 조나단 에드워즈의 주요 저서들에 나타난 부흥신학

1) *A Faithful Narrative*[4]

(1) 부흥은 전적으로 하나님의 절대주권적 역사이다

에드워즈가 자신이 시무하던 노샘프턴(Northampton)교회에서 일어난 부흥을 관찰하고서 내린 결론 중 가장 핵심사항은 바로 '부흥은 전적으로 하나님의 절대주권적 역사이다'라는 것이다.

에드워즈의 부흥신학은 칼빈주의 신학의 중요한 교리, 즉 하나님의 절대주권을 증명한다.[5] 그는 부흥을 "하나님의 복된 소낙비(shower of divine blessing)"라고 했다.[6] 하나님의 복을 하나님이 그의 기쁘신 뜻을 따

---

[4] Jonathan Edwards, 『놀라운 부흥과 회심 이야기』 (*A Faithful Narrative of the Surprising Work of God: Works of Jonathan Edwards vol 4*), 백금산 역 (서울: 부흥과개혁사, 2006).
[5] 강웅산, "조나단 에드워즈의 칼빈주의 부흥이해," 『조직신학연구』 (제8호:2006년 가을 겨울호), 72-102.
[6] Jonathan Edwards, *A Faithful Narrative of the Surprising Work of God*, 155.

라 주권적으로 쏟아 부어주셨다는 것이다. 그는 이렇게 말했다.

> 이는 매우 비상한 섭리의 역사였던 것처럼 보입니다. 하나님은 여러 면에서 일상적이고 일반적인 방식을 훨씬 초월하여 역사하셨습니다.[7]

에드워즈는 그의 책 결론부분에서 다음과 같이 말함으로써 노샘프턴 부흥은 하나님의 절대주권적 역사임을 강조한다.

> 하나님은 모든 면에서 사역(부흥)의 방식을 매우 두드러지고 독특하게끔 주관하심으로써 그것이 하나님 자신의 특이하고 직접적인 사역이라는 것을 보여주셨고, 그것의 영광을 전적으로 하나님 자신의 전능하신 능력과 주권적인 은혜에 돌리도록 하셨습니다.[8]

이처럼 부흥이 전적으로 하나님의 절대주권적 역사라는 점에서 부흥의 기원, 방법, 목적 등이 무엇인가 하는 점이 밝혀진다.

첫째로 부흥의 기원 면에서 하나님으로부터 온 신적 기원임을 보여준다. 부흥은 사람에 의해 창출되는 인위적인 어떤 것이 아니라 전적으로 하나님이 그의 영을 특별한 시대에 비상하게 쏟아 부어주심으로써 시작되는 신적인 역사이다. 부흥의 신적 기원은 노샘프턴 부흥의 진정성을 보증한다. 에드워즈는 부흥시 사람들 내면에 일어난 역사들은 어떤 심리적인 교란이나 공상에 의한 것이 아니라 성령의 역사임을 강하게 증

---

[7] *Ibid.*, 157. "This seems to have been a very extraordinary dispensation of providence: God has in many respects gone out of, and much beyond his usual and ordinary way."

[8] *Ibid.*, 209-10. "God has so ordered the manner of the work in many respects, as very signally and remarkably to shew it to be his own peculiar and immediate work, and to secure the glory of it wholly to his almighty power and sovereign grace."

명한다.[9] 노샘프턴에 일어났던 부흥의 역사는 전적으로 하나님의 영이 비상하게 임한 역사였다.[10] 그는 이를 "성령의 새롭고 비상한 임재(fresh and extraordinary incomes of the Spirit of God)" 혹은 "괄목할 만한 성령의 쏟아 부어지심(remarkable pouring of the Spirit of God)" 등으로 표현했다.[11] 그가 성령의 괄목할 만하며 비상한 역사를 여러 번 강조한 것은 노샘프턴 부흥이 전적으로 위로부터 하나님이 성령을 특별하게 쏟아 부으심으로써 일어난 역사이며 따라서 부흥의 신적 기원을 증명하는 것이다. 그리하여 하나님으로부터 시작된 부흥을 마치 인간의 심리적 교란과 조작에 의한 공상의 산물인 것처럼 왜곡하거나 폄하하려는 자들의 오해를 불식시키고 하나님으로부터 시작된 성령의 역사를 향하여 마음을 열도록 촉구하였다.

둘째로 부흥의 방법면에서 하나님의 자유로우심을 보여준다. 하나님은 어떤 특정한 한 가지 방식이 아니라 여러 가지 모양으로 사람들 속에 회심의 역사를 이루셨다. 회개와 믿음의 체험에 있어서 사람들마다 다양하였다. 회개, 즉 죄와 심판에 대한 각성에 있어서 사람들마다 얼마나 다양한지 에드워즈는 부흥시 그가 접한 다양한 사례들을 제시하고 있다.[12] 또한 믿음, 즉 은혜에 대한 각성의 체험도 사람마다 천차만별임을 다양한 사례들을 통해 제시하고 있다.[13] 심지어는 이러한 체험의 과정들마저 천차만별이다.[14] 바울이 고린도전서 12장에서 말했던 '한 성령, 다양한 은사', 즉 성령의 통일성과 다양성이 노샘프턴 부흥을 통

---

[9] Ibid., 173-78.
[10] Ibid., 152-59.
[11] Ibid., 152, 154.
[12] Ibid., 160-70.
[13] Ibid., 171-73.
[14] Ibid., 174-81.

해서 나타나고 있다. 많은 사람들이 자기 체험만을 절대화시키는 교만과 성령의 역사에 대한 무지로 인해 성령의 역사를 인간의 틀 안에 가두고 왜곡시킨다.

에드워즈가 '한 성령, 다양한 은사'를 말한 것은 전적으로 그의 신앙인격, 즉 겸손을 보여주고 있다. 성령의 역사를 과거의 경험만으로 재단하지 않고, 현재의 영적상태와 수준만으로 가두어두지 않고, 성령의 다양한 역사를 배우는 '학생의 마음'으로 진지하게 관찰하면서도 신학적으로 철저히 검증하는 '학자의 진실함'으로 접근하고 있다. 그는 이렇게 당대의 괄목할 만한 비상한 성령의 역사를 배우고자 하는 '학생의 마음'으로, 그러면서도 신학적으로 이를 철저히 검증하고자 하는 '학자의 진실함'으로 접근함으로써 부흥을 주도하시는 성령의 역사를 훼손시키지 않고 이를 잘 포착하여 서술하였다.

성령의 역사를 경험의 틀 안에 가두거나 인위적인 방식으로 재단하지 않고 겸손하면서도 진지하게 살피는 마음으로 접근하는 것이 매우 중요하다. 하나님의 역사는 인간의 경험과 지식만으로 재단하고 묶어둘 수 없다. 하나님이 하나님이실 수 있는 것은 그의 주권행사의 자유로움에 있으며 그러한 하나님의 존재론적 특성은 부흥의 방식 면에서도 인간의 인위적인 방법론을 초월한 비상한 섭리의 역사로 다양하게 나타날 수 있다. 에드워즈는 "하나님은 모든 면에서 부흥의 방식을 매우 두드러지고 독특하게끔 주관하심으로써 그것이 하나님 자신의 특이하고 직접적인 사역이라는 것을 보여주셨다"라고 했다.[15] 현대 부흥신학의 맹점은 부흥이 마치 인위적으로 완벽한 방법론을 쓰면 완벽한 결과를 도출해낼 수 있다고 생각하는 인본주의 사고방식이다. 입력(input)이 완벽하면 완벽한 출력(output)을 도출해 낼 수 있다는 경영학적

---

15 *Ibid.*, 210.

사고방식이다. 이를 '자판기 이론'이라고 부를 수 있을 것이다. 돈만 넣으면 원하는 커피가 나오듯이 부흥을 위해서 우리가 뭔가 인위적인 방법론을 잘 쓰기만 하면 하나님이 그에 맞는 결과를 도출해 내지 않으실 리 없고 또 그렇게 하셔야만 한다는 사고방식이다. 이는 하나님의 절대주권과 그분의 자유로우심을 침해하는 심각한 신학적 왜곡이라 아니할 수 없다. 에드워즈의 부흥신학에는 그 방법론에 있어서 어디에서도 이런 인본주의적인 특징들을 발견할 수 없다. 한마디로 에드워즈의 부흥신학은 그 방법면에서도 '하나님이 진정 하나님이시게 하는' 하나님 절대주권의 칼빈주의 신학을 견지하고 있다.

셋째로 부흥의 영광을 하나님만이 받으셔야 한다는 것을 보여준다. 부흥이 하나님으로부터 오는 신적 기원을 두고 있으며, 그 방법도 절대주권자 하나님의 신적 자유로우심 속에서 하나님 자신이 다양하게 이루신 역사라는 것은 부흥을 통해서 누가 영광을 받으셔야 하는가의 문제로 귀결된다. 즉 부흥의 목적이 무엇이냐에 관한 문제로 귀결된다. 부흥이 인간의 계획에 의해서 인간의 인위적인 노력과 방법으로 이루어졌다면 그것이 아무리 경건의 모양을 띠고 있다고 하더라도 그 궁극적인 영광은 그러한 부흥을 주도한 인간들에게 돌려지게 될 것이다. 그러나 에드워즈의 부흥신학에는 이러한 인본주의적인 자기 영광의 획득이 전혀 없다. 부흥이 전적으로 하나님 자신의 주권적 의지로 시작되어 하나님 자신이 다양한 방식으로 이루신 '하나님의 역사'이기 때문에 부흥을 통해서 진정 경배를 받고 영광을 받으셔야 할 분은 바로 하나님이시다. 부흥의 모든 영광은 하나님에게로 돌아간다. 에드워즈는 "하나님은…그것(부흥)의 영광을 전적으로 하나님 자신의 전능하신 능력과 주권적인 은혜에 돌리도록 하셨습니다"라고 말했다.¹⁶ 이는 칼빈주의 신학을 표현해 주는 중요한 성구의 지지를 받는다.

> 이는 만물이 주에게서 나오고 주로 말미암고 주에게로 돌아감이라 그에게 영광이 세세에 있을지어다 아멘(롬 11:36).

성경이 가르치는 중요한 진리는 '구원은 전적으로 하나님 자신의 역사이며 따라서 구원의 역사를 이루어 오신 하나님만이 영광을 받아 마땅하다'는 것이다. 구원의 역사를 이루는 데 우리 인간의 어떠한 공로나 업적을 인정하는가? 인간이 하나님과 함께 그러한 영광을 취할 수 있는가? 그렇지 않다. 성경은 인간의 무능과 실패를 보여주고 있다. 그러한 인간을 구원하는 분은 홀로 하나님이시다. 그러므로 하나님만이 홀로 죄 많은 인간들의 찬양과 영광을 받으시기에 합당하시다는 것이 성경의 일관된 진술이다. 부흥은 하나님의 구원역사 측면에서 볼 때 전적으로 구원의 주 하나님이 시작하셨고 하나님이 이루신 하나님의 역사이다. 그러므로 부흥을 통해서 진정 영광을 받아야 할 분은 하나님이시다. 이런 점에서 에드워즈의 부흥신학은 만물의 시작도, 과정도, 끝도 하나님이시므로 오직 하나님만이 홀로 영광을 받으실 분이라는 하나님 중심의 칼빈주의 신학을 보여주고 있다.

(2) 하나님 절대주권의 부흥신학은 그의 회심신학과 맞닿아 있다

부흥, 즉 하나님이 노샘프턴에서 이루신 역사의 내용은 한마디로 '회심과 성화'라고 할 수 있다. 에드워즈는 분명 신학적으로 회심과 성화를 구분했다. "그러나 전체적으로 볼 때 여기 있는 사람들 사이에 위

---

16 *Ibid.*, 210. "God ···to secure the glory of it wholly to his almighty power and sovereign grace."

대하고 기묘한 회심과 성화의 역사가 있었습니다."[17] 양낙홍 교수는 에드워즈가 노샘프턴 담임 목사가 된 이듬해인 1730년에 전한 중생에 관한 설교에서 성화를 굉장히 강조하여 칭의시에 완전하지는 않지만 상당한 정도의 성화가 이루어져야 함을 강조했다고 하면서 '칭의 이후의 성화'가 아니라 '성화가 현저하게 나타난 칭의'를 주장했다고 하면서 에드워즈의 중생관은 성화의 요소를 내포한다고 분석했다.[18] 양낙홍 교수의 이러한 분석은 현대 복음전도자들의 얄팍한 회심론과 거기서 파생되는 얄팍한 부흥신학의 병폐를 지적하는 신학적 무기로 사용하려 한 점에는 수긍이 가고 또 에드워즈의 회심론이 뉴잉글랜드의 대표적 청교도 신학자인 토마스 셰퍼드의 엄격한 회심론을 이어받았다는 점에도 찬동하지만,[19] 과연 이런 엄격한 회심론이 성경적으로 비판받을 요소가 없는지에 대한 검토가 미흡하고 또한 에드워즈가 중생에 관한 설교를 했을 때(1730)는 비교적 그의 목회 초기이고 뉴샘프턴 부흥(1734-35)을 체험하기 이전이었기에 그가 부흥을 체험하고 그의 회심론이 어떻게 변모했는지에 대해서는 고려하지 않은 것 같다.

*A Faithful Narrative*에서는 전반적으로 회심과 성화를 신학적으로 구분하여 사용하고 있다. 이는 부흥이 회심하지 않는 자들을 회심시키고 이미 회심했던 자들에게는 그 은혜를 더욱 풍성하고 깊게 누리게 했음을 증명한다. 그렇지만 이 책은 아무래도 부흥이 사람들을 어떻게 회심시켰는가에 집중하기 때문에 회심신학의 측면에서 기술되고 있다. 에드워즈가 생각하는 부흥의 내용은 '회심'이라고 할 수 있는데 그것은 회개와 믿음으로 요약된다. 회개는 죄와 심판에 대한 각성체험이

---

17 Ibid., 209. "But in the main, there has been a great and marvellous work of conversion and sanctification among the people here."

19 양낙홍, 『그 니 틴 에드워즈. 생애와 사상』 (서울: 부흥과개혁사, 2007), 205-11.

19 양낙홍, Ibid., 45-100.

라고 할 수 있다. 이는 단순히 머리로 죄인이라는 것을 인식하는 정도가 아니라 그 죄로 인해 영원한 멸망의 위기 가운데 있다는 전인적이면서도 체험적인 자각이다. 성령의 역사로 인해서 죄와 심판 아래 있는 자신을 자각할 때 그 끔찍한 죄 때문에 고통하며, 번민하며, 잠을 못 이루기도 하며 슬픔의 눈물을 흘리기도 했다. 아비가일이라는 한 젊은 여성은 자신의 원죄, 약한 몸 때문에 고통 받으며 하나님의 섭리를 원망한 죄, 남들은 자기를 효성스럽다고 여겼지만 실제로는 부모님에게 불효한 자신의 죄를 깨닫고 경악하였다.[20] 에드워즈가 관찰한 바로는 죄에 대한 각성이 있을 때 하나님 앞에 자신이 하나도 의로운 것이 없고, 멸망 받아 마땅하며, 하나님만이 공의로우시다는 것을 자각했다는 것이다. 죄에 대한 각성은 자신에게는 의로운 것이 전혀 없으며 자기 의로 스스로를 구원하기에는 턱없이 부족한 것을 발견하고 크게 낙심하고 절망한다는 것이다. 그는 이렇게 말한다.

"성령이 사람들과 그의 율법으로 싸우시는 목적은 사람들로 하여금 성령이 보실 때 그들이 너무나 사악하고 죄가 많다는 것을 자각하도록 이끌어 성령의 주권적인 권능과 은혜에 대한 절대의존의 확신과 누구에게나 보편적으로 중보자가 필요하다는 확신을 불러일으키기 위한 것임이 매우 분명해 보였습니다."[21]

이러한 죄의 각성은 하나님의 값없고 풍성한 은혜가 얼마나 복된 것인가를 "실감나는 확신(realizing conviction)", "생생한 감각(lively of feeling sense of heart)"으로 경험하게 한다.[22]

---

20 Jonathan Edwards, *A Faithful Narrative of the Surprising Work of God*, 192-93.
21 *Ibid.*, 163.
22 *Ibid.*, 172.

에드워즈가 생각하는 부흥은 한마디로 '회심'이며, 이는 성령의 역사로 말미암아 죄인으로서 하나님의 심판 아래 있는 존재론적 자각과 이러한 자신의 구원을 위해서 그 어떠한 노력으로도 하나님의 의에 이를 수 없다는 무능의 자각, 그러한 자에게 주권적으로 베푸시는 값없는 은혜의 체험이다. 이러한 에드워즈의 회심신학은 인간의 원죄와 전적인 타락, 구원을 위한 인간노력의 무용성, 하나님의 주권적인 은혜를 골격으로 하는 성경적이며 칼빈주의적인 구원론을 보여준다.

죄인들에게 베푸시는 하나님의 주권적인 은혜는 하나님의 영광의 계시이다. 왜냐하면 인간들은 죄로 인해 철저히 타락했으며 그 자신 안에 선한 것이 아무 것도 없으며 그리하여 하나님의 진노를 받아 마땅한 존재이기 때문이요 하나님이 심판하셔도 거기에 대해서 하나님의 공의를 인정하지 않을 수 없기 때문이다. 그런데 이러한 인간들에게 하나님이 일방적인 은혜를 베푸심은 죄인들이 이해할 수 없는 하나님의 영광의 계시인 것이다. 에드워즈가 노샘프턴에서 관찰한 부흥은 한마디로 '회심'이며 이는 죄인들에게 베푸시는 하나님의 일방적인 은혜의 계시요, 영광의 계시였다. 노샘프턴의 부흥을 관찰하고 그가 정리한 하나님 절대주권의 부흥신학은 인간의 죄인 됨과 스스로 구원의 불능성과 하나님의 일방적인 은혜를 강조하는 그의 회심신학과 맞닿아 있다.

(3) 부흥이 일어나는 데는 몇 가지 특징이 있다

첫째로 죽음에서 시작해서 죽음으로 끝나고 있다. 노샘프턴 교회를 60년간 탁월하게 시무했던 그의 외조부 스토다트 목사의 소천 이후 에드워즈가 이곳에 부임한 초기 몇 년 간 젊은이들은 크게 방탕하였다.[23] 그러나 차츰 젊은이들에게 이러한 악이 개선되고 신앙적인 문제에 관

---

[23] *Ibid.*, 146

심을 나타내는 징후가 나타났다.[24] 이러한 상황에서 몇 사람의 죽음이 있었다.[25] 한 젊은이가 급성 늑막염으로 정신 나간 상태에 있다가 이틀 만에 죽었는데, 이 사건과 이를 계기로 설교했던 내용이 많은 젊은이들에게 큰 영향을 주었다. 또 연이어 한 젊은 기혼여성 아비가일이 죽었다. 아비가일은 병들어 죽어가면서 회심의 놀라운 은혜 속에서 죽어감으로써 열렬하면서도 감동적인 경고와 충고를 사람들에게 하였다. 얼마 후 나이 든 한 사람이 또 죽게 되었는데 범상치 않은 많은 일이 일어나 많은 사람이 크게 감동을 받게 되었다.

인간의 죽음은 인간이 처한 최고의 실존적 위기이다. 인간들은 늘 이러한 위기를 현실의 과중한 일들 속에 파묻히거나 쾌락에 탐닉함으로써 잊어버리려고 한다. 죽음은 마치 그들로부터 멀리 떨어진 전혀 다른 어떤 이질적인 것으로 생각한다. 특히 시간의 유한성에 대한 자각이 약하고 혈기왕성하여 현실의 쾌락에 집착하기 쉬운 젊은이들에게 죽음이라는 최악의 실존적 위기마저도 자장가처럼 들리기 쉽다. 그런데 그들 주변에서 일어나는 죽음은 어떤 형태로든 자신들의 유한성을 깨닫게 하고 실존적 위기를 인식하게 하며 삶의 본질로부터 도피하려는 그들의 꿈결 같은 잠을 깨운다. 성령은 노샘프턴 주변에서 발생한 어떤 특별한 죽음들을 사용하여 그들의 잠자는 영혼을 깨우시고 인생에 대해 진지하게 생각하도록 하셨다. 노샘프턴의 부흥은 이러한 몇 건의 '긍정적인 죽음'과 한 건의 '부정적인 죽음' 위에 성령이 오시고 떠나심으로 이루어진 역사이다.[26]

---

[24] Ibid., 147.
[25] Ibid., 147-48.
[26] Ibid., 147-48, 205-206.

노샘프턴의 부흥은 분명한 성령의 역사인데 성령이 오고 떠나심은 '긍정적인 죽음'과 '부정적인 죽음'과 밀접한 관련이 있어 보인다. '긍정적인 죽음'은 위에서 열거한 죽음들로서 젊은이들로 하여금 자신들의 실존적 위기를 자각하고 영적인 잠에서 깨어나도록 자극하는 그러한 죽음이며, '부정적인 죽음'이란 한 우울증 환자의 자살이다. 긍정적인 죽음과 부정적인 죽음이 주는 영향력의 차이는 순교와 자살이 주는 영향력의 차이와 같다. 순교는 인간을 더 높은 영적인 가치로 향하게 하나 자살은 인간을 무가치한 존재로 보게 한다. 죽음은 인간이 처한 최고의 실존적 위기이다. 죽음의 의미를 올바르게 해석하느냐, 왜곡하느냐에 따라 부흥이 일어나기도 하고 퇴조하기도 했다. 믿음의 역사가 나타나기도 하고 불신의 역사가 나타나기도 했다. 성령의 역사가 나타나기도 하고 마귀의 역사가 나타나기도 했다. 믿음을 심는 죽음과 불신을 심는 죽음이 있다. 죽음이라는 최고의 실존적 위기를 성령께서 쓰실 수도 있고 마귀가 악용할 수도 있다. 예수님의 죽음은 놀라운 구원을 가져오는 죽음이며, 수많은 순교자들의 죽음은 그 시대에 신앙의 부흥을 가져오는 원천으로 성령께서 사용하셨다.

그러나 염세주의 철학자들의 자살이나 연예인들의 자살이나 먹고 살기 힘들어 자살하는 그러한 죽음을 악용하여 마귀는 인명경시의 풍조와 불신앙의 역사를 배태시켰다. 여기서 포착되는 것은 죽음만을 성령께서 사용하시지는 않으리라는 것이다. 성령은 죽음이라는 최악의 실존적 위기를 부흥으로 선용하셨다.

오늘날 사람마다 실존적 위기는 다르다. 중요한 것은 그러한 위기를 어떻게 영적인 문제에 관심을 갖고 회심하고 성화되어 나가도록 성령의 방향을 좇아 이를 해석해주고 섬겨나가느냐 하는 데 있다. 노샘프턴 부흥은 위기를 부흥의 기회로 선용할 수 있는 영적인 눈을 기르는 것이 중요하다는 것을 보여준다.

둘째로 시의적절한 설교와 성령의 비상한 역사이다. 노샘프턴 부흥은 부흥을 위해 특별한 집회를 준비한다든지 어떤 소란한 행사를 만들어서 일어난 것이 아님이 분명하다. 매우 조용하면서도 건전하게 이루어진 부흥의 역사였다. 당시 노샘프턴 교회가 일상적으로 해오던 사역들과 은혜의 방편들 위에 성령께서 역사하신 결과였다. 한마디로 노샘프턴 부흥의 가장 독특한 특징은 말씀과 성령의 역사였다는 것이다. 이는 성경이 보여주는 부흥의 가장 전형적인 형태이다. 사도행전의 부흥은 성령의 역사요 말씀이 세력을 얻은 역사이다. 사도들은 선교현장의 상황들을 날카롭게 파악하여 시의적절한 설교를 하였고 그들의 설교 위에 성령의 비상한 역사가 있어서 부흥의 역사가 괄목할만하게 일어났다. 노샘프턴교회의 목사인 에드워즈는 사도들과 같은 영적인 날카로움과 민감성이 있었다고 할 수 있다. 당시 알미니안 신학이 점점 세력을 확장해 가는 그러한 위기 상황에서 몇 사람의 죽음으로 인해 사람들이 영혼의 문제에 관심을 갖고 돌아오려는 상황에서 그는 시의적절한 설교를 하였는데 특히 이신칭의(以信稱義) 교리를 설교했다.[27]

*Works of Jonathan Edwards vol 4*의 편집자 고언은 책의 서문 *The Arminian Threat*에서 "당시 조나단 에드워즈의 표적이었던 알미니안은 단순히 허수아비가 아니었다"라고 했다.[28] 에드워즈는 당시 "인간의 능력으로 하나님의 은총을 얻을 수 있다고 하는 인간 능력에 대한 확신이 증가하는 분위기" 속에서 오직 구원은 하나님의 은혜에 의해서 믿음으로만 얻을 수 있다는 이신칭의 교리를 설교한 것이다.[29] 부흥은 전적으로 하나님의 역사이고 하나님이 부흥의 환경마저 만들어 가시지만 하나님은 참다운 하나님의 말씀을 가진 종들을 성령의 도구로 쓰

---

27 *Ibid.*, 148-49.
28 *Ibid.*, 10. "Jonathan Edwards' Arminian target was not simply a straw man."
29 *Ibid.*

신 점만큼은 성경에 명확히 나타나 있다. 에드워즈가 그렇게 쓰임 받았다. 그는 매우 "시의적절한 말씀"을 전했으며 그러할 때 "사람들의 영혼에 주목할 만한 하늘의 축복"이 임했다.[30] 그들은 "복음의 방식"으로 구원을 받았으며 "이런 복음의 방식이 참되고 유일한 방식임이 그들에게 분명해졌다"라고 기록하고 있다.[31] 그리고 "하나님의 영이 비상하게 임하여 우리 가운데 놀랍게 역사했다"라고 기록하고 있다.[32]

에드워즈가 강조하는 복음의 방식이란 이신칭의, 즉 예수를 믿음으로 구원을 얻는 교리설교를 통해서 성령이 역사하신 것이다. 에드워즈의 이러한 영적인 날카로움과 민감성이 그 당시 상황을 포착하여 시의적절한 말씀을 선포하였고 성령의 역사를 따라갔기 때문에 부흥의 주역으로 쓰임 받았다. 그가 부흥을 위해서 평상시 해왔던 목회사역들과 다른 특별한 어떤 것들을 시도한 것 같지는 않다. 그러나 그는 민감하게 그 시대 그곳의 상황을 파악하고 시의적절한 설교를 통해서 성령의 하시고자 하는 부흥의 역사에 쓰임 받았다. 그러므로 가장 정상적인 부흥의 방식은 사도행전과 에드워즈의 노샘프턴 부흥이 보여주듯이 시의적절한 말씀의 선포를 쓰시는 성령의 비상한 역사인 것이다.

셋째로 동심원적인 파급효과이다. 요한복음 4장이 보여주는 사마리아의 부흥은 죄 많은 한 여인의 회심에서 시작되었다. 그 지역의 가장 대표적인 죄인, 남편을 다섯 명이나 바꾼 '자유부인' 같은 여인이 예수님을 만난 것이다. 사람들의 못된 심보는 늘 이처럼 죄 많은 사람에게 지대한 관심을 갖는다. 왜냐하면 이러한 사람이 한 명쯤 있어줘야 그래도 자신이 비교적 의롭다고 자위하며 살 수 있기 때문이다. 사마리아

---

[30] *Ibid.*, 148-49.
[31] *Ibid.*, 149.
[32] *Ibid.*

여인은 그 지역에서 주목받는 여인이었다. 그런데 이 여인이 예수님을 만난 것이다. 이 여인의 회심은 이 여인보다 의롭다고 자위하며 살아왔던 그곳 사람들의 많은 질투심을 유발하였을 것이며 도대체 이 여인을 변화시킨 예수님이 누구인지 관심을 갖고 몰려들게 하여 사마리아에 일대 부흥이 일어난 것이다.

노샘프턴의 부흥은 사마리아의 부흥과 비슷하다. 아마도 그 지역에서 "가장 사교적이었던 한 젊은 여성", 속칭 '놀기 좋아하는 여인'이 하나님의 일방적이고 주권적인 은혜로 회심한 것이다.[33] 그동안 이 여인을 주목하며 그래도 자기는 의롭다고 자위하며 살았던 사람들이 이제는 그녀의 회심에 비상한 관심을 가졌다. 여인의 회심 소식은 마을 전체의 젊은이들에게 퍼져나갔고, 나중에는 마을 전체의 모든 계층과 모든 연령의 사람들에게 퍼져나갔다. 그리하여 마을 전체가 크게 회심하는 역사가 일어났는데, 에드워즈는 이를 "마른 뼈들이 붙는 소리가 점점 커져갔다"고 했다.[34] 마을 전체의 회심은 주변의 마을들로 그리고 코네티컷 골짜기 전체의 32개 지역으로 퍼져나갔다.

요한복음 4장이 보여주는 부흥도 죄 많은 한 여인의 회심을 통해서 그 지역 전체로 퍼져나가는 것을 보여주었고, 사도행전도 '예루살렘-온 유대-사마리아-땅끝'으로 퍼져나가는 동심원적 확장원리를 보여준다. 이러한 성경적 동심원적 확장 원리가 노샘프턴 교회의 부흥에서 보여지는데 그 동심원적 확장의 구조적 측면에서는 사도행전이 좀 더 뚜렷하게 보여주고 있으나 죄 많은 한 여인이 부흥의 중심에 쓰임 받은 측면은 요한복음 4장의 사마리아 부흥이 좀 더 명확히 보여준다. 하나님이 이렇게 죄 많은 여인을 회심시켜 부흥을 확대시키신 것은 부흥의 역사에 인간의 의를 조금도 남겨두지 않고 오직 부흥을 통해서 하

---

[33] *Ibid*.
[34] *Ibid*.

나님만 홀로 영광을 받으셔야 할 하나님의 사역임을 보여주는 하나님의 지혜이다. 무엇보다 노샘프턴 부흥은 이러한 동심원적 확장만 보여주는 것이 아니라 이웃마을들의 부흥의 소식이 처음 시발점이 되었던 노샘프턴에 거꾸로 자극과 영향력을 주는 상호작용(interaction)의 시너지효과까지 보여주고 있다.

(4) *A Faithful Narrative*는 에드워즈의 부흥신학을 가장 잘 보여주고 있다

그의 부흥신학은 철저하게 칼빈신학에 뿌리박고 있다. 그는 부흥을 하나님이 시작하셨고 하나님 자신의 다양한 방식으로 이루신 하나님의 절대주권적인 은혜의 역사임을 강조하고 있다. 부흥이 인간의 계획이나 진행으로 이루어진 역사가 아니라 하나님의 절대주권적인 은혜의 역사이므로 부흥을 통해서 하나님만이 영광을 받으셔야 한다는 것이 에드워즈의 주장이다. 이러한 그의 부흥신학은 인간의 죄인됨에 대한 철저한 자각과 하나님의 일방적이며 주권적인 은혜로 구원받는 회심신학과 맞닿아 있다. 그러면서도 부흥의 시작과 끝이 '긍정적인 죽음'과 '부정적인 죽음'이라는 인간 최대의 실존적 위기 인식이 명료해진 시점에 이루어졌다는 점, 시의적절한 말씀과 비상한 성령의 역사로 인한 것이라는 점, 죄 많은 한 여인을 쓰셔서 동심원적으로 확장되는 성경적 부흥의 원리를 보여주고 있다는 점이 특징이다. 한마디로 노샘프턴 부흥은 성경적인 부흥의 특징들을 보여주고 있으며 칼빈주의 신학의 특징들을 보여주고 있다. 이러한 점들을 예리한 필치로 표현하는 에드워즈의 탁월한 점이 몇 가지 면에서 돋보인다.

첫째, 그 당시 회심의 사례들과 부흥에 관해 매우 정밀한 과학자의 자세로 분석하면서도 성령의 역사 앞에 자신을 내세우지 않는 신학적 견고함과 신앙적 경건성이나.

둘째, 17세기 청교도들처럼 회심을 향해 가는 인간의 내면적 종교심리에 관해 심층적으로 분석하는 탁월함이다. 이는 마치 예리한 정신의 학자나 심리학자의 모습을 보는 것 같다. 17세기 청교도들의 작품들에서 근대 심리학이 발생하기 전부터 이러한 인간의 심리에 관해 집중적으로 분석했는데 에드워즈의 글에서 이런 점이 돋보인다.[35] 이런 점에 있어서 그는 청교도적 신앙을 잇고 있는 자임을 보여준다.

셋째, 노샘프턴의 지리적이며 사회적인 특징들을 부흥과의 관계에서 연구했던 점이다. 그는 책 서두에서 노샘프턴이 항구에서 멀리 떨어진 내륙 깊숙이 위치하고 있기에 악에 많이 물들지 않았으며, 또 다른 어떤 마을들보다 주거형태가 밀집되어 있기 때문에 부패나 개혁이 일어나면 마을 전체에 더 빨리 확산된다는 점을 말함으로써 부흥이 빨리 확산되는 지리·사회적 요소들을 포착했다.[36] 이런 지리·사회적 특성들이 그외 시대와 달리 접근이 용이하지 않는 폐쇄성과 그러면서도 다원성을 가진 오늘날의 복잡한 사회문화적 공간 속에서 어떻게 부흥이 확산되는 구조로 성령께서 쓰시는가를 포착하는 것은 우리 시대의 과제로 남겨져 있다.

2) The Distinguishing Marks[37]

(1) 부흥의 진정성을 성경으로 판단하다

부흥이 성령에 의한 것인지 거짓된 영에 의한 것인지 분별하도록 하나님이 주신 위대한 표준 규칙은 성경이다. 에드워즈가 이 책을 쓸 당

---

35 Richard Baxter, 『참 목자상』(*The Reformed Pastor*), 최치남 역(서울: 생명의말씀사, 2005).
36 Jonathan Edwards, *A Faithful Narrative of the Surprising Work of God*, 144-46.
37 Jonathan Edwards, 『성령의 역사 분별 방법』(*The Distinguishing Marks: Works of Jonathan Edwards vol 4*) 노병기 역 (서울: 부흥과개혁사, 2004).

시는 미국교회사에서 1차 대각성(1740-42)이라 불리는 대규모의 부흥이 일어나고 있을 때였다. 1차 대각성에 영향을 미친 인물들로는 에드워즈 이외에도 프렐링 후이젠(1691-1747), 길버트 테넌트(1673-1745), 조지 휫필드(1714-70) 등이 있다.[38] 특히 열정적인 영국인 순회설교자 조지 휫필드는 34년간 18,000여 회의 설교를 하였고 미국을 일곱 번 방문하였는데, 1차 대각성은 그의 2차 방문 때였다. 그런데 1차 대각성의 부흥 열기가 고조되어 가면서 점차 환상이나 황홀경과 같은 극단적 감정주의로 빠져드는 경향이 보였고, 그러면서 부흥운동에 대해서 적대적인 시각을 갖고 바라보던 뉴잉글랜드 구파 성직자들로부터 공격을 받고 반(反)부흥주의가 확대되어 갔다.

제임스 데이븐포트(1716-57)와 같은 극단적 감정주의자로 인해 진행되고 있던 부흥 자체에 대한 전체적인 반감이 커졌는데, 당시 뉴잉글랜드 지역에 사역하고 있던 성직자 400여 명 중 130여 명이 부흥운동에 적대적인 구파였다.[39] 에드워즈는 이러한 상황에서 1741년 9월 10일 예일대 졸업식에서 요한일서 4:1을 중심으로 설교하며 부흥이 성령에 의한 것인지 거짓된 영에 의한 것인지 분별하는 기준을 제시하였고, 당시의 부흥이 크고 작은 문제점들이 있음에도 불구하고 성령의 역사에 의해 일어나는 참된 부흥이라고 주장했다. 에드워즈는 참된 부흥인지 아닌지 그 기준은 하나님이 교회에 주신 위대하고 불변적인 규칙인 성경이라고 밝혔다.

> 그리고 여기서 제가 말하고자 하는 것은 우리가 성경을 그와 같은 경우들에 대한 우리의 지침으로서 받아들여야 한다는 것입니다. 성경은 하나님이 그의 교회가 그들 영혼에 관련된 중대한 모든 문제들에 대한

---
[38] 정준기, 『미국 대각성운동』 (서울: 복음문화사, 1994), 147-94.
[39] 정준기, Ibid., 211.

지침을 얻도록 하기 위해 그의 교회에 주신 위대하고도 불변적인 규칙인 것입니다. 또한 성경은 오류가 없는 충족한 규칙인 것입니다. 의심할 여지없이 성경은 영들을 판단하는 이와 같은 중대한 일에 있어서 하나님의 교회의 지침으로 주어진 충족한 표지인데, 만일 성경이 없다면 하나님의 교회는 저주스런 미혹에 노출될 것이고 적들에 의해 돌이킬 수 없을 만큼 속수무책으로 기만당할 것이며 삼켜질 것입니다.[40]

에드워즈는 이처럼 성경을 하나님의 교회가 지침으로 삼아야 할 위대하고 불변적인 규칙으로 보았는데, 그것은 하나님에 의해 주어진 성경의 절대무오와 충족성을 믿는 칼빈주의 성경관에 확고한 뿌리를 박고 있었기 때문이다. 에드워즈는 하나님의 교회가 당면한 모든 문제를 성경을 지침으로 삼아 해결해야 한다고 믿었으며 그러기 때문에 영들을 판단하는 데 있어서도 성경이 그 지침이 되어야 한다고 했다. 무엇보다 영들(spirits)을 판단하는 데 성경을 지침으로 삼아야 할 이유는 성경(Scripture)과 성령(Spirit)과의 밀접한 관련성 때문이다. 에드워즈는 성경은 성령이 기록하신 작품이라고 보았다. "의심할 여지없이 성경을 기록하신 성령은 우리에게 어떻게 좋은 규칙들을 주셔야 할지를 아셨습니다."[41] 이는 성경의 영감성을 말한 것이다. 성경이 성령에 의해 기록된 작품이므로 성령에 의해 감동된 성경만큼 부흥시에 일어났던 일들이 거짓된 영들에 의해 자행된 것인지 성령에 의해 이루어진 것인지 가장 잘 분별하는 지침은 없는 것이다.

---

40 Jonathan Edwards, *The Distinguishing Marks*, 227-28. "And here I would observe that we are to take the Scriptures as our guide in such cases: this is the great and standing rule which God has given to his church, to guide them in all things relating to the great concerns of their souls; and 'tis an infallible and sufficient rule. There are undoubtedly sufficient marks given to guide the church of God in this great affair of judgement of spirits, without which it would lie open to woeful delusion, and would be remedilessly exposed to be imposed on and devoured by its enemies."

41 *Ibid.*, 228. "Doubtless that Spirit that indited the Scriptures knew how to give us good rules."

그러나 에드워즈의 성경관은 부흥과의 관련성 면에서 볼 때, 성령의 역사를 판단하는 준칙성이 있으면서도 개방성이 있다.

> 사역이 일상적이지 않고 비상한 방식으로 이루어진 현상이라는 것만으로 이것이 성령의 역사라고 확실히 단정할 수 없습니다. 만일 그러한 사역의 다양성과 차이점이 성경이 성령의 역사를 분별하도록 주신 규칙들의 범주 안에 포함될 수 있다면, 동일하신 성령께서 지금까지 그의 사역을 수행해 오신 그와 같은 방식과 다르다고 해서 그러한 사역이 성령의 역사가 아니라고 할 표지도 아닙니다.[42]

에드워즈가 여기서 강조하는 "성경이 성령의 역사를 분별하도록 주신 규칙들의 범주"란 그가 나중에 이 책의 뒷부분에서 이야기하고 있는 것으로서 성경이 성령의 역사를 분별하도록 제공하는 '적극적인 분별의 표지들(Positive Evidence)' 다섯 가지를 가리킴이 분명하다. 그것들은 예수님에 대한 올바른 신앙고백, 죄에 대한 각성과 회개, 성경에 대한 존중과 신뢰, 진리(건전한 교리)의 추구, 하나님과 사람에 대한 사랑이다.[43] 에드워즈는 이러한 다섯 표지들이 성경이 성령의 역사를 분별하도록 명확히 제시하는 다섯 규칙들임을 얘기하면서, 이러한 범주 안에서 일어나는 것들이라면 그것들이 우리가 지금까지 경험해 온 것이나 교회가 지금까지 경험해 온 것들과 다르다고 해서 하나님의 역사가 아니라고 매도해서는 안 된다고 한다.

---

[42] Ibid. "Nothing can certainly be concluded from this, that the work that appears is carried on in a way very unusual and extraordinary. 'Tis no sign that a work is not the work of the Spirit of God, that it is carried on in such a way as the same Spirit of God heretofore has not been wont to carry on his work, provided the variety or difference be such, as may still be comprehended within the limits of those rules which the Scriptures have given to distinguish a work of the Spirit of God by."

[43] Ibid., 249-58

그는 성경이 전반적으로 말하고 있는 이러한 다섯 표지들 안에서 어떤 일이 일어난다면 그것이 지금까지 우리가 혹은 우리의 교회에서 볼 수 없었던 역사들이라 할지라도 그것은 성령의 역사라고 함으로써 우리가 지금까지 전혀 볼 수 없었던 새로운 역사에 대해서 개방적 자세를 취하며 성령의 역사를 제한하지 않는다. 이런 점에서 그의 성경관은 부흥과 관련하여 성령의 역사를 분별하는 기준면에서 볼 때 확고한 준칙성이 있으면서도 우리가 지금까지 보지 못했던 성령의 역사가 있을 수 있음을 긍정하는 개방성이 있다. 성경으로 모든 것을 판단하는 지침을 삼아 성경이 제시하는 확고한 준칙에 기초하여 판단하면서도 그러한 준칙 속에서 일어난 것이라면 성령의 다양한 역사를 인정하는 개방성이야말로 당대에 일어났던 부흥을 치우침 없이 건전하면서도 성령의 역사를 경험의 틀로 속박하지 않는 균형감각을 유지하였다.

(2) 부흥에 대한 오해와 오류들을 풀어간다

부흥이 성령에 의한 것인지 악령에 의한 것인지 소극적 차원과 적극적 차원의 표지를 제시하여 부흥에 휩싸인 오해와 오류들을 풀어간다. 에드워즈는 성령에 대한 깊은 이해와 함께 인간에 대한 깊은 이해를 동시적으로 갖춘 사람이었음이 분명하다. 그는 일어났던 어떤 사역이 과연 성령에 의한 역사인지 아니면 단순히 자연인의 심리적이고 정신적인 현상이나 악령의 세력에 의한 것인지 구별할 수 없는 중립적이며 소극적인 표지(Negative Signs)를 아홉 가지로 열거하고 있다. 어떤 일이 비상하고 특별하게 일어남, 몸에 떨림이나 눈물이니 괴성과 같은 특별한 현상이 일어남, 어떤 특정지역에 종교행위로 인해 일어난 사회적 소동, 상상력에 뚜렷한 인상이 남겨짐, 다른 사람의 행동을 모방함, 성령의 영향 이래 있다고 여겨진 사람에게 남아 있는 연약성, 은혜와 부패의 혼재, 이단에 빠지는 것, 율법설교와 지옥설교로 인한 감정적 두려움에서 촉발된 회개 등이다.[44] 이런 것들은 성령의 역사로 인한 것일 수도 있고, 인간의 자연적 본성에서 일어나는 감정적이고 정신적인 현상일 수도 있고, 악령의 속이는 역사로 인한 것일 수도 있으므로 성령의 역사로 말미암는 참된 부흥의 표지로 삼을 수 없는 것들이다.

에드워즈는 사단이 결코 속이거나 흉내낼 수 없는 것으로서 성경이 전반적으로 보여주는 규칙을 다섯 가지로 요약하였는데, 이는 성령만이 행하실 수 있는 일로서 성령에 의한 참된 부흥인가 아닌가를 판별하는 적극적인 표지(Positive Evidence)이다. 그것들은 예수님에 대한 올바른 신앙고백, 죄에 대한 각성과 회개, 성경에 대한 존중과 신뢰, 진리(건전한 교리)의 추구, 하나님과 사람에 대한 사랑이다.[45] 마귀는 결코 예수님을 인정하지 않으며 특히 예수님의 육체로 오심을 인정치 않는다. 그러므로 육체로 오신 그리스도를 부인하는 퀘이커교도들을 비판한다.[46] 또한 열광주의자들이 기록된 말씀을 경시하고 내적인 빛이나 다른 어떤 규칙들을 내세우는 경향이 있는데, 성령은 성경을 사랑하게 하는 영이므로 이러한 규칙에 비추어 볼 때 열광주의자들 속에 무엇이 임하고 있는지를 알 수 있다고 했다.[47]

에드워즈는 이처럼 먼저 부흥의 진정성 판단의 소극적인 표지(Negative Signs)를 제시함으로써 일어나고 있는 일들이 인간의 자연적 본성에 의한 것인지, 마귀의 역사에 의한 것인지, 성령의 역사에 의한 것

---

[44] Ibid., 249-58
[45] Ibid., 248-59.
[46] Ibid., 251.
[47] Ibid., 254.

인지 단정적으로 말할 수 없는 중립적인 표지들을 추려냄으로써 얽히고설킨 실타래를 풀어가듯이 부흥에 얽힌 오해와 혼란들을 풀어간다. 이렇게 중립적인 표지들을 제시한 후, 이제 성령의 역사와 마귀의 역사에 의한 분별의 기준 다섯 가지, 즉 적극적인 표지(Positive Evidence)를 제시함으로써 마귀의 역사와 성령의 역사를 명확히 분별할 수 있게끔 한다.

에드워즈가 제시한 소극적인 표지, 즉 중립적인 표지들은 그가 인간의 자연적 본성에 대해 깊이 이해하고 있었던 사람임을 보여준다. 인간의 신체구조가 서로 간에 미치는 상관관계나 정서적이고 정신적인 작동원리들에 대해 깊이 이해함으로써 그러한 자연적 본성으로 일어나는 현상들을 마치 성령의 역사나 악령의 역사라도 된 것처럼 오해하고 호도하는 오류를 범치 않는다. 영적 지도자에게 있어서 이는 매우 중요하다. 소위 '영적'이라고 하는 사람들이 인간의 자연적 본성을 깊이 이해하지 못할 때, 즉 인간 이해가 결여되어 있을 때 정서적이고 정신적인 질환을 귀신의 역사라고 잘못 판단하여 접근하는 경우 상대방의 영혼에 심대한 피해를 끼칠 수 있다. 모든 것을 인간의 자연적 본성으로만 접근하려는 현대의학도 중대한 결함이 있지만 인간의 자연적 본성에 대한 기본적인 이해 없이 모든 것을 성령의 역사와 마귀의 역사로 취급해 버리는 영적 지도자들로 인한 피해도 심대할 수 있다.

에드워즈 시대에 감정적 열광주의자들로 인해 발생한 폐해가 바로 인간의 자연적 본성에 대한 기본이해 없이 모든 것을 악령의 역사와 성령의 역사로 이분법적으로 재단해 버리는 무식에서 기인했음이 분명하며 그래서 에드워즈가 책의 후반부에 목회자들로 하여금 부지런히 공부할 것을 권면했음이 분명하다. 에드워즈가 제시한 분별의 소극적 표지와 적극적 표지를 통해서 볼 때 에드워즈는 기본적으로 세 가지, 즉 인간의 자연적 본성과 악령의 역사 형태와 성령의 역사 형태에 대해서 폭넓게 이해하고 있었음이 분명하다. 이를 요약하면 지성과 영성의 균형이라고 할 수 있다. 에드워즈는 인간에 대한 깊은 이해력을 가진 지성과 함께 성령과 악령의 역사에 대한 깊은 영성을 가진 균형 잡힌 사람이었다.

(3) 부흥에 대해서 바른 태도를 가지라

부흥이 하나님으로부터 온 역사임이 분명하므로 부흥에 대한 바른 태도를 갖는 것은 하나님에게 대한 바른 태도를 갖는 것과 같다. 에드워즈는 이제 성경의 분별기준을 당대에 일어나고 있는 부흥에 적용하면서 구체적인 방향을 제시한다. 에드워즈는 먼저 사도 요한이 제시한 요한일서 4:1에 근거하여 성경이 전반적으로 제시하는 적극적인 분별기준을 따라 당대의 부흥을 자세히 관찰해 본 결과 이는 분명한 성령의 역사라고 평가한다. 반부흥파들이 혹평하는 것처럼 이성을 잃은 감정주의도 아니며, 과격하거나 방종을 띠지도 않았다고 한다. 반부흥파들이 볼 때 지나친 감정주의로 보였던 현상들도 사실은 성령이 각 사람을 사로잡아 그들의 죄를 크게 깨닫게 하고 회개시키는 성령에 의한 각성의 역사였다고 평가한다.[48] 그는 당시 있었던 회심의 역사를 이렇게 기록한다.

> 새로운 회심자들 뿐만 아니라 우리가 생각할 때 이전에 회심했다고 생각했던 많은 회심자들도 홍수 같은 눈물을 흘리며 사랑과 기쁨으로 넘쳤으며, 커다란 통회와 겸손의 모습들이 나타났습니다. 특히 그들이 회심한 이후 그리스도의 영광을 위해 좀 더 열심히 살지 못했다는 것

---

[48] Ibid., 265-69.

때문에 그러했습니다. 그들은 자신들의 비참함과 자기 마음의 악함을 전보다 더 많이 보게 되었습니다. 그들은 앞으로 좀 더 진실하게 살기를 갈망했습니다. 그리고 어느 때보다 더 큰 자기부인에 동참했습니다.[49]

특히 에드워즈가 관찰해 볼 때 당대에 일어나고 있는 일들은 그의 조부 솔로몬 스토다트 시대의 부흥과 1734-35년에 있었던 코네티컷 골짜기 부흥과 그 성격상 동일하며 그때보다 훨씬 덜 열광적이면서도 훨씬 더 영적인 각성이 크게 일어났던 부흥이라고 평가했다.[50]

그러므로 이제 에드워즈는 당대에 있었던 역사는 성령에 의해 이루어진 참된 부흥이라고 결론을 내린다. 그러면서 성령의 괄목할만하고 놀라운 역사 속에 그리스도께서 이제 하늘로부터 땅으로 내려오셨으므로 모든 신앙을 고백하는 제자들은 그를 인정하고 그에게 영광을 돌리는 것이 마땅하며 최근에 그리스도께서 그 땅에 성령을 통해서 이루고 계시는 참된 부흥의 역사를 결코 반대하거나 막지 말라고 성고한다.[51]

현재 일어나고 있는 참된 부흥을 반대하는 자들은 성령을 모독하는 죄를 짓고 있는 것이며, 또한 부흥에 대해서 찬반의 태도를 분명히 취하지 않는 자들 또한 성령을 거역하는 죄에 동참하고 있는 것이라고 경고하면서 부흥에 관해서 신중하게 판단하여 바르게 처신하도록 요구한다.[52] 뿐만 아니라 친부흥파들을 향해서는 반부흥파들에게 부흥을 반대할 만한 꼬투리를 제공하지 않도록 성숙한 자세를 갖도록 요구하는데, 첫째로 영적 자만심을 가장 경계할 것이며, 둘째로는 내적 충동과 직통계시에 집착하여 주관주의로 흐르지 않도록 해야 할 것이며, 셋째로는 은사보다 중요한 것이 은혜임을 알아야 할 것이며, 넷째

---

49 *Ibid.*, 267.
50 *Ibid.*, 268-70.
51 *Ibid.*, 270.
52 *Ibid.*, 270-76.

는 목회자가 공부를 게을리 하여 무식해져서는 안 될 것이며, 다섯째 는 다른 사람을 함부로 판단하지 말고, 여섯째는 반부흥파들과 지나친 논쟁을 피하고, 일곱째는 너무 과격한 형식을 사용함으로써 반대의 빌미를 제공하지 않도록 함으로써 일어나고 있는 부흥의 불길을 꺼버리지 말아야 할 것이라고 한다.[53]

(4) 부흥의 진정성 판단 기준을 명료하게 제시한다

*The Distinguishing Marks*는 부흥의 진정성 판단 기준을 명료하게 제시하고 있는데 그것은 하나님이 교회에 주신 위대하고도 불변적인 규칙인 성경이다. 에드워즈는 성경의 절대무오와 충족성과 완전영감을 믿었다. 그는 확고한 칼빈주의 성경관의 소유자로서 요한일서 4:1을 기초로 당대에 일어나고 있는 역사들이 과연 성령에 의한 것인지 악령에 의한 것인지 영들을 시험하였다. 그 구체적인 기준은 성경이 전반적으로 제시하는 다섯 가지 분별의 표지들이다. 그는 이러한 표지들을 통해서 당대에 일어나는 역사는 성령의 역사이며 참된 부흥이라는 결론을 내리고 이에 적극 동참하도록 촉구했다. 특히 부흥과 관련하여 그의 성경관은 성령의 역사를 판단하는 데 있어서 준칙성과 개방성이 있었다. 그리하여 당대에 일어나고 있는 역사들이 성령의 역사인지 악령의 역사인지 분명한 분별의 표지를 제공하면서도 성령의 새로운 역사를 제한하지 않는 신축성을 유지하고 있다.

---

[53] *Ibid.*, 276-88.

3) *Some Thoughts Concerning the Revival*[54]

(1) 부흥에 대한 평가의 기준은 '성경과 이성'이다

*Some Thoughts Concerning the Revival*은 *The Distinguishing Marks*가 나온 다음 해에 집필된 책으로서 부흥에 대한 견해는 *The Distinguishing Marks*와 별로 차이가 없다. 다만 *The Distinguishing Marks*가 부흥의 진정성 판별기준을 제시하는데 강조점을 두었다면, *Some Thoughts Concerning the Revival*은 당대에 일어나고 있는 일들은 성령에 의해 일어나고 있는 참된 부흥이므로 어떻게 하면 이 부흥의 불길을 꺼뜨리지 않고 지속시켜 나갈 것인가 하는 부흥에 대한 올바른 자세를 갖도록 촉구하는 데 강조점이 주어져 있다. 그렇다고 해서 이 책에서 부흥의 진정성 판단 기준이 제시되지 않은 것은 아니다. 그것이 무엇인가? 성경과 이성(Scripture and reason)이다. 그는 책 머리말에서 이렇게 밝히고 있다.

> 만일 제가 성경과 이성으로 이 역사(부흥)에 관한 저의 견해를 잘 확증하고 또한 그것(부흥)이 용인되고 증진되는 길을 잘 확증한다면, 나는 이 책을 읽는 분들이 그것(부흥)은 하나님의 마음과 뜻이 나타난 것으로 받아들이시기를 바랍니다.[55]

에드워즈는 당대에 있었던 부흥의 진정성 평가의 기준으로 더 나

---

[54] Jonathan Edwards, 『균형잡힌 부흥론』 (*Some Thoughts Concerning the Revival*) 양낙홍 역 (서울: 부흥과개혁사, 2005).

[55] Jonathan Edwards, *Some Thoughts Concerning the Revival*, 292. "If I well confirmed my opinion concerning this work, and the way in which it should be acknowledged and promoted, with Scripture and reason, I hope others that read it will receive it as a manifestation of the mind and will of God."

아가 부흥에 대해 왜곡된 시각을 가진 자들을 교정하고 설득하는 기준으로 '성경과 이성'을 사용하였다. 그렇다면 여기서 그가 말한 '성경과 이성'이란 무엇인가? 이성주의자들이 하나님의 특별계시인 성경에 대치되는 개념으로서 사용한 '이성'을 말하는 것인가? 아니면 *The Distinguishing Marks*에서 그가 "하나님이 교회에 주신 위대하고 불변적인 규칙인 성경"이라고 했던 그러한 칼빈주의 성경관의 유보 내지 변경인가? 아니다.

에드워즈가 *Some Thought Concerning the Revival*에서 말하는 '성경과 이성'은 하나님의 특별계시인 성경에 대치되는 개념으로서 이성주의자들이 사용했던 그러한 '이성'도 아니며, *The Distinguishing Marks*에서 말한 칼빈주의 성경관의 유보 내지 변경도 아니다. 그가 말한 이성은 그의 철저한 칼빈주의 성경관에 따라 '성경의 조명을 받은 이성'이었다. 즉 하나님이 인간에게 주신 기본적인 논리성, 즉 인과율의 법칙을 말하고 있는 것이다.[56] 에드워즈가 말한 이성이란 어떤 사안에 대한 원인을 꼼꼼히 살핌으로써 결과를 판단하는 논리성이다. 에드워즈가 이렇게 원인과 결과 사이의 논리성을 주장한 것은 부흥반대론자들이 이러한 학자적 기본자세인 논리성도 갖추지 않은 채 부흥에 대해 성급한 결론을 내리고서 도매금으로 매도하는 우를 범하는 것을 반박하기 위함이었다. 에드워즈는 부흥반대론자들이 범하는 오류가 근본적으로 세 가지임을 밝히고 있다.

> 최근 뉴잉글랜드에서 일어난 사람들 마음속의 커다란 신앙적 부흥에 대해서 잘못된 생각을 가진 사람들의 오류는 근본적으로 다음 세

---
[56] *Ibid.*, 316.

가지입니다(그와 같은 오류의 근거가 지식에 있고 기질에 있지 않는 한에서). 첫째로, 이 역사(부흥)를 판단하는 데 있어서 선험적이라는 것입니다. 둘째로, 그와 같은 역사(부흥)를 판단하는 기준으로 성경을 사용하지 않는다는 것입니다. 셋째로, 악한 것에서 선한 것을 정당하게 나누거나 구별하지 않는다는 것입니다.[57]

에드워즈는 부흥반대론자들이 부흥을 판단하는 데 있어서 전후관계가 도치된 선험적 판단의 논리적 흠결을 반박했으며, 성경을 하나님의 역사(부흥)를 판단하는 충족적이며 완전한 규범으로 인정치 않고 성경 대신 철학과 과거의 전통과 자기 체험에 기초해 판단하는 죄를 지적했으며, 부흥의 한 부분만으로 전체를 판단하는 논리의 비약과 억측을 비판하였다.[58] 에드워즈는 철저한 성경적 기초 위에서 치밀한 논리로 부흥반대론자들을 반박했으며 당대에 일어나는 역사는 하나님의 성령에 의한 참된 부흥이라고 주장했다. 이처럼 에드워즈는 철저한 인과관계의 논리에 기초하여 성경을 적용함으로써 당대에 일어나는 부흥을 훼손시키지 않고 있는 모습 그대로 그려내려고 노력했다.

*Some Thoughts Concerning the Revival*은 에드워즈의 깊이 있고 해박한 성경지식과 그 성경지식의 사용면에서 진정한 칼빈주의 청교도의 면모를 보여주고 있다. 성경을 잘 풀어서 모든 상황들을 설명해 가는 설득의 과정은 흡사 치밀한 논리학자의 모습을 연상시키며 그 논리에 설복당하지 않을 수 없게 한다. 에드워즈의 글에서는 빼어난 성경학자로

---

[57] *Ibid.*, 293. "The error of those who have had ill thought of the great religious operation on the minds of men, that has been carried on of late in New England(so far as the ground of such an error has been in the understanding, and not in the disposition), seems fundamentally to lie in three things: first, in judging of this work a priori; secondly, in not taking the Holy Scriptures as an whole rule whereby to judge of such operations; thirdly, in not justly separating and distinguishing the good from the bad."

[58] *Ibid.*, 293-347.

서의 면모와 성경에 조명을 받은 이성을 사용하여 정밀하게 논증해 가는 치밀한 논리학자의 모습이 둘 다 연상된다. 그러기에 그의 책에는 성경의 권위에 의한 설복의 힘과 치밀한 이성적 논리에 의한 설복의 힘이 숨어 있다.

에드워즈는 이렇게 '성경과 이성'을 사용하여 당대의 부흥을 평가함으로써 치우침 없는 놀라운 균형감각으로 부흥을 하나님에 의해서 이루어진 역사로 결론지었다. 에드워즈는 물론 무비판적이며 광신적인 자세로 부흥을 옹호하지는 않았다. 당대의 부흥이 하나님으로부터 시작된 아름답고 선한 역사였지만 인간의 실수와 연약함, 마귀의 역사 등으로 인해 혼란과 무질서와 부정적인 점들이 병존했음을 인정한다. 그는 이런 점들을 분명히 비판하고 구별해 내고 있다. 그러나 빈대 몇 마리 잡으려다가 초가삼간 태우는 어리석음을 범하지 않았다. 그는 '성경과 이성'에 의해서 당대의 부흥을 놀라운 균형감각으로 평가하여 최종적 결론으로 그러한 부흥이 하나님의 역사였다고 평가했는데, 어양낙홍 교수는 에드워즈의 이런 탁월한 균형감각을 높이 평가하여 책의 번역판 타이틀을 『균형잡힌 부흥신학』이라고 붙였다.

(2) 부흥에 대한 평가의 자세는 '지극한 겸손과 현장목회 경험'이다

*Some Thought Concerning the Revival*은 우리 안의 교만이 부흥을 가로막는 가장 큰 적임을 지적한다. 특히 영적 교만이 얼마나 심각한 영혼의 질병인지 통회하는 마음이 들게 한다. 이 책은 영적 교만이 부흥의 불을 꺼뜨리는 광신주의의 근본 뿌리임을 지적하고 있다. 에드워즈는 영적 교만에 대해 이렇게 말한다.

그와 같은 상황(부흥에 광신주의가 있는 것-필자 주)이 보편화되게 하는 오류들의 첫째 되는 최악의 원인은 바로 영적 교만입니다. 이것이야말로 신앙부흥에 뜨거운 사람들의 마음으로 마귀가 들어오게 하는 정문입니다. 그것은 바닥없는 구멍에서 올라와서 마음을 어둡게 하고 판단력을 흐리게 하는 연기가 들어오는 주된 통로입니다. 이것은 마귀가 신앙적인 사람들을 사로잡는 주된 핸들이며, 하나님의 일을 막고 훼방하기 위해 마귀가 소개하는 모든 해악의 주된 원천입니다. 이 오류의 원인은 나머지 오류들의 주된 원천 혹은 최소한 주된 공급처입니다. 이 질병이 치료되기까지는 다른 질병들을 치료하기 위해 시도되는 백약이 무효입니다.[59]

에드워즈는 인간의 영적 교만을 통해서 마귀가 어떻게 역사하고 그리하여 하나님의 부흥을 일그러뜨리고 막으려는지 깊이 간파하였다. 에드워즈가 이렇게 영적 교만에 관해 깊이 다룰 수 있었던 것은 그 자신이 깊은 영적 체험 속에 살아가는 사람이었으며 거기서 참된 자아발견을 했던 사람이었음을 증명하고 있다. 그가 깊은 영적 체험을 했던 사람이며 하나님과 매우 친밀한 삶을 살았음이 여러 곳에서 감지되고 있다. 에드워즈뿐만 아니라 그의 아내 사라도 그렇다. 에드워즈는 사라가 체험한 놀라운 영적 체험들에 관해 아내가 아닌 제 삼자인 것처럼 기록하고 있지만 사라의 영적 체험이 매우 깊고 그것이 맺은 열매

---

[59] *Ibid.*, 414. "The first, and the worst cause of errors that prevail in such a state of things, is spiritual pride. This is the main door, by which the Devil comes in to the hearts of those that the zealous for the advance of religion. 'Tis the chief inlet of smoke from the bottomless pit, to darken the mind, and mislead the judgement: this is the main handle by which the Devil has hold of religious person, and the chief source of all the mischief that the introduce, to clog and hinder a work of God. This cause of error is the main spring, or at least the main support of all the rest. Till this disease is cured, medicines are in vain applied to heal other diseases."

들이 매우 아름다움을 알 수 있다.⁶⁰ 사라의 깊이 있는 영적 체험은 결코 탈속적인 어떤 체험이 아니라 세속 속에서 살아가지만 거룩하며 도덕적 의무를 수행하는 기쁨으로 충만한 모습이다.⁶¹ 큰 은혜에 삼킨바 되었지만 그렇다고 웨슬리주의자들과 같은 완전성화론이 아니라 자신의 죄에 대해 예민한 감각이 살아있는 지극히 균형 잡혀 있으면서도 겸손한 영적 체험이다.

> 그 사람과 대화를 가장 많이 나누고 가장 친밀한 사귐을 나누고 있는 사람이 보기에도 그 사람은 최근에 큰 은혜의 증가에 압도되고 삼킨바 된 것 같았습니다. 가장 밝은 빛과 가장 고조된 사랑과 기쁨의 순간에도 죄에서 완전한 자유를 얻었다는 생각(웨슬리주의와 그의 추종자들 그리고 오늘날 영성의 대가인양 하는 사람들의 생각)에서 나오는 어떤 경향도 발견하지 못했습니다. 오히려 현저하게 그것과는 반대였습니다. 특별히 그와 같은 순간에 하나님의 영광의 순전함과 거룩한 빛 안에서 영혼이 얼마나 역겹고 더러운지 보았으며 영혼과 육체 그리고 모든 행동과 말이 썩고 부패한 것을 보았습니다.⁶²

에드워즈의 가정은 하나님과의 깊은 영적 체험과 교제 속에서 살았으며 영적으로 진정한 자기발견을 하면서 살았던 지극히 겸손한 가정이었음이 분명하다. 이러한 점들이 당대의 부흥 속에 나타난 하나님의

---

60 *Ibid.*, 331-43.
61 *Ibid.*, 340-41.
62 *Ibid.*, 341. "…seeming to be much overcome and swallowed up by the late great increase of grace, to the observation of those that are most conversant and most intimately acquainted: in times of the brightest light and highest flights of love and joy, finding no disposition to any opinion of being now perfectly free from sin(agreeable to the notion of the Wesleys and their followers, and some other high pretenders to spirituality in these days); but exceedingly the contrary: at such times especially, seeing how loathsome and polluted the soul is, soul and body and every act and word appearing like rottenness and corruption in that pure and holy light of God's glory."

영광을 놓치지 않고 기록할 수 있게 한 자세가 되었으리라 생각된다.

무엇보다 에드워즈가 당대의 부흥을 면밀하게 균형감각을 갖고 그려낼 수 있었던 것은 또한 그의 풍부한 현장목회 경험이 뒷받침했음이 분명하다. 그의 글은 상아탑 안의 지성인들이 메마른 심령으로 써내려가는 그런 글이 아니다. 그의 글을 자세히 살펴보면 사전에 매우 방대한 사례들이 조사되었음이 분명하다. 곳곳에 나타난 사람들의 심령상태에 대한 다양한 이해들, 그가 다루기 위해서 부각시킨 수많은 쟁점들은 사실 셀 수 없이 많은 사람들의 문제를 돕기 위해 씨름한 목회상담 사례들이었음이 분명하다. 에드워즈는 차가운 이성만의 사람이 아니었다. 그는 인간을 깊이 이해하고 있었던 사람이었다. 그의 글 서두에서 밝힌 것처럼 그는 인간을 이성만의 존재로, 혹은 감성만의 존재로, 혹은 의지만의 존재로 보지 않았다.[63]

에드워즈가 살던 당대의 지성인들은 감성을 열등한 것으로 보고 이성만을 최고로 보는 점잖은 지식인들이 큰 기침하는 때였다. 그런 시대에 에드워즈는 놀랍게도 인간을 지·정·의가 통합된 인격으로 보는 전인격적인 인간관을 가졌다. 특히 점잖은 지식인들이 열등하게 보았던 감정을 신앙의 중요한 내적 좌소로 보았다. 그렇다고 그가 신앙을 슐라이어마허의 '절대의존 감정'과 같은 그런 류로 본 것은 아니다. 다만 그는 당대의 지식인들이 하찮고 열등한 요소로 보았던 감정을 신앙생활의 중요한 좌소로 보았고 그리하여 전인적인 인간관을 가졌다. 그가 이러한 인간관을 갖게 된 것은 풍부한 현장목회의 경험 속에서 인간을 돕는 과정에서 형성된 것 같다. 에드워즈는 이론과 실천이 겸비된 사람이었다. 이론과 현장목회의 경험, 이 둘이 그로 하여금 균형감각을 가지고 당대의 부흥을 기록할 수 있게 한 점들이었음이 분명하다.

---

63 *Ibid.*, 296-300.

(3) 부흥에 대한 탁월한 균형감각을 유지하다

*Some Thoughts Concerning the Revival*은 오늘날 목회현장에 그대로 적용되어도 우리를 적절히 지도하고 가르칠 수 있는 탁월한 균형감각을 가지고 있다. 무엇보다 부흥에 대해 잘못된 관점들을 교정하여 줄 뿐 아니라 오늘날 우리 시대에도 하나님의 부흥역사에 쓰임 받는 사람으로서 살아가도록 이끄는 놀라운 힘이 있다. 에드워즈가 이렇게 탁월한 균형감각을 유지할 수 있었던 것은 '성경과 이성'의 눈으로 당대의 부흥을 바라보았기 때문이다. 또한 깊은 영적 체험에서 우러나오는 지극한 겸손의 자세와 현장목회의 경험 속에서 부흥을 바라보고 평가하였기 때문이다.

*Some Thought Concerning the Revival*은 부흥에 대한 시야를 넓혀주고 균형감각을 갖게 하여 위대한 하나님의 부흥역사에 쓰임 받고자 하는 소원을 심어준다. 그러나 한 가지 아쉬운 점은 인종주의와 미국중심의 역사관(Manifest Destiny)이 드러난 점이다. 그는 당대의 부흥이 매우 강력한 것이었다는 증거를 제시하기 위해 음란하고 정욕적인 젊은이들, 인디언들, 흑인들, 어린아이들도 회심하였음을 기록했다[64]. 그럼에도 불구하고 그의 글에는 회심전의 인디언들을 향하여 "저 비참한 사람들, 인류의 찌꺼기들, 짐승과 다를 바 없고 짐승들을 깨우치는 것만큼이나 성과가 없던 인디언들"이라고 했다. 정준기 교수는 조나단 에드워즈가 인디언 선교에 헌신하다 순교한 데이비드 브레이너드(David Brainerd)의 일기를 출판하여 인디언 선교를 크게 고취시켰고, 에드워즈 자신 또한 인디언 선교를 위해 힘썼으며, 인종주의를 반대하였고, 당대의 미국인들에 비해 인디언들을 매우 인격적으로 대했다고 쓰고 있

---
[64] *Ibid.*, 329.

다.⁶⁵ 그럼에도 불구하고 에드워즈의 글에는 인종주의 요소가 확연히 드러나 있으며 이는 미국중심의 구속사적 역사관(Manifest Destiny)에 기초하여 인디언 선교와 타문화 선교를 바라보는 시각이 후천년적 역사관과 함께 깊이 깔려 있음은 부인 못할 사실이다.⁶⁶ 이런 점에서 그도 한 시대의 역사적 공간 속에서 살았던 사람으로서 당대의 뉴잉글랜드 청교도들이 지녔던 인종주의를 고스란히 지니고 있었던 사람이었음을 말해준다.

4) *Religious Affections*⁶⁷

(1) 부흥의 대상인 인간의 구조적 본질을 보여준다

부흥을 '인간 속에 이루시는 하나님의 역사'라고 볼 때, 이 책은 에드워즈의 인간론을 보여주는데, 부흥을 통해서 하나님이 인간의 어떤 부분을 다루시는지 포착하게 한다. 에드워즈는 인간을 지성(understanding)과 감정(affection)의 존재로 본다. 참된 신앙의 본질은 '거룩한 감정'에 있다고 한다.⁶⁸ 하나님이 인간의 영혼에 주신 두 기능이 있는데 하나는 사물을 인식하고 사유할 수 있는 지성(understanding)이며, 다른 하나는 이러한 인식과 지각 능력을 넘어서서 사물에 대한 호감과 반감이 생기게 하는 성향(inclination) 혹은 의지(will), 정신(mind), 마음(heart)라고 불리는 감정(affection)이다.⁶⁹ 그러므로 에드워즈가 말하는 감정(affection)이

---

65 정준기, 『미국 대각성 운동』 (서울: 복음문화사, 1994), 196-201.
66 Jonathan Edwards, *Some Thoughts Concerning the Revival*, 353-58.
67 Jonathan Edwards, 『신앙감정론』 (*Religious Affections*) 정성욱 역 (서울: 부흥과개혁사, 2005).
68 Jonathan Edwards, *Religious Affections: The Works of Jonathan Edwards vol 2* (New Haven: Yale University Press, 1959). 95. "True religion, in great part, consist in holy affections."
69 *Ibid.*, 96.

란 인간영혼을 지·정·의의 세 기능을 가진 존재로 보았을 때의 그 정
(情)만을 의미하지 않는다. 오히려 정(情)과 의(意), 즉 감정과 의지가 서
로 분리되지 않고 밀접히 연관되어 작동하는 내면적 성향인데 이것이
에드워즈가 말하는 '감정(affections)'이다. 에드워즈가 말하는 이러한 감
정은 의지의 성향과 전혀 다르지 않으며, 의지는 감정적으로 영향을
받는 만큼만 행사된다. 의지는 완전 무관심의 상태에서는 움직이지 않
고 어떤 방식으로든 감정이 자극을 받은 만큼만 움직이고 그 이상으로
는 결코 자발적으로 움직이지 않는다. 그러기에 에드워즈가 말하는 감
정(affection)은 정(情)과 의(意)를 본질상 별개의 개념이 아니라 정(情)에
의하여 의(意)가 좋아하거나 싫어하는 방향으로 움직이는 내면적 성향
(inclination)이다.[70]

에드워즈는 참된 신앙은 대체로 감정(affection)에 있다는 사실을 성
경을 인용해 논증하며, 감정은 참된 신앙을 구성하는 중요한 요소라고
밝히고 있다.[71] 에드워즈가 말하는 참된 신앙은 감정에 있으며 그 감정
의 자리는 우리가 흔히 말하는 마음이다.

> 신앙만큼 우리의 성향의 정력적인 활동을 요청하는 것도 없고, 신앙만큼
> 냉담한 마음을 역겨워하는 것도 없다. 참된 신앙은 언제나 강력하다.
> 그리고 그 힘은 먼저 마음에서 신앙의 내적인 활동으로 나타난다. 참된
> 신앙의 주요하고 본래적인 자리는 마음이다. 그러므로 참된 신앙은
> 경건이라 부르는데 이는 그것이 겉으로 드러난 모양이나 형태와는 구별된
> 말이다.[72]

---

[70] *Ibid.*, 97.
[71] 본 단락에서 사용하게 될 '감정'이라는 단어는 에드워즈가 말한 affections의 의미이다.
[72] *Ibid.*, 99-100. "In nothing, is vigor in the actings of our inclinations so requisite, as in religion; and in nothing is lukewarmness so odious. True religion is evermore a powerful thing; and

에드워즈는 특히 하나님이 인간을 창조하실 때 감정을 주셨는데, 특히 '거룩한 감정'이 참된 신앙의 중요한 부분이라고 한다.

> 인간 본성의 창조자께서 인간에게 감정을 주셨을 뿐 아니라 감정이 바로 인간 행동의 발원지가 되게 하셨다. 감정은 인간 본성에 필연적으로 속할 뿐 아니라 인간 본성의 가장 중요한 부분이다. 마찬가지로(중생에 의해서 전인이 새롭게 되고 성화되는 한) 거룩한 감정은 필연적으로 참된 믿음에 속할 뿐 아니라 그것의 매우 중요한 부분을 차지한다.[73]

에드워즈는 인간 세상이 매우 분주하게 움직이는데 그 원천은 사랑과 미움, 희망과 두려움, 분노와 열정, 갈망 등과 같은 감정으로서 이러한 감정을 모두 제거하면 세상은 정지해 버리고 죽은 것 같이 될 것이라고 한다.[74] 에드워즈는 "감정 없이 교리적이고 사변적인 지식만 가진 사람은 결코 신앙적인 일에 집중할 수 없다"고 하면서 신앙적인 일들은 사람의 영혼을 사로잡는데 그 일들이 사람들에게 "감정적으로 영향을 주는 만큼만" 그렇다고 주장한다.[75] 한마디로 신앙에 속한 일들이 어떤 살아 있는 사람의 마음이나 삶에 큰 변화를 가져왔다는 것은 그의 마음이 신앙에 속한 일들로 인해서 깊이 감화되었다는 의미라고

---

the power of it appears, in the first place, in the inward exercises of it in the heart, where is the principal and original seat of it. Hence true religion is called the power of godliness, in distinction from the external appearance of it, that are the form of it."

[73] *Ibid.*, 100-101. "The author of the human nature has not only give affections to men, but has made 'em very much the spring of men's actions. As the affections do not only necessarily belong to human nature, but are very great part of it; so(inasmuch as by regeneration, persons are renewed in the whole man, and sanctified throughout) holy affections do not only necessarily belong to the religion, but are a very great part of that."

[74] *Ibid.*, 101.

[75] *Ibid.*

한다.⁷⁶ 에드워즈는 성경이 강조하는 가장 중요한 계명은 하나님을 "사랑하는 것"이며 이는 "죄에 대한 미움"을 수반한다고 하면서 결국 이는 그가 말한 감정(affections)에 관한 문제라고 한다. 에드워즈는 이렇게 말한다.

"그러나 분명한 것은, 신앙은 대부분 감정 안에 있는 것처럼 거룩한 감정 없이 참된 신앙이 없다는 것이다. 그리고 마음속에 거룩한 감정을 불러일으키지 않는 어떤 지식의 빛도 선하지 않고, 그와 같은 거룩한 감정으로 작용하지 않는 어떤 습관이나 원리도 선하지 않고, 그와 같은 거룩한 감정의 작동으로부터 나오지 않는 그 어떤 외적인 열매도 선하지 않다."⁷⁷

(2) 부흥이란 하나님이 인간을 새롭게 하여 '거룩한 감정'을 만드는 것이다

에드워즈의 부흥신학은 그의 인간 이해와 깊이 관련되어 있다. 에드워즈는 인간을 지성(understanding)과 감정(affection)의 존재로 봄으로써 결국 참된 신앙이란 이성적 사유만으로 끝나는 것이 아니라 그것이 마음의 성향을 바꾸는 감정 안에 자리하는 것으로 보고 있다. 에드워즈의 이러한 인간 이해는 그가 부흥을 어떻게 보는가를 결정한다. 부흥이란 인간의 감정 안에 일으키는 하나님의 역사로서 인간의 감정을 새롭게 하여 '거룩한 감정'을 만드는 것이다. 그리하여 하나님을 뜨겁게 사랑하고 죄를 혐오하게 한다.

그런데 이러한 종류의 모든 신앙감정을 믿을 수 없거나 실체가 없는 것으로 치부해 버리는 사람들의 오류가 있어 왔는데 그들이 이런 오류에 빠지게 된 원인은 대각성의 시대에 신앙감정이 고양되었던 사람들

---
76 *Ibid.*, 102.
77 *Ibid.*, 119.

이 옛 생활로 되돌아가는 것 같은 모습을 보이자 자세히 검토해 보지도 않고서 부흥의 진정성 자체를 의심하고 고양된 신앙감정 자체를 믿을 수 없는 것으로 치부하고 더 나아가 감정 자체를 경시하는 극단주의에 빠짐으로써 마귀가 이를 역이용하여 참된 신앙감정과 거짓된 신앙감정을 교묘히 뒤섞어 놓았기 때문이다.[78] 이처럼 에드워즈는 마귀가 극단주의로 치닫게 함으로써 참된 신앙과 거짓된 신앙을 섞어 놓고 구별이 되지 못하게 하는 방법으로 혼란한 틈을 타서 모든 신앙부흥에 대항하여 왔음을 책의 서두에서부터 지적하고 있다.

> 마귀는 가짜 신앙과 참 신앙을 섞어서 구별이나 분별이 안 되게 함으로써 지금까지 쭉 그리스도의 나라와 대의에 맞서는 최상의 유익을 얻어 왔다. 마귀는 주로 이 단순한 수단으로서 그리스도의 교회가 세워진 이래로 있어왔던 모든 신앙부흥에 대항하여 효과를 보았다.[79]

에드워즈는 참된 신앙부흥에 대항하는 마귀의 책략에 말려들어 정말 살아 있어야 할 신앙감정을 부인하거나 냉소적으로 봄으로써 교회가 화석화되고 차갑게 굳어가는 점에 대해서 깊은 우려와 한탄을 나타내었다. 에드워즈가 정말 바라는 것은 신앙감정의 회복이다. 에드워즈는 이를 참된 부흥으로 보았다. 그렇다고 하여 그의 부흥신학이 극단적 감정주의는 아니다. 에드워즈의 부흥신학은 참된 신앙의 좌소를 감정(affection)으로 보되 지성(understanding)과 균형을 이루는 것으로 보인다. 이는 그가 시종일관 견지해 온 인간관을 나타낸다. 그의 인간론은 부흥신학으로 연결된다.

---

[78] Ibid., 119-21.
[79] Ibid., 86.

참된 신앙은 감정 이외에 다른 것들도 반드시 있어야 하지만 참된 신앙은 대부분 감정에 있으므로 감정 없이 참된 신앙은 있을 수 없다. 신앙감정 없는 사람은 영적으로 사망상태에 있으며, 성령께서 그의 마음속에 강력하게 생명력을 불어넣는 구원의 영향력에 대해 전적으로 반응하지 않는다. 다른 것은 없이 감정만 있는 곳에 참된 신앙이 없는 것처럼, 신앙감정 없는 곳에 참된 신앙 없다. 감정적으로 뜨겁게 고양된 마음과 함께 지식의 빛이 있어야 하듯이, 빛 없는 뜨거움만 있는 곳에는 그 마음속에 신령하거나 하늘에 속한 것이 있을 수 없다. 마찬가지로 뜨거움이 없는 빛만 있는 곳, 머리가 사변과 개념들로만 가득 차 있어서 차갑기만 하고 뜨거운 마음이 없는 곳에는 그 빛 속에 신령한 어떤 것도 없기에 그 지식은 신령한 것을 내포하는 진정한 영적 지식이 아니다.[80]

에드워즈의 이러한 인간론, 거기서 나온 지식론과 부흥신학은 구 프린스턴 신학사상과 맥을 같이 하고 있다. 아취발트 알렉산더(1772-1851), 찰스 핫지(1797-1878)로 이어지는 구 프린스턴 신학사상은 학문과 신앙, 지식과 경건의 통합적 신학사상이다.[81] 에드워즈의 인간론은 지성과 감정의 인간론, 균형을 이룬 인간론으로서 그의 부흥신학이 차가운 지성과 뜨거운 신앙감정의 통합과 균형을 이루게 했다. 그러면서도 부흥의 참된 내용을 신앙감정에 무게중심을 두었다. 에드워즈는 참된 신앙이 대부분 감정에 있기 때문에 감정을 자극하고 움직이게 하는 경향성을 지닌 수단들, 은혜의 방편들을 힘써 추구하도록 했다.[82] 또한 그는 만일 참된 신앙이 대부분 감정 안에 있다는 것이 옳다면 우리가

---

[80] *Ibid.*, 120.
[81] W. Andrew Hoffecker, 『프린스턴 신학사상』, 홍치모 역 (서울: 한국로고스연구원, 1991), 5-165; Charles Hodge, *Charles Hodge: The Way of Life*, Edited by Mark A. Noll (New York: Paulist Press, 1987); Charles Hodge, *Princeton Sermons: Outlines of Discourse & Doctrinal and Practical* (Pennsylvania: The Banner of Truth).
[82] Jonathan Edwards, *Religious Affections*, 121-22.

신앙에 속한 위대한 일들 때문에 감정이 더 이상 자극 받지 못한다는 것을 하나님 앞에 심히 부끄럽고 당혹스럽게 여겨야 한다고 했다.[83]

(3) 참된 부흥을 방어하기 위해 참된 신앙감정을 구별하는 표지들을 제시한다

에드워즈는 부흥에 대항하여 싸우는 마귀의 책략은 참된 신앙감정과 모조품 감정을 서로 뒤섞어 그런 혼란을 틈타 어리석은 사람들로 하여금 참된 신앙감정마저 도매금으로 경멸하고 쓰레기통에 버리도록 하는 것임을 지적하였다. 그러므로 무엇이 참된 신앙감정인지 그리고 무엇이 참된 신앙감정이라고 볼 수 없는 것인지 분별의 표지가 필요하다. 에드워즈는 이를 크게 둘로 나누어 말한다. 먼저 소극적인 차원에서 진정 은혜롭고 참된 신앙감정인지 아닌지 판단의 근거가 될 수 없는 표지들 12가지를 들고, 그 다음 적극적인 차원에서 신앙감정이 진정 은혜롭고 거룩함을 뚜렷이 구별해주는 표지들 12가지를 든다.

신앙감정이 진정 은혜롭고 참된 것인지 판단의 근거가 될 수 없는 표지들 12가지는 다음과 같다. 신앙감정의 고양 정도, 몸의 격렬한 반응 정도, 신앙과 신학에 대한 관심, 감정의 자가 생산 여부, 성경 구절이 갑자기 떠오름, 사랑의 표현 정도, 감정의 정도, 감정의 체험 순서, 종교적 행위와 의무의 실천 정도, 찬송을 열심히 부름, 자신의 구원 확신, 타인에 의한 구원 확신 등이다.[84] 여기 열거하고 있는 12가지들은 성령에 의해서도 일어날 수 있지만 꼭 그렇지만은 않은 것들이다. 다시 말해 이러한 것들은 인간 본성에서 유래하는 것들일 수도 있고 인위적으로 조작된 것일 수도 있다. 그러므로 이러한 것들로 어떤 사람의 마음에 일어난 감

---

[83] Ibid., 123-24.
[84] Ibid., 127-90.

정이 참된 신앙감정인지 여부를 판단하는 표지를 삼을 수 없다는 것이다. 성령에 의해서 일어난 것일 수도 있고 그렇지 않은 것일 수도 있다. 에드워즈는 참된 신앙감정의 부흥, 즉 은혜롭고 거룩한 감정의 부흥을 그의 부흥신학으로 보았다. 그러므로 위의 12가지 소극적 표지들은 어떤 사람의 내면에 일어난 감정이 진정 성령에 의해서 이루어진 신앙감정이요 참된 부흥인지를 판단할 수 없다는 것이다.

진정 은혜롭고 거룩한 신앙감정을 뚜렷이 구별해 주는 표지들 12가지는 다음과 같다. 성령이 내주하심, 하나님을 하나님으로 인식함, 하나님의 아름다움에 대해 인식함, 하나님을 아는 지식, 진리에 대한 깊은 확신, 참된 겸손, 성품의 변화, 그리스도의 품성을 닮아감, 하나님을 경외함, 신앙의 균형, 하나님을 향한 갈망, 행위로 타난 신앙 등이다.[85] 여기 열거하고 있는 12가지 표지들은 사람의 마음에 일어난 변화들이 성령에 의해 일어난 확실한 근거를 보여주는 표지들이다. 그러기에 이는 사람의 마음에 일어난 변화들이 진정한 부흥을 보여주는 표지들이라 할 수 있다.

에드워즈가 여기서 소극적이고 적극적인 표지들로 나누어서 진정 은혜롭고 거룩한 감정들과 가짜 감정들을 구별하는 방법론은 *The Distinguishing Marks*와 *Some Thoughts Concerning the Revival*에서 구별하는 방법론과 거의 같고 소극적이고 적극적인 표지들의 어떤 것들은 *The Distinguishing Marks*와 내용적으로 같거나 비슷한 것들이 많다. 이러한 구별의 방법론은 에드워즈의 학문적인 방법론이 얽히고설킨 어떤 사안에 대해서 비본질적인 것을 먼저 떼어낸 후 본질적인 것으로 접근해 들어가는 방법론임을 알 수 있다.

---

[85] *Ibid.*, 191-461.

(4) *Religious Affections*는 인간론을 명확히 보여준다

*Religious Affections*는 부흥과 관련한 에드워즈의 인간론을 명확히 보여준다. 그의 인간론은 지성(understanding)과 감정(affection)이 통합된 전인적이고 균형 잡힌 인간론이다. 이러한 그의 인간론은 부흥신학과 맞닿아 있다. 에드워즈가 생각하는 부흥이란 그 내용적인 측면에서 볼 때 신앙감정(religious affection)의 부흥이다.

그가 말하는 신앙감정의 부흥이란 극단적 감정주의나 맹목적 광신주의를 말하지 않는다. 그는 대각성의 시기에 그러한 극단적 감정주의나 맹목적 광신주의가 참된 신앙감정의 부흥 자체를 냉소적이고 부정적으로 보게 하여 결국은 마귀가 부흥을 대항하여 싸우도록 하는 빌미를 제공했다고 꼬집고 있다. 에드워즈가 말하는 참된 신앙감정의 부흥은 그가 본론 후반부에서 열거한 12가지 표지들이다. 성령이 내주하심, 하나님을 하나님으로 인식함, 하나님의 아름다움에 대해 인식함, 하나님을 아는 지식, 진리에 대한 깊은 확신, 참된 겸손, 성품의 변화, 그리스도의 품성을 닮아감, 하나님을 경외함, 신앙의 균형, 하나님을 향한 갈망, 행위로 타나난 신앙 등이다. 그는 이러한 신앙감정들은 성령에 의해 일어난 것들로서 부흥을 통해 더욱 강력히 나타나길 소망하고 있다.

에드워즈의 인간론과 맞닿은 부흥신학은 그의 지식론이 무엇인가도 보여준다. 그가 생각하는 지식이란 단순히 사변적인 지식이 아니라 마음이 포함된 지식이다. 그의 인간론이 지성(understanding)과 감정(affection)이 통합된 전인적이고 균형 잡힌 인간론이듯이 그의 지식론도 이러한 구조를 따른다. 그는 차가운 이성의 인식론적 지식을 빛이라고 하면 마음의 뜨거운 사랑을 열로서 보고 있다. 그는 빛만 있는 열도, 열만 있는 빛도 배격한다. 그가 생각하는 지식이란 빛과 열이 통합

된 지식이다. 그의 지식론은 지성과 감정이 통합된 지식이며, 신학과 신앙이 통합된 지식이며, 학문과 경건이 통합된 지식이다. 그러므로 에드워즈가 말하는 신앙감정, 그것은 이성의 빛없는 맹목적 감정주의를 말하지 아니한다. 에드워즈가 말하는 부흥도 맹목적인 감정주의의 진작을 말하지 않는다. 그것은 그의 인간론과 지식론이 보여주듯이 지성과 감정이 통합된 전인적이고 균형 잡힌 부흥이다. 이러한 에드워즈의 인간론, 지식론, 부흥신학은 칼빈주의 신학을 이은 구 프린스턴 신학자들과 맥을 같이 하고 있음이 분명하다.[86]

2. 조나단 에드워즈의 부흥신학 정리 및 빌리 그레이엄의 부흥신학과 비교

1) 칼빈주의 청교도 부흥신학

에드워즈의 부흥신학이 북미개척 초기 조상들의 청교도 신학에 기초한 부흥신학이라는 것은 명백하다. 에드워즈의 부흥신학은 17세기 초의 북미개척 조상들이 지녔던 '칼빈주의 청교도 신앙과 신학으로 돌아가는 것'이라고 할 수 있다. 17세기 초 영국에서 북미로 이주한 사람들의 동기와 목적은 가지각색이었으며, 잉글랜드 국교회에 대한 태도에 있어서도 분리주의적인 사람들도 있었고 비분리주의적인 사람들도 있어서 교회정치 측면에서도 회중교회적 특성, 장로교회적 특성, 영국 국교회 안에 잔존하는 특성 등 그 스펙트럼이 다양했지만 그들의 공

---

[86] W. Andrew Hoffecker, Ibid., 5-165; Charles Hodge, *Charles Hodge: The Way of Life*; Charles Hodge, *Princeton Sermons: Outlines of Discourse & Doctrinal and Practical*.

통된 신학은 칼빈주의 청교도신학이었다.[87] 윌리엄 맥롤린(William G. McLoughlin)은 초기 청교도 이민사회의 사상과 삶의 특질은 소수의 창조적인 청교도들에게서 나왔다고 분석한다.[88] 그렇다면 에드워즈의 부흥신학이 어떤 점에서 17세기 초 미국건국 조상들이 지녔던 칼빈주의 청교도 부흥신학인가?

첫째, 성경관에서 그렇다. 청교도들은 성경의 절대무오와 영감성과 충족성을 믿었고 믿음과 삶에 있어서 최고의 권위로 삼았다.[89] 성경관은 신앙과 신학의 기초요 중심으로서 가장 중요하다. 청교도들의 삶을 한마디로 요약하라고 하면 '성경의 사람들'이라고 할 수 있다. 에드워즈는 노샘프턴 교회의 부흥이전 알미니안 교리가 범람하고 있었을 때 이신칭의 교리를 설교하였는데, 이것이 시의적절한 하나님의 말씀으로서 임하였고 성령이 비상하게 역사했다고 증언했다.[90] 그는 또한 *The Distinguishing Marks*와 *Some Thoughts Concerning the Revival*에서 참된 부흥과 거짓된 부흥의 판별기준으로서 성경을 제시하며 성경을 모든 판단의 규칙으로 삼았다.[91] *Religious Affections*에서도 부흥은 신앙감정과 관계있음을 지적하면서 수많은 성경적 사례들을 열거하고 있다. 청교도들이 성경을 믿음과 삶에 있어서 최고의 권위로 삼았다는 것은 그들이 생각하는 부흥이란 그들의 모든 삶이 성경적인 원리로 돌아가는 것을 의미했다. 에드워즈는 성경적 원리를 떠난 삶의 형태들에 대해서 마음아

---

[87] Allen Carden, 『청교도 정신』 (*Puritan Christianity in America: Religion and life in Seventeenth-Century Massachusetts*), 박영호 역 (서울: CLC, 1993), 15-23.
[88] William G. McLoughlin, *Revival, Awakening, and Reform* (Chicago and London: The University of Chicago Press, 1978), 34.
[89] Allen Carden, Ibid., 37-57.
[90] Jonathan Edwards, *A Faithful Narrative of the Surprising Work of God*, 148-49.
[91] Jonathan Edwards, *The Distinguishing Marks*, 227-28; Jonathan Edwards, *Some Thoughts Concerning the Revival*, 292.

파 했으며 노샘프턴에 일어난 성령의 역사들은 성경적인 원리로 돌아가는 역사였음을 성경을 통해 증명하였다. 그러므로 참된 부흥이 무엇이냐를 놓고 볼 때 17세기 청교도들과 에드워즈는 '성경의 원리로 모든 삶이 돌아가는 것'이 참된 부흥이라는 관점에서 둘 다 같다.

둘째, 신학의 중심주제에 있어서 그렇다. 청교도들의 신학중심은 '삼위일체 하나님의 주권과 영광'이었다. 청교도들은 창조와 구속에 있어서 삼위일체 하나님의 주권과 영광을 신학의 중심에 놓았다. 이는 죄로 인한 인간의 전적 타락과 부패, 인간의 구원을 위한 하나님의 주권적 선택과 은혜, 그리스도를 통한 구원을 강조한다. 알렌 카든은 청교도들의 신학중심은 '그리스도'라고 하였는데, 이는 청교도들이 인간의 죄에 대한 깊은 인식이 있었으며 죄로부터 구원할 그리스도에 대한 굳센 믿음의 사람들이었음을 강조한다.[92] 그가 청교도들의 신학중심을 그리스도라고 한 것은 페리 밀러를 위시한 일단의 청교도 학자들이 청교도들에 대한 문화적 접근에만 주목할 뿐 청교도들의 삶에 미친 성경중심의 신학사상, 특히 그리스도를 신학의 중심으로부터 빼거나 무시하려는 경향에 대한 반론의 성격이 분명하고 그리스도를 강조함으로써 삼위의 신격을 부정하는 유니테리언(Unitarian)사상에 쐐기를 박기 위한 점이 분명하다.[93] 그리하여 결국은 청교도들의 신학중심은 '삼위일체 하나님'임을 강조하려 했음이 분명하다.

청교도들의 신학중심은 '삼위일체 하나님의 주권과 영광'이다. 에드워즈는 이 점에 있어서 17세기 청교도들의 신학사상을 그대로 잇고 있다. 에드워즈는 삼위의 신격에 차별성을 두거나 편중되게 가르치지 않았으며, 부흥에 있어서 삼위의 공동사역임을 강조했으며, 부흥의 목적

---

[92] Allen Garden, Ibid., 59 94.
[93] Ibid., 94.

도 삼위일체 하나님에게 돌려야 함을 말하였다. *A Faithful Narrative*는 노샘프턴 부흥은 성령이 비상하게 임한 역사이면서도 하나님 자신이 이루신 역사라고 하였고, *Some Thoughts Concerning the Revival*에서는 1차 대각성은 그리스도가 영으로 놀랍게 임재하신 참된 부흥이라고 함으로써 성부와 성자와 성령의 사역임을 동등하게 강조하였고 부흥의 영광을 삼위일체 하나님에게 돌려야 한다고 보았다.[94] 노샘프턴 부흥도 1차 대각성도 그 시작과 과정이 모두 삼위일체 하나님의 주도적인 역사이며 따라서 그 모든 부흥의 영광을 하나님에게 돌려야 한다고 증언하는 에드워즈의 부흥신학의 중심에는 삼위일체 하나님의 절대주권과 영광을 신학의 중심으로 삼았던 17세기 청교도들의 칼빈주의 신학이 흐르고 있다.

셋째, 언약신학의 측면에서 그렇다. 청교도들은 언약신학의 관점으로 개인과 가정과 교회와 사회와 국가를 바라보았다. 원종천 교수는 청교도 개혁운동의 강력한 힘은 그들의 독특한 언약사상에서 나왔다고 하면서 이를 개인언약, 교회언약, 사회언약의 삼차원적 측면에서 깊이 고찰하였다.[95] 언약사상의 측면에서 청교도들을 바라볼 때 하나님의 절대주권과 은혜, 인간의 책임과 의무 사이의 긴장관계를 개인구원과 경건의 차원에서, 교회의 순결과 거룩성 유지의 차원에서, 사회 윤리 정치사상의 확립 차원에서 일목요연하면서도 다차원적으로 이해할 수 있게 한다. 그러나 청교도 개혁운동의 힘이 모두 언약사상에서 나온다는 주장은 지나친 단순화에서 오는 위험과 관념론에 빠질 위험이 있고 청교도 개혁운동에 대한 지나친 찬탄으로 인해 학문적 객관성 상실

---

[94] Jonathan Edwards, *A Faithful Narrative of the Surprising Work of God*, 152, 154, 210.; Jonathan Edwards, Some Thoughts Concerning the Revival 349-53.
[95] 원종천, 『청교도 언약사상: 개혁운동의 힘』 (서울: 대한기독교서회, 2002).

의 위험도 있다. 그럼에도 불구하고 언약신학이라고 하는 관점으로 청교도를 해석하는 방법론을 제시한 점은 주목할만하다.

원종천 교수의 주장처럼 확실히 언약신학은 청교도들의 삶을 지배하는 중요한 원리였음은 분명하다. 그러나 청교도 언약신학의 특징은 내면과 외면, 개인과 사회에 적용되는 언약의 내용이 다르다는 이중성에 있다. 그것은 은혜언약과 행위언약이다. 그들에게 있어서 개인적이고 내면적인 차원은 은혜언약이, 사회적이고 외면적인 차원은 행위언약이 적용되었다. 이러한 이중적 적용은 개인적인 신앙양심과 자유와 같은 내면적 은혜의 틀과 사회질서 유지와 같은 외면적 틀이 되는 적절성이 있으나 한편으로는 개인생활과 사회생활의 이원화 사상이 되어 개인의 사생활과 사회윤리가 엄격히 분리되는 이중적인 윤리관으로 변모할 수 있다. 이러한 징후는 청교도들이 '언덕 위의 도시'를 세우고자 하는 야심 찬 신앙의 열정으로 출발한지 겨우 2세대가 되었을 때 감지된다. 행위언약에 기초해서 순수한 교회를 세우고자 한 열망이 무참히 무너져 내렸는데, 그것은 회심인구가 급격히 줄어든 데서 증명된다. 개인의 회심은 행위언약의 잣대를 들이댈 수 없는 요소인데 개인회심이 줄어들자 교회전체의 질이 급격히 떨어지는 현상으로 나타난 것이다.

결국 목회자들이 위기의식과 두려움을 느껴 실용적이고 절충적인 방안으로 '중도언약(The Half Way Covenant)'이라는 것을 만들어냈다. 개척초기 1세대 청교도들(17세기 초반의 청교도들)의 교회론은 매우 엄격하여 아무에게나 교회회원 자격을 주지 않고 엄격한 심사기준을 통과한 자여야 했는데, 그 심사기준에는 개인의 간증도 들어 있었다. 당시 교회회원 자격은 사회적이고 국가적인 권리와 직결되는 문제였으므로 결국 이는 은혜언약이 적용되는 개인적 회심의 영역과 행위언약이 적용되는 교회적이고 사회적이고 국가적인 차원이 별개의 것이 될 수 없었음을 말해주고 있다. 어쨌든 이런 중도언약은 이민 2세대들부터 회심인구가 급감하고 교회의 질이 떨어지고 있다는 것을 보여주며 개인언약에 기초하여 교회언약과 사회언약으로 나아감으로써 청교도적 이상사회를 건설하고자 하는 그들의 꿈이 일찍부터 무너졌다는 증거이다. 결국 조나단 에드워즈의 조부 스토다트는 중도언약을 적극 수용하였으며 그리하여 에드워즈 시대에는 교회 안에는 알미니안 교리가 깊이 침투해 있었다.

에드워즈는 할아버지가 교회 안에 허용하였던 중도언약을 비판하였으며, 알미니안 교리에 대항해 싸웠으며, 교회가 진정 회심한 자들의 공동체요, 순결한 공동체로 이루어지기를 열망하였다. 그는 이를 어떤 외적인 언약관계 수립을 통해서라기보다 참된 부흥을 통해서 이루고자 했다. 이런 점에서 에드워즈의 교회론은 '회심한 자들의 공동체'를 지향하고 있었고 초기 1세대 청교도들이 강력하게 열망했던 '순결한 공동체'를 열망했다. 다만 그것을 부흥에 의해서 이루길 원했다는 점에서 에드워즈의 강한 특성이 있다. 물론 에드워즈도 부흥에 대해서 어떤 자세를 취해야 할 것인가 강조하는 점에서 사회각계의 사람들을 거명하고 언약갱신을 말하는 것을 볼 때 언약신학의 관점을 그대로 유지하고는 있다.[96] 그러나 에드워즈는 중도언약과 같이 느슨한 언약관계가 아니라 부흥을 통해서 심령이 새로워지고 새롭고도 튼튼한 언약관계가 수립되길 바랐다. 그리하여 미국이 '언덕위의 도시'가 되기를 열망했다.[97] 그는 종말론에서 초기 청교도들처럼 후천년주의를 따랐으며 이러한 역사관은 초기 청교도들의 영국중심의 역사관과 신선민주의(新選民主意)를 그대로 잇고 있다.[98]

---

[96] Jonathan Edwards, *Some Thoughts Concerning the Revival*, 504-30.
[97] Jonathan Edwards, *Ibid.*, 353-58.
[98] Allen Carden, *Ibid.*, 136.

정리해보면, 에드워즈의 신학사상은 17세기 초반의 청교도 1세대들의 신학사상을 철두철미 이어받고 있다. 그는 성경의 절대무오와 영감성과 충족성을 믿었고 믿음과 삶에 있어서 최고의 권위로 삼았다. 그의 신학의 중심은 삼위일체 하나님의 절대주권과 영광이었다. 그의 교회론은 회심한 자들로 구성되는 순결에 좀 더 강화를 두었으며 특히 부흥을 통해서 언약관계가 갱신되기를 열망했다. 에드워즈 시대는 미국 이민 100여 년이 지난 시대로서 17세기 초기 청교도들의 이상이 무너진 지 오래된 시대였으니 이는 어설픈 중도언약에 기초한 교회론 그리고 점증하는 알미니안 신학풍토를 통해서 알 수 있다.

에드워즈는 청교도 2세대, 3세대로 흘러오면서 느슨해진 신앙, 어설픈 중도언약에 기초한 교회론, 알미니안주의에 물든 교리들을 배격하였다. 그는 뉴잉글랜드가 다시금 언덕위의 도시가 되어 영적으로 세계의 주목을 받는 곳이 되기를 꿈꾸었다. 그는 매우 보수적인 초기 청교도들의 신학사상을 잇고 있는데 이런 방향으로 돌이키는 것은 부흥밖에 없다는 것을 알았다. 그러므로 청교도들과 관련하여 에드워즈의 부흥신학을 살펴보면 그는 초기 청교도들의 신앙과 신학사상을 구현하되 그것이 인위적인 방법론이 아니라 하나님으로부터 오는 부흥을 통해 이루어질 수 있다고 보았다. 그러므로 그의 부흥신학의 내용적 특징은 '미국 이민 초기의 청교도적 신앙과 신학으로 돌아감'이라고 정의할 수 있겠다. 그는 하나님이 부흥을 통해서 이런 신앙과 신학으로 돌아가는 것을 부흥이라고 보았는데, 이는 결국 칼빈주의 청교도 신앙과 신학의 회복이라고 할 수 있다.

2) 칼빈주의 청교도 부흥신학과 신복음주의 부흥신학의 비교

조나단 에드워즈의 '17세기 초의 청교도 칼빈주의 부흥신학'은 빌리 그레이엄의 '신복음주의 부흥신학'과는 어떻게 다른가? 이를 대략 부흥의 주체, 객체, 목적, 방법론, 진정성 판별 기준으로 나누어 비교해 보고자 한다.

(1) 부흥의 주체: 하나님이냐? 인간이냐?

부흥은 인간에 의해서 만들어질 수 있는 것이 아니라 하나님이 그의 성령을 소낙비처럼 부으셔서 이루신 하나님의 역사로서 신적 기원을 갖는다.[99] 조나단 에드워즈는 부흥의 주체가 하나님이시라는 것을 코네티컷 골짜기의 부흥(1734-35)과 1차 대각성(1740-42)을 면밀하게 분석한 후 줄기차게 주장하였다.[100] 부흥의 주체가 하나님이시라는 것은 에드워즈의 부흥신학에서 가장 강조되는 내용으로서 이는 칼빈주의 신학의 하나님 절대주권사상이 부흥신학에 작동하는 제일원리인 것이다. 부흥의 주체가 누구냐는 것은 부흥의 내용, 목적, 방법론을 결정짓는 중대한 요소이다. 부흥의 주체에 대한 명확한 인식은 부흥신학 전체에 대한 이해를 가름한다.

부흥의 주체가 하나님이시라는 것은 부흥을 위한 인간의 노력자체가 필요 없다는 것을 의미하지 않는다. 부흥의 주체가 하나님이시라는 것은 인간의 노력의 결과로서 부흥이 오는 것이 아니라 부흥은 하나님의 절대주권에 의한 것이라는 신적 기원을 강조한다. 부흥의 주체가 하나님이시라는 것은 인간으로 하여금 부흥을 더욱 갈망하고 기도

---

[99] Jonathan Edwards, *A Faithful Narrative of the Surprising Work of God*, 155.
[100] Jonathan Edwards, *A Faithful Narrative of the Surprising Work of God*, 157, 209-10; Jonathan Edwards, *The Distinguishing Marks*, 268-70.

하고 준비하게끔 하며, 부흥이 일어났을 때 경건한 기쁨 속에서 신중한 자세를 갖고 부흥의 불길을 꺼뜨리지 말고 진작시켜 나가야 할 책임을 요구하는 것이다. 부흥의 주체가 하나님이시라는 것은 인간의 게으름과 무책임을 합리화하는 것이 아니라 부흥을 주시는 하나님을 더욱 갈망하게 하며 부흥이 왔을 때는 그것이 하나님의 역사이므로 깊은 경외심과 사명감으로 이를 진작시켜 나가는 책임 있는 자세를 갖게 하는 것이다. 부흥은 삼위일체 하나님이 주체가 되시는 신적 기원을 가진 사역이지만 성령의 사역이 강한 특성을 나타낸다. 그래서 조나단 에드워즈는 부흥을 "하나님의 복된 소낙비(shower of divine blessing)"라고 했는데 이는 괄목할 만한 성령을 부어주신 것을 의미한다.[101] 부흥이 인간의 노력과 성실의 결과물이 아니라 절대주권자 하나님의 주권적이면서도 초자연적인 역사임을 강조하는 사람들은 부흥의 기계적인 반복을 주장하는 부흥주의(Revivalism)를 배격하고 부흥의 계절(Season of Revival)을 주장한다. 조나단 에드워즈는 부흥의 주체가 하나님이심을 그의 저서 곳곳에서 강조함으로써 부흥의 신적 기원을 강하게 주장하고 있다.

반면 빌리 그레이엄의 부흥신학은 부흥의 신적 기원이 하나님이심을 강하게 주장하지 않음으로서 부흥의 주체가 하나님이심을 강조하지 않는 것이 가장 큰 특징이다. 그렇다고 해서 그가 부흥이 하나님으로부터 오는 것이 아니라고 말하지는 않았다. 그도 부흥을 위해서 하나님에게 많이 기도했으며 기도팀을 운영하며 부흥집회를 인도했다. 그러나 부흥이 하나님으로부터 온다는 점을 에드워즈만큼 강조하지도 않았으며 부흥의 주체가 하나님이심을 크게 부각시키지도 않았다. 부

---

[101] Jonathan Edwards, *A Faithful Narrative of the Surprising Work of God*, 155.

흥의 신적 기원을 강조하기보다 오히려 부흥이 일어나야만 한다는 당위성에 대해서 더 많이 말하였으며 인간 편에서 부흥을 일으키기 위해 하나님이 원하시는 조건을 충족시켜야 한다는 점에 대해서 더 많이 말하였다.[102] LA에서 행한 부흥설교 "We need Revival!"에서 언급한 다음의 구절들을 다시 한 번 보자.

> 나는 우리가 하나님의 조건들을 충족시키면 언제든지 부흥할 수 있다고 믿으며, 하나님은 그의 말씀에 신실하시기 때문에 우리가 하나님의 조건들을 충족시키면 반드시 우리 위에 의를 비같이 내려주실 줄 믿는다.[103] 우리는 그것(부흥)을 가질 수 있다! 나는 우리가 하나님의 조건들을 충족시키면 우리가 그것(부흥)을 가질 수 있다고 단언한다.[104] 하나님은 우리가 어떤 조건을 충족시키면 부흥을 주실 것이라고 말씀하신다. 즉 그는 복을 주실 것이며 죄인들이 그에게로 돌아올 것이다. 우리는 의심하지 말고 하나님의 말씀에서 하나님을 만나야 한다. 우리에게는 부흥이 필요하다![105]

빌리 그레이엄은 하나님이 부흥을 주시는 주체이시지만 인간 편에서 하나님의 조건을 충족시키는 데 더욱 힘써야 한다는 것을 역설함으로써 부흥을 인간의 통제 아래 있는 어떤 것으로 만들어 버렸다. 다시 말해 인간 편에서 하나님의 조건을 충족시키기만 하면 부흥은 자동적으로 주어진다는 논리로서 이는 하나님을 창조활동의 뒤편으로 숨어

---

[102] Billy Graham, *Revival in Our Time*, 69-80.
[103] Ibid., 76-77. "I believe that we can have revival any time we meet God's conditions. I believe that God is true to His Word, and that He must rain righteousness upon us if we meet His conditions."
[104] Ibid., 77. "We can have it(revival)! I say we can have it, if we meet God's conditions!"
[105] Ibid., 78. "God says if we meets certain condition, He will send a revival; He will send the blessing, and sinners will turn to him. we have to take God at His word and not doubt Him. We need revival!"

버리게 하고 하나님이 창조하신 자연 질서에 순응하는 분으로 만들어 버려 결과적으로 하나님의 초자연적 역사를 약화시키는 이신론(Deism)과 흡사한 모습을 띠고 있다.

빌리 그레이엄은 LA 부흥집회에서 "하나님은 옛 형태의 하늘로부터 임하는 성령의 부흥을 주신다"고 여러 번 언급했다.106 그러나 그가 말한 부흥이란 조나단 에드워즈가 돌아가고자 했던 칼빈주의 청교도 부흥과 같은 '옛 형태의 부흥(old-fashioned revival)'이 아니라 부흥의 주체를 급격히 인간중심으로 변모시켜버림으로써 급격히 알미니안화 된 '새 부흥'이다. 그가 말한 부흥이란 '하늘로부터 임하는(heaven-sent revival) 부흥'이 아니라 하나님이 원하시는 조건을 인간 편에서 충족시켰을 때 그 결과로 발생하는 부흥으로서 인간의 노력과 열심에 의해서 좌우되고 그 결과로서 발생하는 급격히 알미니안화 된 '새 부흥'이다. 그가 말한 부흥이란 "성령의 부흥(Holy Ghost revival)"이 아니라 인간의 의지적 결단이 큰 비중을 차지하고 그 의지적 결단에 성령이 임하시는 부흥으로서 인간 의지적 결단의 산물이요 급격히 알미니안화 된 '새 부흥'이다.

빌리 그레이엄의 부흥신학에는 하나님의 초자연적이며 절대주권적 역사가 강조되어 있지도 않으며 하나님의 선택에 대한 강조는 찾아보기 어렵다. 부흥집회에 참석한 사람들이 강단초청의 순간 의지를 발동하여 결단함으로써 믿기만 하면 구원받을 수 있다는 인간주도적인 인본주의 부흥신학으로서 급격히 알미니안화 된 '새 부흥'이다.

빌리 그레이엄이 "옛 형태의 하늘로부터 임하는 성령의 부흥"을 언급했을 때는 비교적 그의 초기 사역 때인 LA 부흥집회 설교에서였다. 이때까지는 그래도 자유주의자들과의 교류보다도 근본주의자들과 교류가 있었던 때로서 비교적 신복음주의 색깔을 드러내지 않았던 때였

---

106 *Ibid*., 70, 122, 123. "God sends an old-fashioned, heaven-sent, Holy Ghost revival."

다. 그러나 1950년대 중반 이후부터는 신복음주의 신앙과 신학의 대중화를 이루었던 사람으로서 그 색깔을 분명히 함으로써 더욱 급격히 인간본위적인 부흥신학으로 변모되어갔다. 무엇보다 그의 부흥집회를 총괄하는 전도팀의 조직화가 더욱 세련되면서 부흥이 마치 그러한 조직이 잘 활용되면 얼마든지 성공적으로 이루어질 수 있다는 암시를 많이 심었다.[107] 그의 부흥회 광고와 홍보물을 부흥이 하나님에 의해 이루어질 수 있다는 것보다 하나의 볼거리, 쇼의 문화와 타협해 갔다. 라디오 방송설교와 할리우드에서 영화제작, 유력정치인들과의 밀착관계, 거대한 협력집회를 통해서 그의 집회를 사람들로 하여금 주목하게 하였지만 그러한 부흥을 위한 자신들의 노력과 열심과 자금력이 더 드러날 뿐 하나님의 주권적인 역사가 더 강하게 드러나지는 않았다. 하나님은 마치 자신들이 열심히 하면 반드시 오셔야만 하는 분이심이 더 부각되었다. 부흥의 주체가 누구이냐를 살펴볼 때 빌리 그레이엄의 부흥신학은 하나님보다 인간의 주체적 활동과 자유의지에 좀 더 강조를 두는 부흥신학으로서 조나단 에드워즈의 '옛 부흥'과 사뭇 다른 신복음주의 '새 부흥'이다.

(2) 부흥의 객체인 인간: 부패로 인한 전적 무능의 존재냐? 부패했지만 결단 능력을 가진 존재냐?

부흥의 객체가 인간이라는 것은 너무나 자명하다. 부흥이란 결국 인간의 변화이다. 좀 더 구체적으로 말하면 인간의 회심(성화를 포함)이라고 할 수 있다. 인간은 회심이 필요한 존재이다. 다시 말해 인간은 새롭게 태어나지 않으면 안 되는 존재다. 부흥의 객체인 인간을 어떻게 보느냐 하는 것은 부흥의 실제적 내용이라고 할 수 있는 회심의 성격을

---

[107] William Martin, *Ibid.*, 582-603, 98.

결정하며 결국은 부흥신학의 색깔을 결정한다. 인간은 죄로 인해 타락한 존재라는 점은 조나단 에드워즈나 빌리 그레이엄이나 다 같이 인정하고 있다. 인간은 진정 위로부터, 하늘로부터, 성령에 의해서 회심하지 않으면 안 되는 존재인 것이다. 그런데 죄로 타락한 인간이 얼마만큼 타락했느냐에 있어서는 에드워즈와 그레이엄의 견해가 다르다.

에드워즈는 인간이 죄로 인해 전적으로 부패하여 구원을 위한 능력 면에서 전적으로 무능한 존재임을 역설했다. *A Faithful Narrative*에서는 성령이 역사하여 죄와 심판에 대한 각성체험이 있었을 때 그 끔찍한 죄 때문에 고통하며 번민하며 잠을 못 이루기도 하며 슬픔의 눈물을 흘리기도 하는 역사가 있었다고 하면서 아비가일이라는 한 여인은 자신의 원죄, 약한 몸 때문에 고통 받으며 하나님의 섭리를 원망한 죄, 남들은 자기를 효성스럽다고 여겼지만 실제로는 부모님에게 불효한 자신의 죄를 깨닫고 경악하였다고 한다.[108] 에드워즈가 관찰한 바로는 죄에 대한 각성이 있을 때 하나님 앞에 자신이 하나도 의로운 것이 없고, 멸망 받아 마땅하며, 하나님만이 공의로우시다는 것을 자각했다는 것이다.

> "성령이 사람들과 그의 율법으로 싸우시는 목적은 사람들로 하여금 성령이 보실 때 그들이 너무나 사악하고 죄가 많다는 것을 자각하도록 이끌어 성령의 주권적인 권능과 은혜에 대한 절대의존의 확신과 누구에게나 보편적으로 중보자가 필요하다는 확신을 불러일으키기 위한 것임이 매우 분명해 보였다."[109]

---

[108] Jonathan Edwards, *A Faithful Narrative of the Surprising Work of God*, 192-93.
[109] *Ibid.*, 163.

이러한 죄의 각성은 하나님의 값없고 풍성한 은혜가 얼마나 복된 것인가를 "실감나는 확신(realizing conviction)", "생생한 감각(lively of feeling sense of heart)"으로 경험하게 한다.[110] 당시 "인간의 능력으로 하나님의 은총을 얻을 수 있다고 생각하는 인간능력에 대한 확신이 증가하는 분위기", 즉 알미니안주의가 점점 세력을 확장해 가는 위기상황에서 에드워즈는 이신칭의(以信稱義) 교리를 설교했다.[111] 에드워즈가 직면했던 알미니안주의는 단순한 허수아비가 아니라 강한 세력으로 작용하고 있었다.[112]

이런 시대에 에드워즈가 알미니안주의에 대항하여 이신칭의 교리를 설교하자 "사람들의 영혼에 주목할 만한 하늘의 축복"이 임했다.[113] 그들은 "복음의 방식"으로 구원을 받았으며 "이런 복음의 방식이 참되고 유일한 방식임이 그들에게 분명해졌다"라고 기록하고 있다.[114]

또한 *Some Thoughts Concerning the Revival*에서 그의 아내 사라는 깊은 영적 체험을 한 사람으로서 은혜에 압도되어 삼킨바 된 사람이지만 "가장 밝은 빛과 가장 고조된 사랑과 기쁨의 순간에도 죄에서 완전히 자유를 얻었다는 생각(웨슬리주의와 그의 추종자들 그리고 오늘날 영성의 대가인양 하는 사람들의 생각)에서 나오는 어떤 경향도 발견하지 못했다. 오히려 현저하게 그것과는 반대였다. 특별히 그와 같은 순간에 하나님의 영광의 순전함과 거룩한 빛 안에서 영혼이 얼마나 역겹고 더러운지 보았으며 영혼과 육체 그리고 모든 행동과 말이 썩고 부패한 것을 보았다"고 했다.[115] 즉 웨슬리주의의 알미니안주의 인간론과 회심론과 성

---
[110] *Ibid.*, 172.
[111] *Ibid.*, 148-49.
[112] *Ibid.*, 10.
[113] *Ibid.*, 148-49.
[114] *Ibid.*, 149.
[115] Jonathan Edwards, *Some Thoughts Concerning the Revival*, 341.

화론(완전성화론)과 달랐다는 것을 말하고 있는 것이다. 에드워즈의 회심론은 인간의 원죄와 전적 타락, 구원을 위한 인간의 무용성, 하나님의 선행적이며 주권적인 은혜를 골격으로 하고 있다.

반면 빌리 그레이엄은 인간이 죄로 인해 타락했음을 인정하지만 구원을 위한 인간의 자유의지의 독립성을 매우 강조함으로써 결과적으로 인간이 타락했으나 전적으로는 타락하지 않았다는 인상, 즉 인간 의지의 타락은 인정치 않고 있다.[116] 빌리 그레이엄은 인간이 중생이 필요한 존재, 즉 죄로 타락하여 소망이 없는 존재임을 인정하고 있다. 그러기에 중생하기 위해 우리가 할 수 있는 것은 아무 것도 없고 오직 성령께서만이 우리를 중생케 하실 수 있는데, 그 이유는 우리가 영적으로 죽어 있기 때문이라고 했다.[117]

그의 중생관을 얼핏 볼 때 인간의 전적 타락을 인정하고 있는 듯하지만 사실 그는 성령에 의해 중생함으로써 회심하는 것이 아니라 회심함으로써 중생한다는 신학사상의 소유자로서 중생을 회심의 결과로써 보기도 하고 때로는 중생을 회심의 한 요소로 보기도 함으로써 회심론에 있어서 모호하다.[118] 그러나 그가 중생을 회심의 결과로써 보든 아니면 회심의 구성요소로서 보든 아니면 같은 것으로 보든 분명한 사실은 중생과 회심에 있어서 인간의 자유의지의 독립성을 매우 강조함으로써 결과적으로 인간의 의지는 죄에 의해서 타락하지 않았다는 펠라기우스적인 알미니안주의 회심론을 따르고 있다는 점이 명백하다. 고광필 박사는 이러한 인죄론은 하나님의 불가항력적 은혜를 인간의 자유의지 위에 둠으로써 구원에 있어서 하나님의 절대주권을 무너뜨리고 인간에 의해 좌우되는 상대적 개념으로 만듦으로써 참된 은혜와 구

---

[116] Billy Graham, *Peace with God*, 117-18, 121-32.
[117] *Ibid.*, 136.
[118] *Ibid.*, 107, 108-09, 113.

원의 절대적 기반을 흔드는 위험한 신학사상이라고 했다.[119]

인죄론의 역사는 어거스틴과 펠라기우스 논쟁 이후 교회사에 계속되어 왔던 두 지류이다. 인간의 전적 타락과 절대적 은총의 필요성을 역설했던 어거스틴에 반대하여 펠라기우스는 원죄를 부인하고 인간의 의지와 노력으로 구원 얻을 수 있다고 주장했다. 그 후에 반(半)펠라기우스주의가 등장했는데, 이는 아담의 죄가 유전되고 은혜로 구원 얻는다는 기본 전제에 있어서는 어거스틴을 따르나, 인간 의지에 의해 받거나 거부될 수 있다는 사상이다. 어거스틴주의는 하나님의 선택에 의해 선행적으로 주어진 은혜를 강조하지만 반펠라기우스주의는 끝까지 인간의 의지에 의해 은혜가 거부되거나 수용된다고 함으로써 구원을 절대적인 것이 아니라 인간의 의지에 의해 좌우되는 어떤 것이라고 보는 것이다.

빌리 그레이엄의 인간론은 펠라기우스주의는 아니지만 반펠라기우스주의임이 분명하다. 반펠라기우스주의는 17세기 화란의 알미니우스주의 신학과 18세기 영국의 웨슬리주의에 깊이 침투하였다. 결국 알미니우스주의는 웨슬리주의의 인간론과 회심론과 성화론의 뼈대가 되었다. 빌리 그레이엄의 인간론과 회심론과 성화론은 칼빈주의의 그것들과는 전혀 다른 반펠라기우스주의요 알미니우스주의이다. 그는 하나님의 아들이 모든 인류를 위해 십자가에서 속죄의 피를 흘리고 죽으셨다고 선포한다. 이 사실을 영접하는 사람에게는 구원이 있으리라고 한다. 그러면서 부흥집회에서는 순간적이면시도 외지적인 결단을 매우 강조한다. 마치 그때 그 순간의 결단에 의해서 모든 것이 좌우되는 듯한 시급성을 강조한다. 그러기에 그는 인간의 의지와 결단을 매우 강조하는

---

[119] 고광필, "성 어거스틴의 은혜의 개념", 『광신논단 Vol 10』 (2001. 5), 125-60.

주의론(主意論)적 경향을 띠고 있다. 에드워즈가 생각하는 부흥이란 신앙감정, 즉 거룩한 감정(Affections)을 고조한다고 하면서 주정론(主情論)적인 것과 정 반대이다.[120] 결국 조나단 에드워즈와 빌리 그레이엄의 회심론은 '성령에 의해 새로워진 거룩한 감정'을 강조하느냐 '자유의지'를 강조하느냐에 의해 판가름 난다.

(3) 부흥의 목적: 하나님의 영광이냐? 하나님과의 화해냐?

이는 부흥의 주체를 누구로 보느냐에 의해서 결정된다. 부흥의 주체를 하나님으로 볼 때 부흥의 영광도 하나님에게로 돌아간다. 반면 부흥의 주체를 하나님으로 보기보다 부흥을 진작시키기 위해 활동하는 인간들로 볼 때 부흥의 영광도 인간에게 돌아간다. 부흥의 목적은 부흥의 주체와 밀접한 관련을 갖는다.

조나단 에드워즈는 부흥의 주체를 철저하게 하나님으로 본다. 부흥이란 하나님의 절대주권에 의한 초자연적 역사다. 하나님이 부흥을 주시는 목적은 부흥을 통해서 인간들을 회심시키고 성화시키는 복을 주시기 위함이지만 근본적인 목적은 하나님 자신의 영광을 위함이다.[121] 그러한 부흥을 주심으로써 하나님이 어떤 분이신지 계시하시는 것에 부흥의 목적이 있는 것이다. 부흥의 목적은 인간의 유익에 있지 않고 하나님의 영광에 있다. 성경이 말하는 부흥의 목적도 하나님의 영광에 있다.[122]

---

[120] 에드워즈의 주정론(主情論)이 자유주의 신학자 슐라이어마허의 '절대의존감정' 같은 류와는 전혀 다르고, 오히려 그것은 성령에 의해서 변화되고 고양된 지·정·의의 통합적 정서(affections)를 의미함은 에드워즈의 *Religious Affections*를 분석할 때 설명하였으니 참조하기 바람.

[121] Jonathan Edwards, *A Faithful Narrative of the Surprising Work of God*, 209-10.

[122] '부흥'을 '하나님이 성령을 부어주심으로써 인간 내면에 이루신 회심과 성화의 역사'라고 정의할 때 성경에는 그러한 부흥의 예들이 셀 수 없이 많다. 성경은 한마디로 죄인들을 위해 하나님이 줄기차게 부흥의 역사를 이루어 오신 기록들이라고도 할 수 있다. 구약성경

반면 빌리 그레이엄은 아무래도 부흥을 위한 부흥팀의 노력과 준비에 강조를 두다보니 하나님의 절대주권에 기초한 초자연적 역사라는 점에 무게중심을 두기보다 철저히 준비된 부흥집회는 반드시 그에 합당한 결과가 나온다고 보기 때문에 부흥의 목적을 하나님에게 영광을 돌리는 것에 두지 않는다.[123] 그는 부흥의 목적을 하나님과의 화해, 인간 상호간의 화해에 둔다.[124] 먼저 하나님이 그의 독생자 예수 그리스도의 속죄를 통해 화해의 손을 내미신다. 그러한 화해의 손길을 내미시는 것은 부흥집회의 설교에서 강단초청을 통해서 이루어진다. 이러한 화해의 손을 인간이 자유의지를 발동시켜 주체적으로 결단하고 붙잡음으로써 하나님과의 원수관계가 파해지고 화해의 역사가 이루어진다는 것이다. 하나님과 인간 사이의 이러한 화해는 인간 상호간의 화해로 나타나 세계평화의 논리로 전개되었다. 빌리 그레이엄의 부흥의 목적은 하나님과의 화해에 기초한 인간 상호간의 화해이다.

조나단 에드워즈가 부흥의 목적을 '하나님의 영광'에 두었다면, 빌리 그레이엄은 '하나님과의 화해'에 두었다. 부흥의 목적은 부흥을 통해서 회심했다고 하는 사람들이 앞으로 어떤 삶을 살아나가게 될지 그 성격을 결정한다. 다시 말해 회심 이후 성화의 성격을 결정한다. 하나님의 영광을 위한 삶이냐 하나님과의 화해를 위한 삶이냐이다. 인생의 제일 되는 목적을 하나님의 영광에 두느냐 하나님과의 화해에 두느냐를 결

에 보면 하나님이 영적으로 잠자는 이스라엘을 깨우시고 우상숭배와 배교의 길에서 돌이키시고자 얼마나 열심을 갖고 일해셨는지 말해주고 있다. 특히 에스겔에서 보면 하나님이 바벨론 포로에서 이스라엘을 일방적으로 돌이키시는 역사를 이루시는데, 이는 이스라엘의 의로움을 인함이 아니라 이스라엘 자손들이 더럽힌 '여호와의 이름(겔 36:26-31)' 때문이라고 하셨다. 에스겔에는 하나님이 이러한 역사를 이루시는 이유로서 "너희는 내가 여호와인줄 알리라"는 구절이 무수히 반복되고 있다. 이는 그러한 부흥의 역사를 이루시는 목적이 하나님의 하나님 되심, 즉 하나님의 영광에 있음을 말해준다. 부흥의 목적은 하나님의 영광을 위한 것이다.

[123] William Martin, *Ibid.*, 98, 582-94.
[124] Billy Graham, *Peace with God* ;William Martin, *Ibid.*, 420-40.

정한다. 칼빈주의 청교도 신학을 표현하고 있는 웨스트민스터 신앙고백 정신을 잇고 있는 성경 소요리문답 1번은 인생의 제일 되는 목적은 '하나님의 영광'에 두고 있다.[125] 하나님과의 화해란 결국 화해의 손을 내미시는 하나님의 손길을 인간이 거부할 수도 있고 잡을 수도 있다는 것을 전제로 하는 것으로 인간에 의해서 좌우되는 인간의 행복을 위해서 하나님이 존재하신다는 것이다. 그것은 결국 인간행복 지상주의로 이끌어갈 수 있다.

(4) 부흥의 방법론: 기도와 설교냐? 기도와 설교 외에 인위적인 다양한 수단들이 포함되느냐?

부흥의 방법론은 단순히 기술적인 문제만이 아니라 부흥을 어떻게 볼 것이냐는 부흥신학과 밀접하게 관련되어 있다. 에드워즈는 부흥을 일으키거나 진작시키기 위해 인위적으로 수단과 방법론을 쓰지 않았다. 그는 *A Faithful Narrative*에서 부흥의 역사는 전적으로 하나님의 영이 비상하게 임한 역사였음을 강조하고 있다.[126] 그는 부흥의 역사를 "성령의 새롭고 비상한 임재(fresh and extraordinary incomes of the Spirit of God)" 혹은 "괄목할 만한 성령의 쏟아 부어지심(remarkable pouring of the Spirit of God)"등으로 표현했다.[127] 이는 부흥이 인간의 심리적 교란이나 조작에 의해서 발생한 공상의 산물이 아니라 하나님으로부터 임한 신적 기원을 강조한 것이다.

노샘프턴 부흥은 성령에 의한 "새롭고도 비상한(fresh and extraordinary)" 역사였음에도 불구하고 그 방법론은 정상적인 목회사역의 연장선에

---

[125] T. Vincent, 『성경 소요리문답 해설』 (*The Shorter Catechism Explained from Scripture*), 홍병창 역 (서울: 여수룬, 1999), 25.
[126] Jonathan Edwards, *A Faithful Narrative of the Surprising Works of God*, 152-59.
[127] *Ibid.*, 152, 154

서 발생했다. 에드워즈가 노샘프턴 부흥을 위해 특별한 집회를 준비한 다든지 어떤 소란한 행사를 만들어서 일어난 부흥이 아니다. 노샘프턴 교회의 일상적이면서도 조용한 사역의 연장선 속에서 일어난 부흥이었다. 한마디로 노샘프턴 부흥의 가장 독특한 특징은 성령께서 말씀과 기도를 통해서 역사하신 것으로서 성경적인 부흥의 전형적인 형태였다. 다만 여기에는 노샘프턴 교회의 목사인 에드워즈의 영적 날카로움과 민감성이 있었다. 당시 알미니안 신학이 점점 세력을 얻어가는 상황에서 몇 사람의 죽음으로 인해 사람들이 영혼의 문제에 관심을 갖고 돌아오려는 상황에서 시의적절한 설교를 하였는데, 특히 이신칭의(以信稱義) 교리를 설교했다.[128]

에드워즈는 당시 "인간의 능력으로 하나님의 은총을 얻을 수 있다고 하는 인간 능력에 대한 확신이 증가하는 분위기" 속에서 오직 구원은 하나님의 은혜에 의해서 믿음으로만 얻을 수 있다는 이신칭의 교리를 설교한 것이다.[129] 그랬을 때 "사람들의 영혼에 주목할 만한 하늘의 축복"이 임했다.[130] 그들은 "복음의 방식"으로 구원을 받았으며 "이런 복음의 방식이 참되고 유일한 방식임이 그들에게 분명해졌다"라고 기록하고 있다.[131] 여기서 그가 말한 "복음의 방식"이란 이신칭의, 즉 예수님을 믿음으로 구원을 얻는 교리설교를 통해서 성령이 역사하신 것이다. 에드워즈는 이러한 영적인 날카로움과 민감성으로 그 당시 상황을 포착하여 시의적절한 말씀을 선포하였고 성령의 역사를 따라갔기 때문에 부흥의 역사에 쓰임 받았다. 그가 부흥을 위해서 평상시 해왔던 목

---

[128] *Ibid.*, 148-49.
[129] *Ibid.*, 10.
[130] *Ibid.*, 148-49.
[131] *Ibid.*, 149.

회사역들과 다른 특별한 어떤 것들을 시도한 것 같지는 않다. 그러나 그는 민감하게 그 시대 그곳의 상황을 파악하고 시의적절한 설교를 통해서 성령의 하시고자 하는 부흥의 역사에 쓰임 받았다. 시의적절한 말씀의 선포와 죄를 회개하는 기도 외에 다른 특별한 방식이 없었다. 이는 노샘프턴 부흥이 어떤 인위적인 수단과 방법에 의해서 고안되고 도출된 결과물이 아니라 성령께서 역사하신 부흥이었음을 말해준다. 에드워즈의 부흥신학에서 인위적인 수단과 방법론들을 찾아볼 수 없다.

반면 빌리 그레이엄은 부흥을 위해 기도와 설교 외에도 인위적인 수단과 방법들을 많이 사용하였다. 빌리 그레이엄의 부흥방법론은 하나의 몸처럼 움직이는 그의 조직(BGEA)의 철저한 준비로 이루어진다. 빌리 그레이엄의 부흥방법론은 기도와 설교 외에도 가능한 수단이 총동원된다. 이 점에 대해서는 앞에서 빌리 그레이엄의 부흥신학을 다섯 가지로 정리하면서 이미 다루었다. 빌리 그레이엄은 찰스 피니의 부흥방법론의 충실한 대변자로서 찰스 피니처럼 가능한 수단을 총동원하면 반드시 부흥이 일어날 수밖에 없다는 생각을 갖고 있었다. 그는 오히려 찰스 피니보다 훨씬 이를 조직화하고 현대화하여 밀고 나갔다.

부흥의 방법론에 있어서 빌리 그레이엄은 분명 에드워즈와 너무나 다르다. 부흥의 방법론은 사실 기술적인 문제라기보다 부흥신학의 문제이다. 성경이 명하는 것만을 부흥의 방편으로 사용할 것이냐 성경이 금하지 않는 것들까지 부흥의 방편으로 사용할 것이냐의 문제이다. 다시 말해 이는 성경이 명하는 예배의 방식만을 추구할 것이냐 성경이 명하지는 않지만 성경이 금하지 않는 예배의 방식을 자유롭게 선택할 수 있느냐의 문제이다. 이는 성경이 명하지 않는 비성경적이고 인간적인 전통으로 치장한 중세 로마 가톨릭으로부터 종교개혁자들이 '오직 성경으로!'라고 외쳤던 종교개혁 신학의 중요한 요소인 것이다. 특히 칼빈주의 신학의 중요한 요소이며, 청교도 신학의 중요한 요소이다. 칼빈주의 신학의 흐름 속에 있었던 청교도들은 예전형식의 비성경적인 전통들에 대해서 철저한 개혁을 주장했던 사람들이다. 에드워즈의 부흥방법론은 종교개혁적, 칼빈주의적, 청교도적이다. 반면 빌리 그레이엄의 부흥의 방법론은 성경이 금하지 않는 수단과 방법들을 부흥집회 때 얼마든지 사용가능하다고 하는 것으로서 종교개혁적이고 칼빈주의적이고 청교도적인 신학의 흐름보다 훨씬 인간중심으로 무게중심을 옮겨버린 알미니안 신학의 색체를 강하게 띠고 있다.

(5) 부흥의 진정성 판별 기준: 회심(성경)이냐? 결신(결신카드)이냐?

에드워즈는 부흥이 일어났느냐 일어나지 않았느냐에 대한 관심보다도 그 부흥이 진정한 부흥이냐 아니냐에 대해서 지대한 관심을 가졌다. 비일상적인 영적 현상들에 대해서 그것이 과연 인간의 정신현상이냐, 마귀의 역사에 의한 것이냐, 성령의 역사에 의한 것이냐에 대해서 주도면밀하게 살피고 분석했다. 그것은 그러한 영적현상들이 과연 성령에 의해서 일어난 진정한 부흥이냐 아니냐가 대단히 중요했기 때문이다. *A Faithful Narrative*도 코네티컷 골짜기의 부흥이 성령에 의한 진정한 부흥임을 주도면밀한 관찰의 결과로서 결론내리고 있다. *The Distinguishing Marks*와 *Some Thoughts Concerning the Revival*도 진정한 부흥과 그렇지 않은 것을 분별하는 기준을 세우기 위해 저술된 책이다.

에드워즈는 부흥의 진정성 판별 기준을 진정한 회심에 두었으며, 진정한 회심은 성령에 의한 역사에 있음을 강조했다. *Religious Affections*도 진정한 부흥, 즉 인간의 회심은 인간 안에 구체적으로 어떠한 변화인지를 인간의 본질을 밝히면서 기술하는 책이다. 그러므로 에드워즈는 그의 주변에서 일어나고 있는 영적현상들이 진정한 부흥으로 볼 수 있느냐 그렇지 않느냐에 대해서 매우 신중하였는데, 진정한 부흥은 마귀의 역사에 의한 것이거나 인간의 심리를 교란함으로써 이루어진 공상이나 인공적 산물이 아니라 성령의 역사에 의한 인간의 회심이다. 그래서 성령의 역사에 의한 진정한 회심에 대해서 매우 사려 깊은 분별의 표지를 갖고 살폈다.

반면 빌리 그레이엄은 부흥의 진정성 판별기준이 없었다. 그는 부흥집회를 하나의 거대한 행사로 치렀는데 그 거대한 행사를 잘 치루는 것으로서 부흥의 성공여부를 특정하였다. 그 부흥집회의 성공여부는 큰 소란행위 없이 당초 계획했던 대로 행사장 준비부터 모든 행사의 마무리까지 무리 없이 진행되는 것, 많은 사람들이 그 부흥집회에 참석하는 것, 마지막 강단초청에 많은 사람들이 임하여 앞으로 나아오는 것, 그리하여 결신카드를 많이 쓰는 것이다.

다시 말해 빌리 그레이엄의 부흥집회의 성공여부는 강단초청 숫자와 결신카드에 있다. 이러한 눈에 보이는 외적인 강단초청과 결신카드로 부흥집회의 성공여부를 판단할 뿐 강단초청에 임한 자들이나 결신한 자들이 진정 성령에 의해서 회심한 자들인지에 내면적인 것에 대해서는 무관심하고 분별의 표지마저 없다. 강단초청에 임하는 것으로 그들에게 쉽게 구원받았음을 선포하고 새 삶을 살라고 촉구했다. 그런데 수많은 교회가 협력하여 동원되었는데 빌리 그레이엄의 집회에서 강단초청과 결신카드를 작성했던 사람들이 그 이후 지역교회에 안착한 경우가 미미하다는 보고가 있다.[132] 부흥의 진정성을 눈에 보이는 강단초청이나 결신카드 작성으로 수치화하고 성공여부를 자축한다는 것은 너무나 피상적이고 경망하다.

빌리 그레이엄의 부흥신학은 이 점에서 조나단 에드워즈의 부흥신

---

[132] Christian News, 1999년 9월 27일, 1. 18쪽(김효성, "현대교회 문제: 배교, 타협, 혼란", 311-12에서 재인용).

학과 상반된다. 16,7세기 청교도들은 자신의 양떼들의 회심여부에 대해서 지대한 관심을 가졌다. 이들이 진정 회심한 자들인지 아닌지에 대해서 성경적이면서도, 목회경험적인 지대한 관심을 가졌기에 그들의 책들 속에는 근대 심리학이 발달하기 전부터 매우 세심한 종교 심리학이 발달했음을 알 수 있다.[133] 에드워즈의 책들 또한 이런 점들에서 확실히 청교도들의 신앙과 신학을 잇고 있다. 반면 빌리 그레이엄의 부흥집회나 설교에서 거기에 참석한 사람들이나 강단초청에 응한 자들과 결신자들의 영혼이 진정 회심했는가에 대해 그만큼 주의를 기울이지 않고 있다는 데서 너무나 피상적이고 얄팍한 부흥신학이며 이는 결국 진정한 사람의 변혁을 가져올 수 없다는 것을 읽어낼 수 있다.

칼빈주의 청교도 조나단 에드워즈의 부흥신학에 기초해서 빌리 그레이엄의 부흥신학을 부흥의 주체, 객체, 목적, 방법론, 진정성 판단 기준이라는 다섯 가지로 비교분석해 볼 때 너무나 현격한 차이를 알 수 있다. 그런데 빌리 그레이엄은 자신이 에드워즈와 피니의 부흥신학의 계승자인 것처럼 말하고 있고, 옛 부흥을 이루고 있다고 생각하였는데 이는 커다란 착각이다.[134] 빌리 그레이엄은 결코 17세기 초반의 칼빈주의 청교도 신앙과 신학으로 돌아가고자 했던 조나단 에드워즈의 부흥신학의 계승자가 아님이 명백하다. 그의 부흥신학은 적어도 에드워즈의 부흥신학에서 출발하고 있지 않음은 지금까지의 비교분석을 통해서 명백해졌다.

---

[133] 청교도 목회자 Richard Baxter(1615-91)의 책 *Reformed Pastor*를 보라
[134] Billy Graham, *Revival*, 70, 122, 123 ; William Martin, *Ibid.*, 23-49.

제4장

찰스 피니와 빌리 그레이엄의 부흥신학

찰스 피니 역시 상당히 많은 설교와 저서를 남겼다.[1] 크레겔출판사(Kregel Publications)에서 출판된 피니의 설교집은 전도설교 시리즈, 부흥설교 시리즈, 기도설교 등이 있다.

1. *So Great Salvation*
2. *The Guilt of Sin*
3. *True and False Repentance*
4. *God's Love for a Sinning World*
5. *Victory Over the World*
6. *True Saints*
7. *True Submission*
8. *Prevailing Prayer*
9. *Revivals of Religion*

---

[1] 피니의 생애에 관한 책으로는 다음을 참고하라. Charles G. Finney, *The Autobiography of Charles G. Finney*, Edited by Hellen Wessel, (Minneapolis, Minnesota: Bethany House Publishers, 1977); Lewis A. Drummond, The Life and Ministry of Charles G. Finney, (Minneapolis: Bethany House Publisher, 1985); Raymond. Edman, *Finney Lives On: The secret of Revival in Our Time*, (Wheaton: Scripture Press Book Division, 1951); Basil Miller, *Charles Finney*, (Michigan: Zondervan, 1947).

10. *Memoirs; Systematic Theology*

*Revivals of Religion*는 흔히 우리에게 『진정한 부흥』이라고 번역되어 알려진 책으로서 피니의 부흥신학에 관한 대표적인 책이다.[2] 그런데 이 책은 피니 자신이 쓴 것이 아니라 1835년에 뉴욕에서 피니가 교인들에게 매주 강의하였던 것들을 *The Evangelist*라는 잡지의 편집자 리비트가 편집해서 출판한 책이다. 피니는 그의 자서전에서 매 강의 당 약 45분 이상의 분량을 강의했는데, 리비트가 속기하면서 축약하여 약 30분이면 읽을 수 있는 적은 분량으로 만들어 버렸다고 약간 불평했다. 총 22강으로 되어 있는 이 책은 미국과 영국의 부흥을 진작시키는 데 큰 도움이 되었다.

*Memoirs*의 원제목은 *Memoirs of Revivals of Religion*으로서 부흥에 대한 회고록이라고 할 수 있다. 이 책은 그의 생애 후반부인 1868년에 써진 것으로서 작고하기 7년 전에 써진 책이다. 보통 *The Autobiography of Charles G. Finney*라고 불려진다. 그러나 엄밀하게 말해서 *Memoirs*는 피니의 전기적인 자서전이라기보다 부흥의 역사에 대한 회고집이다. *Revivals of Religion*(1835)과 *Memoirs*(1868)사이에 피니의 신학체계를 정리한 *Systematic Theology*(1846-47)를 저술하였다. 이 책은 피니의 조직신학으로서 그의 부흥신학이 정리되어 있다. 그는 이 책에서 모든 교회의 진실성 여부는 그것이 구원에 기여하느냐 못하느냐에 달려있다고 보았는데 이는 피니의 부흥신학에 기초한 방법론의 적용이다.

피니의 저서들 중 부흥신학을 살피는 데 직접적으로 도움이 되는 책들은 *Revivals of Religion; Memoirs; Systematic Theology*이다. 이 책들 중 피

---

[2] Charles G. Finney, 『신성한 부흥』 (*Revivals of Religion*) 홍성철 역 (서울: 생명의말씀사, 1975).

니의 부흥신학이 무엇인지 좀 더 직접적으로 살필 수 있는 책으로는 *Revivals of Religion*와 *Memoirs*이다. *Systematic Theology*도 피니의 부흥신학을 살피는데 중요한 책이지만 아무래도 조직신학적인 책으로서 부흥에 대해서 집약적으로 정리하고 있는 *Revivals of Religion*만큼 직접적이지는 않다. *Memoirs*가 피니의 부흥사역에 대해 회고적으로 기록하고 있어서 그의 부흥신학을 역사적 측면에서 살필 수 있게 하는 자료라면, *Revivals of Religion*는 피니의 부흥신학을 신학적이고 실천적 관점에서 집약적으로 보여주는 좋은 자료라 할 수 있다. 이 두 책의 시대적 간격은 30년이 넘지만 피니의 부흥신학을 이해하는 효과적인 방법은 부흥의 역사적 배경과 흐름을 살피게 하는 *Memoirs*를 먼저 살피고, 다음으로 부흥의 신학적이며 실천적인 지침을 제공하는 *Revivals of Religion*을 살피는 것이 좋겠다.

1. 찰스 피니의 주요 저서들에 나타난 부흥신학

1) *Memoirs*[3]

(1) 피니가 이해하는 부흥은 한마디로 '회심'이다

피니는 1792년에 태어나 1821년에 회심했다. 그는 칼빈주의 목사 게일(George W. Gale)이 시무하는 교회에 출석했지만 몇몇 교리들과 기도의 응답 없는 성도들의 모습에 대해 반감이 있었다. 그러나 자신의 영

---

[3] Charles G. Finney, *The Autobiography of Charles G. Finney*, Edited by Hellen Wessel (Minneapolis, Minnesota: Bethany House Publishers, 1977). 이 책은 찰스 피니의 회고록 완판 *Memoirs: Complete Text*에서 Hellen Wessel이 중복 기사는 생략하여 독자들이 읽기 쉽게 편집한 것이다. 그러므로 *The Autobiography of Charles G. Finney*는 부흥신학에 관한한 *Memoirs*의 핵심내용을 그대로 보존하고 있으므로 책명을 *Memoirs*로 표기한다.

혼이 하나님과 화목하지 못한 점에 대해서 심각한 고민에 빠졌고, 법률 사무소에서 매주 월요일과 화요일에는 성경을 읽었으며, 죄에 대한 깨달음이 깊어졌다. 어느 날 아침, 사무실을 향해 가다 복음의 구원은 받아들여져야만 하는 선물이며 그것은 충족하고도 완전한 것임을 갑자기 깨달았다. 그 자리에 오랫동안 서 있었는데 "너는 그것을 지금, 오늘 받아들이겠는가?"라는 질문이 들리는 것 같았고, "예. 나는 그것을 오늘 받아들이겠습니다. 그렇지 않으면 기꺼이 죽겠습니다"라고 대답했다.[4] 즉시 숲속으로 들어가 기도하며 하나님의 약속을 붙잡고 자신의 마음을 하나님께 드렸다. 그의 마음에는 심오한 영적 평강이 임했다. 그날 밤 법률 사무소에 혼자 앉아 있다가 강한 성령의 세례를 받았다.

그러나 내가 돌이켜 불가의 의자에 앉으려는 순간 나는 강력한 성령 세례를 받았다. 그것은 전혀 예측하지 못했던 것이었고, 그와 같은 것이 나에게 일어나리라곤 생각해 본 적도 없었으며, 세상에서 누가 그런 말을 한 것을 들어본 적도 없었는데 성령께서 나의 몸과 영혼을 꿰뚫고 지나시는 것처럼 나에게 임하셨다. 나는 마치 전류와도 같은 것이 내게 흘러오고 또 흘러오는 것을 느꼈다. 정말이지 그것은 사랑의 파도와 같이 밀려왔는데 나는 그것을 다른 어떤 말로도 표현할 수가 없었다. 그것은 바로 하나님의 숨결처럼 느껴졌다. 나는 마치 거대한 날개와 같은 것이 나를 부채질 하였다는 것을 분명히 기억할 수 있다. 내 마음 속에 널리 퍼진 그 놀라운 사랑은 어떤 말로도 표현할 수 없다. 나는 기쁨과 사랑으로 소리 내어 울었다. 마음속에 흘러넘치는 말할 수 없는 감격으로 인해 문자 그대로 울부짖었다. 내가 기억하기에 "이 물결이 내게 계속 밀려온다면 나는 죽겠습니다"라고 소리치지 않을 수 없었을 때까지 이 물결이 몰려오고 또 몰려오고 또 몰려왔다. 나는 말했다. "주의, 너 이상

---
[4] *Ibid.*, 15. "I replied, Yes. I will accept it today, or I will die in the attempt."

견딜 수 없습니다." 그러나 내게 죽음에 대한 두려움 따윈 전혀 없었다.[5]

그는 이때의 사건을 그의 '회심'이라고 했으며 그에게 임했던 성령의 역사를 가리켜 '성령세례'라고 했다.[6] 그는 이와 같은 실재하는 경험으로 이신칭의(以信稱義)의 교리를 배웠다고 했다. 그 전에는 그 교리가 그의 마음을 사로잡았던 적이 한 번도 없었고, 결코 그것을 복음의 근본진리로 깨달은 적도 없었으며, 사실상 그것이 정확히 무엇을 의미하는지조차 몰랐다.[7] 그러나 숲 속에서 믿게 된 그 순간 모든 정죄의식이 사라졌고, 죄의식이나 정죄감을 느낄 수 없었다고 고백하고 있다. 그는 이것이야말로 그가 필요로 했던 바로 그 계시라고 했다. 이후 법률사무소 일을 그만두고 그리스도를 위한 삶을 살게 되었다. 성령의 사

---

[5] *Ibid.*, 21-22. "But as I turned and was about to take a seat by the fire, I received a mighty baptism of the Holy Spirit. Without any expectation of it, without ever having the thought in my mind that there was any such thing for me, without any memory of ever hearing the thing mentioned by any person in the world, the Holy Spirit descended upon me in a manner that seemed to go through me, body and soul. I could feel the impression, like a wave of electricity, going through and through me. Indeed it seemed to come in wave of liquid love, for I could not express it in any way. It seemed like the very breath of God. I can remember distinctly that it seemed to fan me, like immense wings. No words can express the wonderful love that was spread abroad in my heart. I wept aloud with joy and love. I literally bellowed out the unspeakable overflow of my heart. These waves came over me, and over me, and over me, one after the other, until I remember crying out, "I shall die if these waves continue to pass over me." I said, "Lord, I cannot bear any more." yet I had no fear of death."

[6] *Ibid.*, 22-25.

[7] *Ibid.*, 24-25. "In this state I taught the doctrine of Justification by faith as a present experience. That doctrine had never taken possession of my mind. I had never viewed it distinctly as a fundamental doctrine of the Gospel. Indeed, I did not know at all what it meant in the proper sense. But I could now see and understand what was meant by the passage, "Being justified by faith, we have peace with God through our Lord Jesus Christ." I could see that the moment I believed, while up in the woods, all sense of condemnation had entirely dropped out of mind, and that from that moment I could not feel a sense of guilt or condemnation by any effort I could make. My sense of guilt was gone, my sins were gone, and I do not think I felt any more sense of guilt than if I never had sinne."

역에 대해 무지했던 교인들은 그의 회심체험에 대해 경계하는 태도를 취했다. 그러나 피니가 만나서 얘기하는 사람마다 회심하지 않은 사람은 하나도 없을 정도가 되었다.[8] 성령께서 피니의 영혼에 이루신 일로 인해 그 마을은 커다란 흥분에 사로잡혔고 회심의 역사가 사방으로 퍼져나갔다. 피니는 다른 사람들의 회심을 위한 기도의 영에 사로잡혔고 중압감에 눌려 기도의 노동을 감당했다. 그의 기도에 의해서 회심의 뚜렷한 역사가 나타났지만, 어떤 경우는 그가 아무리 기도해도 회심하지 않는 사람도 있었는데 이는 그 사람에게서 성령이 떠나버렸기 때문이다.[9] 이 사실은 어떤 사람이 회심하는데 피니의 기도가 크게 영향을 미치기도 하지만 결코 하나님이 피니의 기도에 의해서 좌우되시는 분이 아니라는 것을 말해준다.

다시 말해 하나님이 구원하시기로 예정하신 사람의 회심을 위해 피니에게 기도의 영을 부어주심으로써 기도의 중압감에 사로잡혀 기도하게 하셨다는 것을 의미한다. 피니의 기도에 의해 하나님이 수동적으로 움직이시는 것이 아니라 하나님이 그의 예정하신 사람의 회심을 위해 피니에게 기도의 영을 부으셔서 다른 사람의 영혼을 위한 회심의 기도를 드리게 하셨음을 말해주고 있다.

피니는 칼빈주의 정통교리를 배운 게일목사에게서 신학수업을 받도록 위탁받았지만 칼빈주의 회심론을 받아들일 수 없었고 이를 매우 답답하게 여겼는데, 프린스턴에 가서 정규 신학교육을 받지 않은 이유도 바로 여기에 있었다. 그는 당대의 칼빈주의 교육이 잘못되었으며 그가 이상적으로 생각하는 그리스도의 일꾼양성과는 거리가 멀다는

---

[8] *Ibid.*, 20.
[9] *Ibid.*, 34-44.

확신을 갖고 있었다.¹⁰ 그는 오랜 성경묵상을 통해 자신의 독특한 회심론을 형성하였다. 피니가 생각하는 회심론은 그 자신의 체험이 중요한 기준으로 작용했는데, 그것은 '그리스도께 굴복하여 마음을 드림으로 인한 체험적 성령세례'였음이 분명하다. 그는 그때까지도 게일 목사를 회심하지 않은 목회자라고 보았는데, 이는 피니의 회심론이 다분히 체험적 성령세례에 비중을 두고 있음을 암시한다.¹¹

> 그러나 게일 형제(목사)의 교육에는 내가 보기에 근본적인 결점이 있었다. 비록 그가 그리스도에게로 회심했다고 하더라도 그는 성령의 기름 부음을 받지는 못했다. 성령의 기름 부음이야말로 강단과 사회에서 영혼의 회심을 위한 그의 사역을 능력 있게 만들어 줄 것이었다. 즉 그는 성공적인 사역에 필수적이라 할 수 있는 성령세례를 받지 못한 것이다.¹²

이를 볼 때 피니는 회심시의 성령세례와 별도로 능력있는 복음사역을 위한 성령세례를 언급함으로써 반복적인 성령세례를 주장하고 있다. 피니가 생각하는 회심은 그리스도께 즉각적으로 굴복하여 마음을 드림으로써 임하는 괄목할 만한 체험적 성령세례를 가리킴이 분명하고, 이러한 성령세례를 회심시에 한 번 만이 아니라 능력있는 복음사역을 위해 계속 덧입어야 한다고 보았다. 피니는 당시 칼빈주의 장로교 목사들에게 성령의 기름부음을 받지 못한 능력의 결핍이 가장 큰 문제라고 보았으며 이로 인해 그들이 온갖 교육과 훈련과 훈육에도 불

---

10 *Ibid.*, 47.
11 *Ibid.*, 31, 50-52.
12 *Ibid.*, 51 "But there was another defect in brother Gale's education which I regarded as fundamental. If he had ever been converted to Christ, he had failed to receive that divine anointing of the Holy Spirit that would make him a power in the pulpit and in society for the conversion of souls. He had fallen short of receiving the baptism of the Holy Spirit, which is indispensable to ministerial success."

구하고 복음을 능력있게 제시하지 못하고 있다고 보았다. 그러므로 피니의 회심론은 그리스도께 굴복하여 즉각적으로 마음을 드림으로써 체험되는 드라마틱한 성령세례로서 성령의 인격적 체험을 대단히 강조하고 있다고 할 수 있다.

> 성령의 직접적인 가르침 없이는 결코 복음전파에 있어서 진보할 수 없을 것이다. 만약 체험으로써 복음을 선포할 수 없다면, 인격적 만남의 문제로써 그리스도를 제시하지 않는다면, 그들의 사색과 이론은 복음을 전파하는데 극히 미흡할 것이다.[13]

복음을 능력있게 전달하기 위해 성령의 능력을 덧입어야 한다는 피니의 강조는 백번 옳다. 그러나 그가 말하는 성령의 기름부음 혹은 성령세례라는 용어는 그의 회심론이 괄목할 만한 성령체험을 말하는 것이며 그것의 연장선에서 체험적이고 인격적인 복음전달을 위한 성령의 기름부음을 강조했음이 분명하다. 이는 회심이전 성령의 선행적 역사에 대한 간과와 성령세례와 성령충만을 구별하지 않음으로써 회심자들이 반복해서 성령세례를 구하게 하는 오류로 작용하는 문을 열어 두었다고 할 수 있다.

(2) 피니의 부흥운동은 한마디로 '기도의 영'으로 이루어졌다

이는 피니의 회심론과 자연스럽게 연결되는 부흥의 특징적인 방법론이다. 그는 깊은 기도에 몰입했던 사람이며, 다른 사람의 회심을 위한 기도의 중압감에 눌려 기도했던 사람임이 분명하다. 그의 책에는

---

[13] *Ibid.*, 51. "Without the direct teaching of the Holy Spirit a man will never make much progress in preaching the Gospel. The fact is, unless he can preach the Gospel as an experience, present Christ to mankind as a matter of personal encounter, his speculations and theories will come far short of preaching the Gospel."

'기도의 영'이라는 말이 셀 수 없이 반복되고 있다. 그는 부흥을 영혼의 회심으로 보았는데, 이러한 회심은 성령의 주권적인 역사로 인해 일어나며 특정 사람에게 회심하지 않은 영혼들을 위한 기도의 중압감(기도하지 않으면 안 된다는 무거운 책무)에 눌리게 하여 깊은 기도에 몰입하게 하고, 그 결과로 성령의 강력한 세례로 인해 회심의 역사가 일어난다는 것이다. 피니는 부흥이 전적으로 '하나님의 영'에 의해서 이루어진다는 것을 일관되게 언급해왔으며, 그러한 하나님의 영이 임하는 데 있어서 기도의 중요성을 대단히 강조했다.

부흥을 위한 여러 수단들이 강구되었지만 가장 중점적인 수단은 한마디로 기도라고 할 수 있다. 그는 기도하다가 하나님의 영을 구브네르에 부어주실 것이며 그곳에 가서 설교해야만 한다는 것을 계시 받았는데 그는 그것을 하나님이 그에게 주신 직접 계시임을 의심치 않았다.[14] 피니는 부흥은 성령의 임하심으로 오는데 그 뚜렷한 증거는 기도의 영과 관련이 있다고 언급한다. 부흥은 기도의 영에 의한 것이므로 기도의 영을 해하는 일들이 자행될 때 부흥이 중단된다고 보았으며 그러한 해로운 영을 성경적으로 파헤쳐서 분쇄할 때 기도의 영이 다시 회복된다고 보았다. 당시 그는 '세례'와 같은 교리적인 문제에 매달려 교파간 편협성으로 말미암는 논쟁에 의해서 기도의 영이 깨어지고 부흥이 쇠퇴한다고 보았기에 성경적으로 '세례'의 문제를 파헤쳐서 논쟁을 불식시켰을 때 부흥이 진작되었다고 언급했다.[15]

> 이러한 상태에서 내쉬 형제와 내가 의견을 나눈 후에 이러한 상황은 다른 어떤 방법으로는 되지 않고 기도에 의해서만 극복될 수 있다는 데 뜻을 같이 했다. 그리하여 우리는 작은 숲 속으로 물러나 우리의 기도가

---

[14] Ibid., 92.
[15] Ibid., 93-99.

압도하여 지상이나 지옥의 어떠한 권세도 부흥을 막을 없다는 확신이 들 때까지 우리 자신을 기도에 바쳤다.16

나는 그런 부흥들에서 압도적이었던 기도의 영이 매우 현저한 특징이었다는 것을 한 번 이상 말했었다. 새로운 회심자들이 기도에 전적으로 몰입하는 것이 다반사였다. 어떤 경우에는 그들 마음의 짐이 너무 무거워서 밤새도록 기도하지 않으면 안 되었는데, 그들 주변 영혼들의 회심을 위해 그들의 육체적인 힘이 소진할 때까지 기도했다. 그리스도인들의 마음에 성령께서 크게 강권하심이 있었고 그리하여 그들은 불멸의 영혼들의 짐을 지며 해산의 수고를 하는 듯이 보였다. 기도모임들이 매우 증가되었고 전적으로 동참했으며 기도모임에서는 매우 큰 경외심이 있었을 뿐만 아니라 강력한 개인기도의 영이 있었다. 그리스도인들은 엄청나게 기도를 많이 했다. 그들 중 많은 사람들이 개인기도에 몇 시간씩 드렸다. … 기도응답이 모든 방면에서 너무나 풍성하게 증가되어 어느 누구도 하나님이 매일 매 시간마다 기도를 응답하고 계신다는 확신으로부터 달아날 수 없었다. … 내 자신의 경험에 의하면 내게 기도의 영이 없었다면 나는 아무 것도 할 수 없었을 것이라고 말할 것이다. 만일 내가 은혜와 간구의 영을 하루 또는 한 시간이라도 상실했다면 나는 내 자신이 능력 있고 효과적으로 설교할 수 없었을 뿐 아니라 개인적인 대화를 통해서도 영혼들을 구원할 수도 없었을 것이다. 내가 데칼브를 떠나기 전 수 주 동안 굉장히 기도에 몰입하여 새로운 어떤 것을 경험하게 되었다. 불멸의 영혼들의 무게가 나를 너무나 짓눌러 쉬지 않고 기도하지 않으면 안 되는 내 자신을 발견했다.17

---

16 *Ibid.*, 94. "In this state of things brother Nash and I, after consultation, made up our minds that the situation must be overcome by prayer, and that it could not be reached in any other way. We therefore retired to a grove and gave ourselves to prayer until we prevailed and felt confident that no power on earth or hell could stop the revival."
17 *Ibid.*, 104-05. "I have said more than once that the spirit of prayer that prevailed in those revivals was a very marked feature of them. It was common for young converts to be greatly

나는 개인기도를 하기 위해 자주 교회에 가서 하나님에게 전적으로 매달렸다. 그 소식이 퍼져나갔고 주일에는 교회가 청중들로 가득 찼다. 나는 종일 설교했으며 하나님은 강력한 힘으로 사람들 위에 임하셨다. 은혜의 역사가 시작되었다는 것은 모든 사람들에게 명백해졌다. 나는 그 마을의 다른 지역에서도 설교하기로 약속을 했고, 주중에는 학교에서 설교하기로 약속을 했다. 사역은 날로 증가했다. 그러면서 내 자신의 마음은 기도에 몰입했는데, 나는 기도의 영이 압도적이되 특별히 교회의 여자 성도들 사이에 압도적임을 발견했다. 교회의 장로 부인들 중 두 사람은 즉시 기도에 몰입했다. 그들은 가족들 중 회심하지 않은 자녀들이 있었는데, 간절한 마음으로 기도에 매달렸고 나는 그들의 가족들이 분명히 회심할 것임을 확신했다.[18]

---

exercised in prayer. In some instances they were so burdened that they were constrained to pray whole nights, until their bodily strength was quite exhausted for the conversion of souls around them. There was a great pressure of the Holy Spirit upon the minds of Christians and they seemed to bear about with them the burden of immortal souls. Not only were prayer meetings greatly multiplied and fully attended, not only was there great reverence in those meetings, but there was a mighty spirit of secret prayer. Christians prayed a great deal, many of them spending several hours in private prayer…Answers to prayer were so abundantly multiplied on every side that no one could escape the conviction that God was daily and hourly answering prayer…Unless I had the spirit of prayer I could do nothing. If I lost the spirit of grace and supplication even for a day or an hour I found myself unable to preach with power and efficiency, or to win souls by personal conversion. For several weeks before I left De Kalb I was strongly exercised in prayer and had an experience that was somewhat new to me. I found myself so much exercised, that I was constrained to pray without ceasing."

18 *Ibid.*, 109-10. "I went off frequently into the church to engage in secret prayer, and had a mighty hole upon God. The news was a circulated, and on Sunday the church was full of hearers. I preached all day and God came down with great power upon the people. It was evident to everybody that the work of grace had begun. I made appointments to preach in different parts of the town, in schoolhouses and at the center during the week, and the work increased from day to day. In the meantime, my own mind was much exercised in prayer, and I found that the spirit of prayer was prevailing, especially among the women members of the church. The wives of two of the elders of the church were almost immediately greatly exercised in prayer. Each of them had families of unconverted children, and they laid hold in prayer with an earnestness that, to me, gave promise that their families must be converted."

나는 게일목사에게 머무르는 동안 끊임없이 설교하고 기도했다. 내 개인기도 소리가 다른 사람들을 방해하지 않게끔 작은 소리로 기도하는 것이 익숙해졌을 무렵, 심방이나 설교가 없을 때면 내 시간의 대부분을 하나님에게 은밀히 기도하곤 했던 건초더미로 가서 들소 가죽옷을 깔았다. 게일 목사는 내가 만일 내 자신을 돌보지 않는다면 힘이 쇠진하여 쓰러질 것이라고 여러 번 충고했다. 그러나 기도의 영이 내 위에 임했고 나는 기도의 영에 저항하지 않았으며 하나님에게 나의 영혼을 쏟아놓는 일에 자발적으로 나의 남은 힘을 온전히 드렸다.[19]

피니는 오번(Auburn)에서 신학교수직을 요청받고 그곳에 갔지만 도착하자마자 적대적인 사람들로 둘러싸인 환경에 처했을 때도 오직 기도했다고 한다.

나는 공적으로나 사적으로 누구에게도 그 사실에 대해 일절 말하지 않았으며 오직 내 자신을 기도하는 데 드렸다. 나는 하나님이 나에게 의무의 길을 보여주시고 그 폭풍을 뚫고 나갈 은혜를 내게 주시라고 간구하면서 매일 매일 매우 진지하게 하나님을 바라보며 인도하심을 구했다. 어느 날 랜싱 박사의 집에 있는 내 방에서 보았던 것을 나는 결코 잊을 수 없다. 주께서 환상 중에 앞으로 내게 무엇이 있을 것인가를 보여주셨다. 내가 기도하고 있을 때 주께서 내게 너무나 가까이 다가오셔서 내 육신은 문자 그대로 떨렸다. 나는 머리끝부터 발끝까지 하나님의 임재의 충만한 의식으로 인해 떨었다. 처음에 얼마간은 내가 그리스도의 십자가 앞에 있기보다는 천둥소리 가득한 시내산의 꼭대기에

---

[19] *Ibid.*, 111. "I had preached and prayed almost continually during the time that I had been at Mr. Gale's. As I was accustomed to use my voice in private prayer, for convenience' sake, that I might not be heard, I had spread a buffalo robe on the hayloft where I used to spend much of my time in secret prayer to God, when not abroad visiting or engaged in preaching. Mr. Gale had warned me several times that if I did not take care I would go beyond my strength and break down. But the Spirit of prayer was upon me and I would not resist him, but gave him scope and let out my strength freely in pouring out my soul to God."

있는 것 같았다. 내가 기억하기에 내 일생 중 내가 하나님 앞에서 그렇게 두렵고 겸손해졌던 적은 결코 없었다. 그럼에도 불구하고 도망치고 싶은 감정 대신 나를 그와 같이 두렵고 떨리는 마음으로 가득 차게 했던 하나님 그분의 임재 앞으로 점점 다가가는 것 같았다. 그분 앞에서 얼마 동안 그토록 겸손해진 후에 또한 크게 들려 올려짐이 있었다. 하나님은 나와 함께하셔서 나를 붙들어주실 것이라는 확신을 주셨다. 그것은 어떤 대적도 나를 이길 수 없을 것이며, 나는 내 일을 일관되게 감당하며 하나님의 구원을 기다리는 외에 이 모든 문제에 대해서 할 것이 없다는 확신이었다. 하나님의 임재에 대한 의식들과 하나님과 나의 영혼 사이에 있었던 그때의 모든 것들을 나는 결코 묘사할 수 없다. 그것은 나를 완전한 신뢰와 완전한 평강으로 이끌었으며, 심지어 뭔가에 미혹되어 나를 대적했던 모든 형제들에 대해서 지극한 사랑의 감정을 갖도록 이끌었다.[20]

---

[20] *Ibid.*, 128. "I said nothing either publicly or privately that I remember to anybody on the subject, but gave myself to prayer. I looked to God with great earnestness day after day to be directed, asking him to show me the path of duty and give me grace to ride out the storm. I shall never forget what I pressed through one day in my room at Dr. Lansing's. The Lord showed me as in a vision what was before me. He drew so near to me while I was engaged in prayer that my flesh literally trembled. I shook from head to foot under a full sense of the presence of God. At first, and for sometime, it seemed more like being on the top of Sinai amidst its full thunderings than in the presence of the cross Christ. Never in my life that I can remember was I so awed and humbled before God. Nevertheless, instead of feeling like fleeing, I seemed drawn nearer and nearer to God-to that presence that filled me with such unutterable awe and trembling. After a season of great humiliation before him there came great lifting up. God assured me that he would be with me and uphold me; that no opposition would prevail against me; that I had nothing to do in regard to all this matter but to keep about my work and wait for the salvation of God. The sense of God's presence and all that passed between God and my soul at that time I can never describe. It led me to be perfectly trustful, perfectly calm, and to have nothing but the most perfectly kind feelings toward all the brethren that were misled and were arraying themselves against me."

피니는 또한 그가 완전성화론에 이르게 된 것도 깊은 성경묵상과 독서에 의한 것만이 아니라 깊은 기도에 의한 것임을 밝히고 있다.²¹

그해 겨울 동안 주께서 내 영혼을 철저히 살피시고 새로운 성령의 세례를 주셨다. 나는 말보로 호텔에 묵고 있었는데 서재와 침실은 교회 건물 한쪽 귀퉁이에 있었다. 나의 마음은 오랫동안 기도에 깊이 이끌렸는데 내가 보스턴에서 사역할 때 항상 그러했다. 거기서는 한결같이 커다란 기도의 영에 이끌렸다. 그러나 그해 겨울 내 마음은 유달리 개인적 성화의 문제에 몰두하게 되었다. 그리고 교회의 상태에 대해서, 즉 하나님에게 대한 믿음의 결핍과 보스턴에 있는 정통교회의 교리의 약화와 그들의 믿음의 약화와 그와 같은 공동체들 속에서 능력의 결핍에 대해 마음이 집중되었다. 그들이 그 도시의 오류를 극복하기 위해 아무런 진전을 못하고 있다는 사실이 나의 마음을 몹시 강타했다. 나는 전적으로 기도에 몰두했다. 저녁 예배 후에는 가능한 한 빨리 물러나와 잠을 잤으나 새벽 4시면 일어났는데 그 이유는 잠이 오지 않았기 때문이다. 일어나자마자 서재로 가서 기도에 몰입하였다. 그런데 나의 마음이 너무나 깊이 기도에 열중하였기 때문에 8시에 아침 식사 시간을 알리는 벨이 울릴 때까지 기도를 계속한 적이 자주 있었다. 시간이 있는 한 낮에는 성경을 연구하며 보냈다. 그해 겨울 내내 성경 외에 다른 것은 읽지 않았다. 성경의 많은 부분이 내게 새롭게 보였다. 주께서 나를 다시 한 번 창세기부터 요한계시록까지 인도하셨다. 주께서 나에게 일들의 관계, 약속들, 경고들, 예언들과 그것들의 성취를 보도록 이끌어 주셨다. 정말이지 온 성경이 단순한 빛 정도가 아니라 빛으로 활활 타오르는 것 같았고 뿐만 아니라 하나님의 말씀이 마치 하나님의 생명으로 진동하고 있는 듯 했다.

...

이 일이 일어나기 바로 직전에 나는 하나님에게 내 자신을 좀 더

---

21 *Ibid.*, 184-90.

높은 의미에서 헌신하고자 몹시 갈등했다. 그것은 내가 그 전에 나의 의무라고 생각했던 것보다 혹은 가능하리라고 생각했던 것보다 더 높은 헌신이었다. 나는 가끔 하나님의 제단 위에 내 가족을 올려놓고서 하나님의 처분에 맡겼다.

…

그런 뒤에 나는 하나님에게 헌신한다는 말의 함축적 의미를 그 전의 어느 때보다도 더 깊이 깨달았다.

…

나의 마음은 완전한 평화를 누리게 되었다.

…

주께 성결이란 말이 내 모든 생각마다 새겨진 것 같았다. … 이때 내 영혼은 마치 그리스도와 혼인한 것 같은 생각이 들었는데 이는 내가 전에는 결코 생각하거나 상상해 본 적이 없었던 것이었다.[22]

---

[22] *Ibid*., 193-99. "During this winter the Lord gave my own soul a very thorough overhauling and a fresh baptism of his Spirit. I boarded at the Marlborough hotel, and my study and bedroom were in one corner of the chapel building. My mind was greatly drawn out in prayer for a long time, as indeed it always has been when I have labored in Boston. I have been favored there, uniformly, with a great deal of the spirit of prayer. But this winter in particular my mind was exceedingly exercised on the question of personal holiness; and in respect to the state of the church, their lack of power with God; the weakness of the orthodox churches in Boston, the weakness of their faith, and their lack of power in the midst of such community. The fact that they were making little or no progress in overcoming the errors of that city greatly effected my mind. I gave myself to a great deal of prayer. After my evening services I would retire as early as I could, but rose at four o'clock in the morning because I could sleep no longer, and immediately went to the study and engaged in prayer. And so deeply was my mind exercised, and so absorbed in prayer, that I frequently continued from the time I arose, at four o'clock, until the gong called to breakfast at eight o'clock. My days were spent, so far as I could get time, in searching the Scriptures. I read nothing else, all that winter, but my Bible; and a great deal of it seemed new to me. Again the Lord took me, as it were, from Genesis to Revelation. H led me to see the connection of things, the promises, threatenings, the prophecies and their fulfillment; and indeed, the whole Scripture seemed to me all ablaze with light, and not only light, but it seemed as if God's Word was vibrant with the very life of God. …Just before this occurrence I had a great struggle to consecrate myself to God in a higher sense than I had ever before seen to be my duty, or conceived as possible. I had often before laid my family upon the altar of God, and left them to be disposed of at his discretion

피니는 그의 책 말미에서도 기도의 중요성에 대해 다음과 같이 기록하고 있다.

> 나는 그들이 만약 걸림돌을 제거하고 믿음의 기도를 드린다면 기도가 즉각 응답될 것이라는 사실을 강조하려고 노력했다. 그 말이 그리스도인들의 마음에 전율을 일으키며 뚫고 지나가는 것 같았다. 정말이지 기도에 관한 주제만큼 강력하고 유익한 결과를 가져오는 주제는 없는 것 같기에 나는 기도에 관한 주제로 회중들에게 자주 설교했다. 어디서나 그러했다. 기도하는 사람들은 즉시 힘을 얻고 일어났으며 하나님의 축복을 붙잡았다.[23]

피니에게 있어서 부흥은 하나님의 영의 부으심에 의한 것인데 그것은 영혼의 회심을 위한 기도의 영으로서 이러한 기도의 영에 강력히 사로잡힌 사람이 기도하지 않으면 안 되겠다는 깊은 마음의 눌림 혹은 의무감으로 몸부림치며 기도할 때 강력한 회심의 역사, 즉 부흥이 있었다는 것이다.

뿐만 아니라 그는 그 자신의 개인적 체험을 통해서 밝히고 있는 것처럼 회심뿐만 아니라 완전성화를 위한 성령의 기름 부으심이 또 필요한 것처럼 암시하고 있다. 그렇다면 피니는 그리스도인이 완전한 삶을

···I then had a deeper view than ever before of what was implied in consecration to God. ··· My mind settled to a perfect stillness. ···Holiness to the Lord seemed to be inscribed on all the exercises of my mind. ···At this time it seemed as if my soul was wedded to Christ in a sense in which I had never had any thought or conception before."

23 *Ibid.*, 227. "I tried to impress upon them as a fact that prayer would be immediately answered if they took the stumbling blocks out of the way and offered the prayer of faith. The word seemed to thrill through the hearts of Christians. Indeed, I have seldom addressed congregations upon any subject that seemed to produce a more powerful and beneficial effect than the subject of prayer. I find it so everywhere. Praying people are immediately stirred up by it, to lay hold of God for a blessing."

살기 위해서는 적어도 성령의 기름 부으심이 2번, 즉 회심의 단계와 완전성화의 단계에서 있어야 하며 거기다가 그리스도의 사역자들은 능력있는 사역을 펼치기 위한 기름 부으심까지 합하면 적어도 3번은 있어야 한다고 보았던 것 같다. 아니 그는 부흥의 쇠퇴는 성령의 떠나가심 혹은 쇠퇴라고 했으며 이를 위해서는 늘 새롭게 기도의 영에 사로잡혀야 한다고 주장하는 것을 볼 때 무수한 성령의 기름 부으심에 의한 반복적인 성령의 오심이 부흥의 지속적인 진작을 가져온다고 보았으며 기도를 그런 차원에서 바라보았다. 이런 점에서 부흥진작의 수단으로서 강조되었던 기도와 관련하여 볼 때 피니의 성령론은 칼빈주의 성령론이 아니라 오순절주의 성령론에 가깝다. 피니의 부흥신학은 성령의 반복적 기름부으심에 의해 이루어지는 부흥신학이다.

(3) 피니는 부흥을 위해 전통적 칼빈주의 방법론을 떠난 새로운 방법론들을 사용하였다

이는 피니가 그의 적대자들로부터 강하게 비판 받은 점들이다. 몇 가지로 요약될 수 있다.

첫째로 설교의 형태이다. 피니는 설교를 함에 있어서 일상생활 속에서 발생하는 일들에서 사례를 취했으며, 단순하고 직설적인 언어를 사용했다. 그의 설교는 구어체였다. 피니의 설교는 또한 주제의 반복을 통해 선명성을 강조하여 직접적인 행동을 유발하게 하는 설교였다. 또한 한 사람에게 얘기하듯이 하는 설교였다. 피니는 성도들의 삶 속으로 들어가서 문제를 발견하고 성령의 조명 아래 그들의 문제를 해결킬 구절을 선택했다. 그런 다음 그 구절과 주제를 일주일간 기도하면서 묵상한 다음에 수일날 원고 없이 마음속의 모든 것을 쏟아놓는 방식이 있다. 당시 전통적인 칼빈주의자들은 피니의 이러한 설교방식으로 인

해 설교의 위엄성이 떨어진다고 비판했다. 또한 피니가 너무나 과도하게 사람들을 죽을 것처럼 윽박지르고 꾸짖는 설교를 한다고 비판했다.

둘째로 공예배 때 여성들로 하여금 기도하게 하거나 특정인을 지목하여 말하거나 예배 후 질의응답 시간을 갖는 새로운 방법론도 비판의 대상이었다.

셋째로 즉각적으로 하나님과 화해할 것을 촉구하면서 그 자리에서 일어나도록 하는 것이었다. 집회 후 몇 명이 강단 앞으로 나아왔는가를 회심자의 수로 여기는 것이었다. 회심의 수치를 계량화하였는데, 이는 강단초청에 응한 숫자 만큼이었다.

넷째로 로체스터에서는 부흥을 진작시키기 위해서 소위 '불안의 좌석(the anxious seat: 죄를 각성하여 죄를 버리고 자신을 하나님에게 드리는 결단을 한 사람들이 설교자의 요청에 따라 앞으로 나와서 앉는 좌석)'이라는 방법을 사용했다. 그는 죄인들로 하여금 결단을 할 수 있게끔 격려해 줄 수 있다는 어떤 수단이 꼭 필요하다는 이유에서, 그들에게 당장 마음을 드려야 한다는 인상을 줄 수 있는 어떤 것이 필요하다는 이유에서 그러한 방법을 썼다고 주장한다.[24]

피니는 그가 왜 새로운 방법들을 적용하게 되었는지 그 이유와 배경에 대해서 조목조목 밝히고 있으며 이는 일견 설득력이 있어 보인다.[25] 그러나 이러한 새로운 방법론들은 피니의 주장과 달리 미국교회사에서 장로교 분열의 한 원인으로 작용했다. 또한 이러한 부흥운동의 방식이 피니 이후 미국 부흥운동사에 계속 흘러오게 하였다. 이러한 부흥운동 방식은 사실 그의 신학적 견해에서 흘러나온 방법론들이었다. 성령의 역사보다 인간의지를 강조하는 회심론에서 비롯되었던 것이다.

---

24 Ibid., 150-59.
25 Ibid., 66-76, 107, 117, 122-26, 158-60.

내가 처음으로 이 방식을 소개한 것은 로체스터에서였다. 이것은 '새로운 방식들'이라는 소리가 들린 지 몇 년 후였다. 거기서 나는 처음으로 죄를 버리고 자신을 하나님에게 드리려고 하는 사람들은 앞으로 와서 어떤 자리에 앉으라고 요청했다. 그 자리는 내가 미리 부탁해서 비워둔 좌석이었는데 자신을 하나님께 바치려고 하는 사람들을 위해 제공된 좌석이다. 우리는 그들이 부름에 응해 앞자리로 나오는 동안 그들을 위해 기도했다.

그 결과 내가 기대했던 것보다 훨씬 많은 사람들이 앞으로 나왔다. 나는 항상 내 설교 중에 하나님을 영접하는 조건으로서 몸과 영혼과 소유물 전부를 하나님의 영광을 위해 드리는 것, 즉 하나님에게 대한 전적 헌신을 많이 주장해 왔었다. 죄인들은 자신들이 수동적으로 있는 한 성령이 그들을 회심시켜 주실 것을 기대해서는 안 되며 절대 하나님의 때를 기다려서는 안 된다.

그들의 최우선적이면서도 즉각적인 의무는 자신을 하나님에게 복종시키고 자신의 의지와 자신의 길과 자기 자신을 버리고 지속적으로 자신의 있는 모습 그대로 하나님에게 양도하고 자신의 전부를 본래의 주인인 예수 그리스도께 바치라고 죄인들에게 가르쳐 왔다. 그리스도를 따르는 길에 방해가 되는 유일한 장애물은 그들 자신의 완고한 의지이며, 하나님이 그들이 죄를 버리고 주 예수 그리스도를 자신의 의와 구원으로 무조건 받아들이게 하시려고 애쓰고 계신다는 것을 가르쳐 왔다. 요점이 자주 강조됨으로써 그들로 하여금 그것에 동의하도록 했으며, 그들에게 있는 유일한 난점이란 그리스도께서 그들을 구원하실 것이라는 말에 정직하고 진실한 동의를 하는 것과 그들이 확실히 구원받을 수 있을 것이라는 말에 최소한 그와 같은 태도를 보이는 것이라고 가르쳐 왔다.

…

요약하면 죄인들이 그리스도를 영접하게 하는 데는 변명하는 입을 막는 고통이 수반된다. 그분의 온전한 뜻, 구속, 공적사역과 공적관계를 받아들이라고 가르쳤으며, 모든 죄와 변명과 불신과 강퍅한 마음과

모든 삶의 영역에서 사악한 것들을 지금 이 자리에서 영원히 버리라고 가르쳤다.[26]

피니는 그의 목회나 부흥운동이나 신학교육의 목적을 '회심'을 확보하는 것에 두었다.[27] 그런데 피니의 회심론은 즉각적으로 의지를 그리스도께 굴복하여 그 마음을 바치는 데서 임하는 성령세례였다. 성령에 의한 회심보다는 성령세례를 받은 설교자의 강력하고 집중적인 설교를 통해서 죄인의 의지를 굴복시켜 그 마음을 하나님에게 드리게 하는 의지적 결단의 회심을 강조하다 보니 많은 사람들 앞에서 이제는 그리스도인으로 살겠다는 공적인 결단의 표시로서 그러한 '불안의 좌석'을 만들었던 것이다. 피니가 생애 후반부에 완전성화론에 기울어진 것을 볼 때 그러한 완전성화론을 낳게 된 피니의 회심론은 의지의 굴복을

---

26 *Ibid.*, 159-61. "It was at Rochester that I first introduced this measure. This was year after the cry had been raised of 'new measures'. I made a call for the first time for persons who were willing to renounce their sins and give themselves to God to come forward to certain seats which I requested to be vacated, and offer themselves up to God while we made them subjects of prayer. A much larger number came forward than I expected. I had always insisted much in my instructions upon entire consecration to God, giving up all to him-body, soul, possessions-to be forever after used for his glory as a condition of acceptance with God. Sinners were not encouraged to except the Holy Spirit to convert them while they were passive, and never told to wait God's time, but were taught unequivocally that their first and immediate duty was to submit themselves to God's, to renounce their own will, their own way and themselves, and to instantly deliver up all that they were-and all that they had to their rightful owner, the Lord Jesus Christ. They were taught that the only obstacle in the way was their own stubborn will; that God was trying to gain their unqualified consent to give up their sins and accept the Lord Jesus Christ as their righteousness and salvation. The point was frequently urged upon them to give their consent and they were told that the only difficulty was to get their own honest and earnest consent to the terms upon which Christ would save them, and the lowest terms upon which they could possibly. …In short, pains were taken to shut the sinner up to accepting Christ-his whole will, atonement, official work and official relations, renouncing all sins, all excuse-making, all unbelief, all hardness of heart, and every wicked thing, in heart, and life, here, and now, forever."

27 *Ibid.*, 182.

통한 그리스도께 즉각적이고 전적인 헌신이었으며 이러한 회심론에 거초한 부흥사역의 방법론이 인간의 의지적 결단을 강조하는 '불안의 좌석'을 낳았다고 보아야 할 것이다. 따라서 피니의 인간론은 그의 적대자들이 지적하는 것처럼 인간의 자유의지를 매우 강조하였음이 분명하며 이러한 인간론과 회심론은 전통적 칼빈주의 인간론과 회심론에서 벗어난 알미니안적 인간론과 회심론이었다. 따라서 피니의 부흥신학은 인간론과 회심론과 성화론을 분석해볼 때 인간 본성의 낙관적 견해를 취하는 알미니안주의 부흥신학이다.

2) *Revivals of Religion*

(1) 피니는 시종일관 당대의 칼빈주의가 진정한 부흥을 가로막고 있다는 비판적 대도를 취했다.

대체로 개혁주의 입장에서 써진 책들은 피니의 부흥신학에 대해 호되게 비판하고 있다. 예를 들면 김홍만은 피니의 잘못된 부흥신학이 현대 부흥신학의 물을 흐려놓았다고 평가했다.[28] 즉 피니는 부흥을 인간의 의도된 계획에 의해서 산출될 수 있는 인간의 고안물로 만들었으며, 피니의 인간관은 펠라기우스 인간관을 따르고 있으며, 피니의 회심신학도 하나님의 주권과 성령의 역사로 인한 회심보다도 목회자를 통한 설득에 의해서 인간의 의지적 결단으로 이루어지는 것이라고 평가했다. 피니의 이러한 부흥신학이 부흥의 방법론에도 그대로 적용되어 '불안의 좌석(Anxious seat)'을 만들어 내었고 사람들의 심령을 억압하는 극도의 분위기를 연출하여 급격히 회개하도록 압력을 넣었는데, 이러한 부흥방법론이 현대 복음주의 부흥주의자들이 사람들을 단상 앞

---

28 김홍만, 『개혁주의 부흥 신학』 (서울: 도시출판 옛길, 2002), 69-81.

으로 불러내어 회심을 강요하는 방법론의 원천이 되었다고 한다.

존 암스트롱도 피니의 그릇된 부흥관이 진정한 부흥을 가장 가로막은 요소였다고 평가한다.[29] 암스토롱은 피니가 인간의 원죄를 반성경적이며 터무니없는 주장이라고 여겼으며, 또한 거듭남을 하나님의 선물이 아니라고 믿었다고 주장했다. 암스토롱은 피니가 일생을 통해 두 가지 싸움을 위해 노력했는데, 하나는 복음전도를 통해 죄인들을 설복시키기 위한 싸움이었고, 다른 하나는 칼빈주의를 무너뜨리기 위한 싸움이었다고 피니의 개정판 회고록을 인용하여 입증하였다. 암스트롱은 미국 개신교에서 에드워즈의 '옛 방식'이 빛을 잃고 피니의 '새 방식'이 유행하게 된 것은 1826년의 뉴욕의 레바논 대회에서 피니와 그를 따르는 무리들이 성공을 거두었기 때문이라고 했다. 그 이후 피니의 잘못된 부흥신학이 미국 개신교의 주도권을 잡았고 잘못된 부흥신학이 미국 개신교에 계속해서 흘러내려오게 되었다고 분석했다. 암스트롱은 피니의 신학은 나다나엘 테일러의 뉴헤이븐 신학과 매우 가까운 관계였음을 밝히고 있다. 정준기 교수도 그 시대의 정치, 경제, 사회, 종교적 상황에서 피니를 다각도로 분석한 후 '알미니안 칼빈주의자'라고 했다.[30]

나는 개혁주의 입장에서 써진 책들이 피니에 대해 취하고 있는 이런 비판적인 태도에 대해 전적으로 공감한다. 그러나 한편으로는 역사가의 입장에서 피니가 처해 있었던 역사적 공간 속에서 그가 부흥사역을 통해 정녕 무엇을 추구하였는지 먼저 피니의 저서 자체에 귀를 기울이고자 한다. *Revivals of Religion*을 숙독해 보면 적어도 그가 왜 칼빈주

---

[29] John H. Amstrong, 『부흥을 준비하라』 (*When God Moves*), 김태곤 역 (서울: 생명의말씀사, 1998), 227-53.
[30] 정준기, 『복음운동사』 (광주: 광신대학교출판부, 1998), 165-212.

의에 대해 시종일관 비판적 태도를 취하게 되었는지 그 역사적 배경에 대해 이해할 수 있다. 미국 장로교 갈등의 한 원인이 되었던 피니에 대해 개혁주의 입장에서 얼마든지 비판할 수 있겠으나 *Revivals of Religion* 자체에 귀를 기울여보면 피니는 나름대로 부흥을 진작시키기 위해 당대의 칼빈주의 전통 속에서 고민하고 몸부림쳤던 사람이라고 할 수 있다. 피니 이후 미국교회사에서 부흥신학이 어떻게 변천되어 왔는지에 대한 논의는 잠시 미루고 *Revivals of Religion* 자체에 귀를 기울여보면 피니는 칼빈주의를 파괴하려 했다기보다는 부흥의 진작을 위해 전통적 칼빈주의를 수정하려고 했던 '수정 칼빈주의자' 혹은 '실용적 칼빈주의자'라고 해야 할 것 같다.

피니가 활동하던 시대는 조나단 에드워즈가 활동하던 시대로부터 100여 년 후였다. 피니의 시대는 에드워즈가 강조했던 하나님의 선택과 주권의 교리가 오랫동안 흘러왔고 지식적으로는 이러한 교리들에 대해서 당대의 사람들이 잘 알고 있었으나 그러한 교리들의 의미와 내용은 이미 상실되어 있었고 하나의 지식으로만 남아 있을 뿐이었다. 이러한 교리들이 당시 성도들의 열심을 자극할 아무런 생명력을 발휘하지 못하였다. 그래서 피니는 좀 더 다른 관점에서 인간의 의지적 노력을 강조했다.

> 만일 선택과 주권이 너무 많이 전해진다면 교회 안에 반(反)율법주의가 생겨나서 죄인들 스스로는 아무 것도 할 수 없다는 망상의 뒤편으로 자신들을 숨겨버릴 것이다. 반면에 능력과 책임의 교리가 지나치게 강조되면 알미니안주의가 생겨나서 죄인들의 자랑과 자만심이 넘치게 될 것이다. 내가 사역에 뛰어들었을 때는 선택과 주권의 교리가 너무나 많이 얘기되어서 그것이 죄인들과 그리스도인들 모두에게 보편적인 은신처가

되어 그들 스스로는 아무 것도 할 수 없다거나 복음에 순종할 수 없다는 생각에 사로잡혀 있었음을 발견했다. 그리고 어디를 가든지 이와 같은 거짓된 피난처들이 무너뜨려지지 않으면 안 된다는 것을 발견했다. 부흥은 오직 인간의 능력, 의무, 책임을 붙들도록 하는 그와 같은 교리에 거함으로써만이 일어날 수 있고 계속될 수 있는 것이지 다른 어떤 방법들로 그렇게 될 수 없었던 것이다.[31]

피니는 칼빈주의 교리가 인간의 책임과 의무를 회피하는 거짓된 은신처로 오용되는 당대의 상황에 대한 비판정신에서 출발하여 인간의 능력, 책임, 의무의 교리들을 강조하였던 것이지 칼빈주의를 전면적으로 무너뜨리기 위한 의도가 아니었던 것 같다. 칼빈주의 교리가 잘못 사용되는 당대의 교회를 치료하기 위한 문제의식과 전략적 사고에서 출발했다고 할 수 있다. 피니는 칼빈주의 교리가 성경적으로 잘못되었다거나 문제가 있었다는 관점보다는 '당대의 칼빈주의', 즉 당대의 교회가 칼빈주의 교리를 오용함으로써 파생된 오류들을 바로잡고 교회의 부흥을 진작시키기 위한 수정주의 혹은 실용주의 관점에서 교리에 접근하였다고 할 수 있다.

그러므로 피니의 신학과 부흥신학이 인간의 능력, 책임, 의무를 강조하는 알미니안 색채를 띠게 된 것만을 놓고 무조건 현대의 관점에서

---

[31] Charles G. Finney, *Revival of Religion*, (Virginia: CBN University Press, 1978), 211-12. "If Election and Sovereignty are too much preached, there will be Antinomianism in the church, and sinners will hide themselves behind the delusion that they can do nothing. If, on the other hand, doctrines of ability and obligation be too prominent, they will produce Arminianism, and sinners will be blustering and self confident. When I entered the ministry, there had been so much said about Election and Sovereignty, that I found it was the universal hiding-place, both of sinners and of Christians, that they could not do anything, or could not obey the Gospel. And wherever I went, I found it indispensable to demolish these refuges of lies. And a revival would in no way have been produced or carried on, but by dwelling on that class of trust, which hold up man's ability, and obligation, and responsibility."

또는 조직신학적 관점에서 그를 칼빈주의 파괴자라고 하기보다 당대의 역사적 정황과 맥락 속에서 그가 무엇을 의도하였는지에 관심을 갖고 살펴야 할 것이다. *Revivals of Religion*을 숙고해 볼 때 피니는 극단적 칼빈주의 혹은 극단적 알미니안주의가 가져올 폐해를 잘 알았던 사람으로서 칼빈주의 교리가 오용되는 당대 교회의 오류를 바로잡기 위한 전략적 혹은 실용적 관점으로 접근했다고 할 수 있다. 그의 말을 좀 더 들어보자.

> 에드워즈와 휫필드가 사역하던 시대에는 그렇지 않았다. 그때에는 뉴잉글랜드에 있는 교회들이 알미니안 설교 이외에는 거의 즐기지 못했으며, 그들 자신과 자신들의 힘을 무척 의지하였다. 담대하고 헌신적인 이 하나님의 종들은 은혜와 신적 주권과 선택의 특별한 교리들을 드러내고 선포하였는데 거기에 큰 축복이 있었다. 그들은 이 교리들에만 독선적으로 안주하지는 않았으나 그 교리들을 매우 충분하게 설교했다. 그 결과 '그와 같은 상황들로 인해' 그와 같은 설교들로부터 부흥이 있었다. 그러자 그들을 계승한 목회자들은 '이 교리들에 대한 설교를 거의 독선적으로' 계속했다. 그리하여 오랫동안 그 교리들에 안주하였고 교회와 세상은 '그들'이 해야만 하는 일들을 하나님이 오셔서 대신하기를 기다리면서 그러한 교리의 참호 뒤에 자신들을 숨겼다. 그 결과 오랫동안 부흥이 중단되었다.[32]

---

[32] *Ibid.*, 212. "It was not so in the days when President Edwards and Whitefield laboured. Then, the churches in New England had enjoyed little else than Arminian preaching, and were all resting in themselves and their own strength. These bold and devoted servants of God came out and declared those particular doctrines of grace, Divine Sovereignty and Election, and they were greatly blessed. They did not dwell on these doctrines exclusively, but they preached them very fully. The consequence was that because in those circumstances revivals followed from such preaching, the ministers who followed continued to preach these doctrines almost exclusively. And they dwelt on them so long that the church and the world got entrenched behind them, waiting for God to come and do what He required them to do; and so revivals ceased for many years."

선택과 자유의지의 교리를 둘 다 옳게 이해해야만 해를 받지 않을 것이다. 두 교리가 적절히 사용될 때 죄인들을 회심시키고 성도들을 견고케 할 것이 분명하다.33

이상을 볼 때 피니가 시종일관 칼빈주의에 대해 비판적 입장을 취했던 이유는 칼빈주의 자체를 부정하거나 무너뜨리기 위한 의도보다는 '당대의 칼빈주의'가 잘못 사용되어 부흥을 가로막고 있다는 그 나름대로의 확신 때문에 왜곡된 칼빈주의를 수정하여 부흥을 진작시켜보겠다는 부흥 전략적 의도였음이 분명하다.

(2) 피니는 부흥을 위해 '인간의 의지'를 매우 강조했다

*Revivals of Religion*을 처음부터 끝까지 읽다보면 마치 피고석에 앉아서 잔인한 검사 앞에 신랄하게 죄를 심문당하는 것 같은 고통이 느껴진다. 그 검사는 얼마나 깊이 죄인의 심령상태를 꿰뚫어 보고 있는지 죄를 찾아내어 지적하는 그 날카로움 앞에 '나는 죄인이로소이다'라고 고백하지 않을 수 없을 만큼 설득 당한다. 피니의 이런 복음전도 방식과 논리전개 방식은 그리스도를 영접하기 전 법률가로서 활동했던 그의 경력에서 비롯된 것이었다. 피니는 하나님을 거역하는 죄인들을 하나님의 법정에서 빠져나갈 구멍이 없게 만들어 죄인임을 고백하고 회개하도록 만든다. 피니가 이 책 전체를 통해서 보여주는 회심과 부흥은 바로 하나님의 법정에서 죄인을 굴복시켜 회개케 하는 것이었다. 그러기에 그가 생각하는 복음전도자는 하나님의 법정에서 죄인을 설복시키는 법률가와 같은 존재임이 강하게 부각된다.

그러므로 피니는 이 책의 서두에서부터 "종교는 인간의 사역이다

---

33 *Ibid*., "A right view of both classes of truths, Election and Free-agency, will do not hurt. They are eminently calculated to convert sinners and strengthen saints."

(Religion is the work of man)"라고 공언한다.³⁴ 피니는 신앙부흥은 결코 기적도 아니요, 기적에 의존하는 것도 아니며, 적절한 수단을 옳게 사용한 결과라고 했다.³⁵ 다시 말해서 부흥은 하나님이 어느 날 갑자기 얘기치 않던 때에 주시는 어떠한 것이 아니라 인간 편에서 부흥을 위해서 최선을 다해 노력할 때 일어나는 어떠한 것으로 본 것이다. 이런 부흥신학은 분명 에드워즈의 부흥신학과 첨예한 차이를 드러내고 있다.

에드워즈의 부흥신학은 '부흥이란 하나님이 이루시는 것'이다. 부흥은 하나님이 주권적으로 이루시는 것이기에 부흥의 영광도 하나님에게 돌려져야 한다는 것이 에드워즈 부흥신학의 핵심골자이다. 그런데 피니는 이를 뒤집어서 부흥은 기적이 아니라 인간이 적절한 수단을 사용함으로써 얻어지는 어떤 것이라고 한다. 다시 말해 부흥의 주도권이 인간에게 있다는 것을 강조한다. 물론 피니가 부흥에 있어서 하나님의 역사를 부정한 것도 아니요 부흥을 순전히 인간의 고안물로만 보지도 않았다. 그럼에도 불구하고 피니의 부흥신학은 부흥의 주체가 누구이며 그 부흥의 주도권이 누구에게 있느냐의 입장에서 볼 때 혁명적이다.

피니가 이런 주장을 한 원래 의도는 칼빈주의의 선택과 주권의 교리에만 안주하여 안일하게 살아가는 성도들을 자극함으로써 좀 더 열심을 내어 부흥을 위해 매진하도록 하려는 의도였음이 분명하다. 그러나 책의 서두에서부터 신앙을 인간의 일로, 부흥에서 하나님의 초자연적인 역사보다도 적절한 수단을 통해서 창출되는 인간노력의 산물과 같은 것으로 정의함으로써 부흥을 인간중심적인 것으로 무게중심을 옮겨버린 오류를 범했다. 피니는 부흥을 전략적으로 고안될 수 있는 것으로 정의한다. 어떤 목적을 위해 적절한 수단을 사용하면 반드시 그렇게 창출될 수 있는 것이다.

³⁴ Ibid., 1.
³⁵ Ibid., 4 5.

죄인의 반대에 직면할 때 결국은 하나님의 지혜와 성령의 도덕적 권능이 아니고서는 그 어떤 것으로도 죄인의 반대를 깨뜨리고 복종케 할 수 없다. 그런데 그 수단들은 인간에 의해서 사용되는데 그 수단들은 목적을 위하여 채택되며 기술적으로 사용된다. 하나님은 회심과 성화의 역사가 언제나 그런 류의 진리의 수단들에 의해서 행해지도록 하셨고, 그와 같은 결과를 내는 데 적합하게 연결되고 관련되도록 적용하셨다.[36] 따라서 피니는 부흥의 주체(主體)에 관해서 이렇게 말한다.

어떤 의미에서는 '하나님'이 죄인들을 회심시키지만 또 다른 의미에서는 '인간'이 죄인들을 회심시킨다는 것은 얼마나 자명한가![37]

우리는 죄인들을 회심시킴에 있어서 목회자나 기타 일꾼들을 단지 도구에 지나지 않는다고 말하기 쉽다. 이것은 완전히 옳지 않다. 인간은 도구 이상이다. 진리는 무의식적인 도구에 불과하다. 그러나 인간은 그 이상이다. 인간은 그 일에 있어서 하나의 적극적이며 자발적인 매개자이다.[38]

피니는 이처럼 부흥의 주체를 인간중심적인 입장에서 파악하기 때문에, 그는 부흥을 이루는 인간의 노력과 열심을 매우 강조하게 되었고, 적절한 수단을 잘 사용하는 인간의 지혜를 강조하게 되었다. 그는

---

[36] Ibid., 181. "Take into view the opposition of the sinner himself, and you see that nothing, after all, short of the wisdom of God and the moral power of the Holy Spirit, can break down this opposition, and bring him to submit. Still, the means are to be used by men-means adapted to the end, and skilfully used. God has provided that the work of conversion and sanctification shall in all cases be done by means of that kind of truth, applied in that connection and relation, which fitted to produce such a result."

[37] Ibid., 202. "How easy it is to see that there a sense in which God converts them, and another sense in which men convert them."

[38] Ibid., 203. "we are apt to speak of ministers and other men as only instruments in converting sinners. This is not exactly correct. Man is something more than an instrument. Truth is mere unconscious instrument. But man is more: he is a voluntary, responsible agent in the business."

부흥의 주체들이 가져야 할 지혜로서 부흥의 수단을 적절히 사용하는 것이라고 했는데 이는 정치인들이 대중의 주의를 환기시키기 위해서 사용하는 모든 홍보의 노력들과 비슷한 것으로 보았다.

피니가 이처럼 부흥의 주체를 하나님의 주권적 역사에서 인간의 노력과 활동으로 초점을 맞추는 전략적인 방식을 취하면서 부흥이라는 지상목표를 위해서는 그 방식과 신학은 부차적인 것으로 가볍게 취급하게 하는 오류를 범하게 되었다. 그리하여 부흥의 방식 면에서 부흥을 위해서 좋은 것이라면 어떤 방식도 좋다는 기능주의 입장을 취하게 되어 부흥의 방식 그것이 신학적으로 합당한지 그렇지 않은지 판단되어야 할 것이 아니라 가치중립적인 것이 되어버렸다. 그러다보니 온갖 인본주의 방식이 부흥을 위한 수단들로서 들어올 수 있는 문이 열리게 된 것이다.

이러한 피니의 사고방식은 14장 '부흥을 촉진시키는 수단들'에서 하나님은 복음시대에는 어떤 특정 형식만을 사용하시지 않는다고 주장하게 하였다. 그리하여 복음을 능력있게 전하기 위하여 어떤 형식을 사용하고 추구해야 되는가에 대해서는 그때 그때에 따라 "교회가 결정하도록 위임되었다"고 주장한다.[39] 사도들은 유대교의 형식주의를 근절했고, 루터와 개혁자들은 중세 로마 가톨릭의 형식주의를 근절했으며, 웨슬리는 잉글랜드 국교회의 형식주의를 떠났고, 에드워즈도 잉글랜드 국교회의 형식을 버리고 새로운 형식을 도입했다고 하면서 피니 자신도 에드워즈의 칼빈주의 형식을 떠나 어떤 새로운 형식을 도입한 개혁자의 흐름에 있는 것처럼 암시하였다.[40]

---

39 *Ibid.*, 261.
40 *Ibid.*, 271-77.

그럼으로써 그가 받는 방해는 교회를 새롭게 일신하는 건전한 일에 대한 명예로운 핍박으로 보게끔 하였다. 그러나 피니가 그의 새로운 부흥신학을 사도들과 종교개혁자들과 에드워즈의 개혁신앙의 노선위에 연결시키는 것은 부자연스러울 뿐만 아니라 더군다나 이러한 흐름은 개혁신앙의 내용에 있었던 것이지 어떤 형식에 있었던 것이 아니었다. 개혁신앙의 내용을 담을 형식의 변화였지 개혁신앙의 내용까지 버리면서 인본주의화 된 신앙을 담을 그런 새로운 형식의 변화는 아니었던 것이다. 피니는 이처럼 부흥을 지상목표로 삼고 그 방식의 자율화의 폐해뿐만 아니라 신학도 부흥을 위해서 봉사하는 수단쯤으로 전략적인 입장에서 보게 한 폐해를 야기하였다. 그래서 피니는 신학적 내용이 부실했으며 때로는 일관성 없는 신학적 행보를 보여주는데 그것은 부흥이 올바른 신학 위에 기초하는 것이 아니라 부흥을 위해서 신학이 전략적으로 봉사하는 치장물처럼 인식되었기 때문이다. 다시 말해 적절한 수단의 사용을 통해서 최대의 효과를 내는 부흥사업을 위해서 신학은 그 보조 자료요, 치장물이요, 시녀쯤으로 취급되었다. 확실히 피니 이후 신학의 저급성과 영적인 혼란, 부흥의 목소리들은 소란하지만 부흥의 영향력은 미미한 것은 이런 점들에서 기인하고 있다고 할 수 있겠다.

피니의 부흥신학은 한마디로 '하나님의 부흥'을 '인간의 부흥'으로 그 부흥의 주체를 바꿔버린 데 맹점이 있다. 그가 당대의 안일한 칼빈주의를 치료하기 위해서 전략적인 입장에서 인간의 책임과 의무를 매우 강조한 동기의 순수성이야 어떠하든 피니 이후 이러한 인간중심의 부흥신학이 흐르게 한 원인제공자임은 분명하다.

에드워즈가 부흥의 주체를 하나님으로 보고 인간을 지·정·의의 통합적인 전인적 인간관을 가졌으되 특히 인간의 '감정'을 중요한 부분으로 보았다면, 피니는 부흥의 주체를 인간으로 보고 인간의 '의지'를 매우 중요시했다. 에드워즈는 인간의 감정을 지적인 것이나 의지적인 것보다 열등하게 보지 않았다. 오히려 신앙감정을 기독교의 본질과 매우 밀접한 관계를 가진 것으로 보았으며, 진정한 종교의 생명과 혼이 신앙감정에 있다고 보았다.[41] 이에 반해 피니는 그의 책 전반에 걸쳐서 인간의 감정을 매우 부정적인 입장에서 보고 있으며 인간을 자유의지를 사용하여 하나님의 뜻에 순종시켜야 할 의지적인 존재로 부각시킨다. 이런 점에서 피니는 인간의 의지를 회심의 중심적 위치에 놓는 주의론자(主意論者)이며 따라서 그의 주장들은 전반적으로 인간을 당위적 명령에 굴복하도록 억지스럽게 몰아가는 큰 부담을 주고 있다.

2. 찰스 피니의 부흥신학 정리 및 빌리 그레이엄의 부흥신학과 비교

1) 알미니안 칼빈주의 부흥신학

피니의 저서들에서 추출해 낸 부흥신학을 한마디로 요약하라면 '알미니안 칼빈주의 부흥신학'이라고 할 수 있다. 피니의 부흥신학을 부흥의 주체, 객체, 방법론으로 나누어 살펴보면 전반적으로 '하나님 중심'에서 '인간 중심'으로 무게중심이 옮겨져 있음을 알 수 있다.

---

[41] Jonathan Edwards, *Some Thoughts Concerning the Revivals*, 297

(1) 부흥의 주체와 관련하여 피니는 부흥이란 하나님이 절대주권으로 이루시는 역사라기보다 인간의 노력과 열심으로 만들어 낼 수 있는 것으로 보고 있다

*Revivals of Religion*의 첫 페이지에서 그는 "종교는 인간의 사역이다(Religion is the work of man)"라고 정의했다.[42] 그런 다음 "부흥은 기적이 아니다(A revival is not a miracle)"라고 정의하면서 부흥은 결코 자연의 힘을 초월한 어떤 기적도 아니며 기적에 의존하는 것도 아니고 자연의 힘을 적절히 사용하면 발생할 수 있는 어떤 것, 즉 부흥의 적절한 수단의 사용을 통해서 발생시킬 수 있는 어떤 것으로 정의했다.[43]

피니는 부흥을 초자연적인 역사라기보다 자연의 인과율에 따라 인간이 부흥을 발생시킬 수 있는 어떤 수단을 강구하여 적절히 사용하기만 하면 당연히 부흥이라는 결과가 도출될 수 있다고 보았던 것이다. 피니는 부흥의 초자연성을 자연의 인과율에 놓았으며 인간의 적절한 통제아래 있는 것으로 보았다. 그리하여 부흥의 신적 주권성과 초자연성을 약화시켜 부흥은 인간에 의해서 좌우된다는 인간 주권성을 강조했다. 피니는 부흥이 하나님의 초자연적인 역사요 하나님의 절대주권에 의한 역사임을 강조하는 칼빈주의 부흥신학을 떠나, 인간의 주권성으로 무게중심을 옮겨버렸다. 칼빈주의 부흥신학의 신적 주권성을 약화시켜 인간의 책임론에 무게중심을 두는 알미니안 칼빈주의 부흥신학이다. 부흥의 주체에 대한 이런 급격한 변모는 피니의 부흥신학 전체에 영향을 미치고 있다. 이러한 부흥신학은 궁극적으로 부흥을 주신 하나님에게 영광을 돌리기보다 부흥을 진작시키기 위해 노력한 인간들에게 돌리게 되며 또한 그러한 부흥의 효과적인 방법론들을 극찬하

---

[42] Charles G. Finney, *Revival of Religion*, 1.
[43] *Ibid.*, 4-5.

게 된다. 즉 부흥의 목적을 하나님의 영광에서 인간의 영광으로 변모시키게 된다.

(2) 부흥의 객체인 인간에 대해 피니는 칼빈주의 인간론과는 다른 인간론을 가지고 있었다

피니 역시 인간을 죄인이라고 보았다. 그래서 부흥이 필요하다고 했다.[44] 그러나 피니는 죄로 타락한 인간의 의지에 대해서 낙관적인 견해를 갖고 있다. 그래서 칼빈주의 인간론의 '노예 의지론'에 대해서 깊은 반감을 가졌다. 그가 왜 칼빈주의 신학사상을 가르치는 프린스턴신학교에 가지 않았는지 그 이유를 이렇게 말하고 있다.

> 이 해 곧 1822년 봄에 나는 복음 사역을 위한 지원자로서 노회의 관할 아래 있게 되었다. 목사들 중 몇몇이 나에게 프린스턴에 가서 신학을 공부하라고 했으나 나는 거절했다. 그들이 내게 왜 프린스턴에 가지 않느냐고 물으면 경제사정이 허락지 않는다고 말하곤 했다. 그것은 사실이었다. 그러나 그들은 내 경비를 대주겠다고 했다. 그래도 나는 거절했는데, 그 이유를 말하라고 재촉하면 그들이 받았던 그러한 영향 아래 나 자신을 두고 싶지 않다고 담담하게 말했다. 나는 그들이 잘못 교육받았으며 그리스도의 일꾼들이 어떠해야 하는가에 대한 나의 이상을 만족시켜주지 못한다고 확신했다.
>
> …
>
> 그래서 그들은 내 공부를 감독하도록 나의 목사(게일 목사)를 지명했다.
>
> …
>
> 그러나 그가 나의 공부와 관계되는 한 나의 공부는 논쟁 이외의 아무 것도 아니었다. 나는 속죄, 중생, 믿음, 회개, 의지의 노예상태 그리고 그와

---

[44] Ibid., 2.

비슷한 교리에 대한 그의 관점을 받아들일 수가 없었다.[45]

피니는 분명 인간이 죄인으로서 타락한 존재임을 인정했으나 역사적 칼빈주의 인간론의 전적 타락(total depravity)을 인정치 않고 구원에 있어서 인간 의지의 자유를 인정하는 낙관적인 견해를 취했다. 그래서 피니는 죄인이 설교자의 메시지를 듣고 그의 의지를 즉각적으로 굴복하여 그리스도께 바칠 수 있다고 보았으며 이를 회심이라고 보았다. 인간 의지의 자유를 인정하는 피니의 낙관적 인간론은 죄인이 즉각적으로 그 의지를 그리스도께 굴복시키는 회심이 가능하다는 회심론을 낳았으며 더 나아가 인간은 이 땅에서 그의 의지를 온전히 굴복시킴으로써 죄의 유혹에 전혀 무관한 완전성화를 이룰 수 있다는 견해를 낳았다. 즉 인간 의지의 자유를 주장하는 피니의 낙관적 인간론은 그의 회심론, 성화론 전반에 영향을 미쳤다.

구원에 있어서 인간의 자유의지를 주장하는 피니의 인간론은 성령의 선행(先行)적인 중생의 역사로 말미암는 칼빈주의 회심론과는 달리 설교자의 메시지를 듣고 즉각 자유의지를 발동하여 그 의지를 그리스도께 굴복시킴으로써 회심이 가능하다는 알미니안화 된 회심론을 낳게 되었다. 또한 인간은 이 땅에서 성화를 이루어가지만 완전한 성화

---

[45] Charles G. Finney, *Memoir*, 46-47. "In the spring of this year, 1882, I put myself under the care of the presbytery as a candidate for the gospel ministry. Some of the ministers urged me to go to Princeton to study theology, but I declined. When they asked me why I would not go to Princeton, I told them that my financial circumstances forbade it. This was true, but they said they would see that my expenses were paid. Still I refused to go and when urged to give them my reasons, I plainly told them that I would not put myself under such an influence as they had been under. I was confident that they had been wrongly educated and were not ministers that met my ideal of what a minister of Christ should be.···So they appointed my pastor to superintend my studies.···But my studies, so far as he was concerned as my teacher, were little else than controversy. I could not receive his views on the subject of atonement, regeneration, faith, repentance, the slavery of the will, or any of the kindred doctrines."

는 불가능하다는 칼빈주의 성화론과는 달리 완전한 성화를 이룰 수 있다는 알미니안화 된 성화론, 즉 완전성화론을 낳게 되었다.

피니의 이러한 인간론, 회심론, 성화론은 에드워즈의 그것들과 다르다. 에드워즈의 인간론은 엄밀히 말하면 역사적 칼빈주의 인간론과 약간 다른데 그것은 에드워즈가 인간에게 있어서 자유의지가 있음을 긍정했으나 인간의 성향(inclination)의 타락 때문에 전적 무능의 존재임을 강조한 점에서 그렇다.[46] 그러나 에드워즈는 일생 알미니안주의와 싸웠으며 인간의 원죄를 주장하였고 인간의지의 자유를 주장했으나 인간 성향(inclination)의 타락 때문에 인간의 자유의지에 구원의 결정권을 두지 않았다. 에드워즈는 미국 개척 초기 청교도들의 엄격성을 이어받아 성화의 개념이 많이 내포된 회심론, 즉 분명한 성화의 증거가 나타난 자들을 회심자로 보는 회심론을 주장했으며 이 땅에서의 완전한 성화가 불가능하다는 불완전성화론을 주장했다.

부흥을 인간 영혼 안에 이루어지는 회심과 성화의 역사라고 한다면 인간은 분명 부흥의 객체이다. 그런데 이러한 부흥의 객체인 인간을 어떻게 보느냐에 따라 부흥의 성격과 개념과 본질이 완전히 달라지는 것이다. 피니는 인간을 타락한 죄인으로 보았으나 의지까지는 타락하지 않은 죄인으로 보았다. 그래서 구원에 있어서 자유의지를 가진 낙관적 인간론을 가졌고 그러한 인간론은 인간의 자유의지를 사용하여 자신을 그리스도께 굴복시키는 것이 가능하다는 회심론을 낳으며 이 땅에서의 완전한 성화가 가능하다는 완전성화론을 낳았다. 이런 점에서 피니의 인간론, 회심론, 성화론은 알미니안 칼빈주의를 명백히 보여주고 있다. 피니의 이런 알미니안 칼빈주의 인간론, 회심론, 성화론

---

[46] William W. Sweet, 『미국교회사』 (*The Story of Religion in America*), 김기달 역 (서울: 대한기독교서회 1977), 169.

은 왜 부흥설교자들이 인간의지를 압박하여 회개를 강요하는 수단들을 강구하였는지 그 부흥신학적 배경이 되는 것이다.

(3) 부흥의 방법론과 관련하여 피니는 가장 많은 비판을 받고 있다

피니가 사용한 '부흥의 새로운 방법들'은 단순히 부흥의 기교나 기술이 아니라 피니의 부흥신학에 깊이 뿌리를 내리고 있는 방법론(methodology)이다. 피니는 부흥의 새로운 방법들을 사용하게 된 배경에 대해서 그의 회고록에서 합리화하고 있지만 자세히 읽어보면 그는 전통적 칼빈주의 신학교육에 대한 깊은 불신에 차 있었던 사람이었다. 칼빈주의 신학교육에 대한 깊은 불신과 함께 자신의 부흥사역의 성공에 대한 자부심이 그로 하여금 부흥의 새로운 방법들을 더욱 옹호하게 하였다. 그의 *Memoirs*와 *Revivals of Religion*에서 끊임없이 반복되어 강조되는 부흥의 새로운 방법들은 단순히 부흥을 진작시키는 기교나 기술 정도가 아니라 그의 알미니안화 된 부흥신학에 깊이 뿌리를 내리고 있음이 분명하다.

즉 하나님의 절대주권과 예정을 약화시키고 인간의 노력과 의지를 강조하는 알미니안화 된 부흥신학에서 연유한 방법론이 그의 '새로운 부흥의 방법들'인 것이다. 그가 '불안의 좌석'을 만든 것도 인간은 그의 자유의지를 사용하여 자발적으로 의지를 그리스도께 굴복시킬 수 있다는 회심론에서 연유한 하나의 방법론인 것이다. 설교시 거칠고 직접적인 언어를 사용하고 사람의 이름을 불러 구체적인 죄를 지적한 방식도 그 자리에서 즉각적으로 자유의지를 발동하여 죄를 버리고 의지를 그리스도께 복종시킬 수 있다는 그의 인간론과 회심론에서 기인하는 것이다. 그러므로 전반적으로 살펴볼 때 피니의 부흥신학과 부흥의 방법론들은 별개의 것이 아니라 바늘과 실처럼 밀접하게 짝을 이루고 있다.

피니는 *Memoirs*에서 부흥의 새로운 방법론들에 대해 마치 자신이 처음 시작한 것 같은 인상을 주지만 실상 이러한 부흥의 방법론들은 이미 19세기 초반 웨슬리안 부흥주의자들에 의해서 사용되고 있었던 방법론들이었다.[47] 피니는 마치 자신이 무력한 칼빈주의 장로교를 새롭게 하는 전령인 것처럼 얘기하고 있지만 기실 칼빈주의 장로교 교리에 대해 깊이 이해하지 못한 상태에서 무모하게 칼빈주의 장로교에 대해서 비판의 칼을 들이대었으며, 그의 새로운 부흥신학과 방법론들은 이미 웨슬리안 부흥주의자들에 의해서 사용되었던 것들이었음이 여러 자료들을 통해 증명되고 있다.[48] 피니는 당시 칼빈주의 장로교가 굳어 있었다고 비판했고 또한 그의 선배 목사였던 게일 목사를 거듭나지 못한 사람이라고 혹평했는데, 당시 칼빈주의 장로교 안에 피니식 부흥신학이나 방법론과는 달리 정상적인 부흥의 예가 매우 많았으며, 또한 피니가 사용한 것과 같은 부흥의 특별한 방법론들이 아니라 일상적인 기도와 설교 등과 같은 평범한 은혜의 수단들에 의해서 발생했다는 것이 증명되고 있다.[49] 그러므로 피니가 그의 책에서 주장하는 것처럼 당시의 칼빈주의 장로교가 결코 무력한 상태에 있었던 것만은 아니다.[50]

피니가 칼빈주의를 알미니안화하여 정립한 부흥신학에 기초하여 만들어 낸 방법론들이 소위 '부흥의 새로운 방법들'이라고 불리는데 이는 결코 새로운 방법론들이 아니라 알미니안화 된 부흥의 방법론들에 불과하며 당시 웨슬리안 부흥신학자들에 의해서 사용되고 있었던 방법론들이었다. 이안 머레이는 피니의 알미니안화 된 부흥의 방법론들이

---

[47] Iain H. Murray, *Revival and Revivalism: The Making and Marring of American Evangelicalism* (Edinburgh, UK: The Banner of Truth Trust, 1994). 173-90.
[48] *Ibid.*, 173-90.
[49] *Ibid.*, 91-59.
[50] *Ibid.*, 91-109.

피니 이후에는 하나의 전형적인 부흥의 방법론들로 정착되어버렸는데, 그것은 피니가 거둔 부흥사역의 성공 때문이었다고 했다.[51] 피니의 이런 부흥의 방법론들은 이제 부흥의 방법론들을 잘 구사하면 언제든지 부흥이 일어날 수 있다는 신념을 심어서 '부흥주의(Revivalism)'라는 잘못된 용어가 판을 치게 되었다고 비평했다.[52] 피니 이전까지는 부흥이란 하나님의 절대주권에 의해서 이루어지기 때문에 인위적으로 만들어 낼 수 없고 하나님의 원하심에 따라 일어나기 때문에 '부흥의 계절'이라는 신념이 지배했는데, 피니 이후에는 인간의 노력여하에 따라 언제든지 부흥이 진작될 수 있다는 '부흥주의'가 지배하게 되었다.

피니의 부흥신학을 부흥의 주체, 객체, 방법론 등에서 종합해 볼 때, 피니의 부흥신학은 '알미니안 칼빈주의 부흥신학'이다. 하나님의 절대주권과 예정론을 낮추어서 인간의 자유와 책임을 강조하는 부흥신학이다. 그는 전통적 칼빈주의와 전통적 알미니안주의 사이의 중간지점에 위치하는 부흥신학자이지만 사실 그의 공격의 칼날은 전통적 칼빈주의를 향해 있었다는 점에서 알미니안주의에는 관대하고 칼빈주의에 대해서는 가혹한 부흥신학이었다. 그렇다면 피니의 알미니안 칼빈주의 부흥신학은 어디서 연유한 것일까?

첫째로 피니 시대의 정치, 사회, 사상적 흐름에서 연유한다. 피니(1792-1875)가 살던 시대는 미국의 역사에서 정치, 사회적으로 격변기였다. 피니의 인생은 대략적으로 미국 독립전쟁 직후부터 남북전쟁 직후까지이다. 정확히 말하면 미국의 초대 대통령 조지 워싱턴(George Washington:1789-97) 재임시절에 태어나 18대 대통령 율리시스 S. 그랜트(Ulysses Simpson Grant:1869-1877)때까지의 시대에 살았다.

---

51 *Ibid.*, 291-98.
52 *Ibid.*, 163-90; 255-63.

피니의 시대는 미국이 영국으로부터 갓 독립하여 대통령제라고 하는 역사상 유례를 찾아보기 힘든 새로운 정치실험을 하는 시대로서 권력의 중앙집권화를 주장하는 연방주의자와 지방분권화를 주장하는 공화주의자 사이의 정치대립이 극심한 시대였다. 끊임없는 서부개척과 토지매입으로 영토 확장을 이룸으로써 '움직이는 국경선'의 시대요, 대륙국가로서 성장해 가던 시대였다. 골든 드림의 무한한 욕망을 좇아 서부로 이동하는 개척자들로 인해 사회는 공동체의 강조보다 개인주의가 극대화되었다. 경제적으로는 산업화가 진행되어 점차 북부의 상공업과 남부의 면화농업으로 인한 산업구조의 갈등이 노골화되어 남북전쟁을 통해 발발하게 되었다. 피니가 살던 시대는 어느 시대보다 정치, 경제, 사회적 격변기로서 인간의 자율성이 강조되던 시대였다. 이런 시대는 하나님의 절대주권을 강조하는 칼빈주의를 답답하게 느끼고 인산의 행동주의를 선호하게 된다. 인간의 자유의지와 책임을 강조하는 피니의 부흥신학과 그 방법론들은 이런 시대배경과 무관하지 않다. 그 시대에 맞는 복음으로 변화되었다고 할 수 있다.

둘째로 당시 미국의 종교적 상황이다. 피니의 회심이 1821년에 있었으므로 그가 종교적으로 의미 있는 활동을 했던 시대는 대략적으로 1820-70까지라고 할 수 있고, 특히 왕성한 부흥사역의 현장에 있었던 시기는 1830년대와 1840년대라고 할 수 있다. 이 시기의 미국종교는 대단히 불안정한 상황에 놓여 있었다. 우선 17,8세기까지 미국의 개신교는 그것이 장로교이든 회중교이든 청교도 칼빈주의가 주류를 이루어 국가의 상층부 지도력을 가지고 있었다. 그러나 18세기 중반부터 19세기로 접어들면서 지금까지 상층부 지도력을 탄탄히 유지하고 있었던 청교도 칼빈주의가 쇠퇴하기 시작하였는데 그 뚜렷한 증거는 미국의 초대 대통령부터 6대 대통령까지 모두 개혁파 신자들이 아니라 미국 성공회나 유니테리언들이 압도적이었던 데서 나타난다.[53] 특히 동부 지성사회에 깊이 파고든 유니테리언주의는 인간의 이성과 합리성에 기초를 둔 종교로서 자연신론(Deism)이다. 이는 프랑스 계몽철학자 루소, 볼테르에게 영향을 받아 미국 독립운동의 지도층들에게 깊숙이 파고들었는데 미국헌법에 청교도적 하나님 주권사상과 자연신론 신학사상이 혼합되어 있는 것을 보면 알 수 있다.[54] 토마스 페인(Thomas Paine), 벤자민 프랭클린(Benjamin Franklin), 애단 앨런(Ethan Allen), 엘리후 팔머(Elihu Palmer) 등이 주요한 자연신론의 옹호자들이며, 미국의 3대 대통령 토마스 제퍼슨(Thomas Jefferson)도 그렇다.[55]

게다가 7대 대통령 앤드류 잭슨(Andrew Jackson)은 대중민주주의 시대를 열었다. 그 시대는 전반적으로 국가 상층부와 지성사회의 합리주의, 서민들의 서부개척으로 인한 사회성의 약화와 개인주의, 산업화와 부의 불균형, 점증하는 노예문제, 잭슨식 민주주의와 대중주의의 출현 등으로 전반적으로 국민들의 심령이 황폐화 되어 있었다. 겉으로 볼 때는 끊임없이 팽창하고 발전하는 모습이었지만 내부적으로는 사람들의 심령이 황폐화 되어 심히 갈급한 상황에 놓여 있었는데, 그것은 당시 신흥종교들의 출현에서 알 수 있다. 요셉 스미스(Joseph Smith)의 몰몬교, 윌리엄 밀러(William Miller)의 종말론, 사회주의 성격을 띤 각종 종교공동체, 각종 강신술 등과 같은 신흥종교 운동에 많은 사람들이 추종하였던 것은 그만큼 그 시대가 영적으로 황폐화 되어 있었고 갈급한 상황이었음을 말해준다.[56] 그런 시대의 종교상황에 대해 당시의 주류 개신교들이 제대로 응답하지 못한 상황에서 신흥종교들이 우후죽순

---

[53] 정준기, 『복음운동사』(광주: 광신대학교출판부, 1998), 175.
[54] Ibid., 174.
[55] Ibid.
[56] William W. Sweet, Ibid., 324-55.

처럼 자라나고 있었는데, 피니의 부흥사역은 이런 시대의 영적 상황에 대한 정확한 이해와 그 수요를 알고 사람들의 심령에 불을 붙이고 일어난 운동이었다.

피니는 그가 1835년에 쓴 Revivals of Religion 에서 부흥이 필요한 때는 형제사랑과 기독교적 확신이 결여되어 있을 때, 기독교 신앙의 고백자들 사이에 알력과 시기와 서로 비방의 말이 난무할 때, 교회 안에 세속적 정신이 가득할 때, 교인들이 악하면서도 서로를 실족시키는 죄에 빠져들 때, 교회 안에 논쟁적 정신으로 충만할 때, 사악한 자들이 교회를 이기고서 욕할 때, 죄인들이 부주의하고 어리석을 때라고 했다.[57]

이를 볼 때 피니는 그 시대의 영적 상황에 대해서 예리하게 분석하고 있었으며 그러한 시대의 심령이 개혁되는 길은 부흥밖에 없다고 생각했다. 피니는 적어도 그 시대의 종교적 수요에 대해서 민감하게 포착하고 있었으며 이를 위해 적극적으로 부흥을 진작시켜야 된다고 생각했는데 그러한 일을 하는데 제일 방해요소는 하나님의 때를 기다린다고 하면서 부흥을 위해 아무런 도전도 하지 않는 칼빈주의 교회들의 영적 안일에 대해 도전하는 의미에서 인간 의지의 자유를 더욱 강조하며 적극성을 불어넣으려고 했음이 분명하며 이런 점은 당대의 시대정신, 종교적 수요와 맞아 떨어졌다고 할 수 있다. 당대의 시대정신과 황폐화 된 종교상황이 요구하는 종교적 수요는 인간 의지를 강조하는 알미니안화 된 종교였고 피니는 이에 민감하게 반응하여 부흥사역을 펼쳤다.

셋째로 피니 개인의 상황이다. 피니의 Memoirs 를 살펴보면 그가 칼빈주의 교리에 대해 반감을 가지고 받아들이지 않았던 것은 그가 회심한

---

[57] Charles G. Finney, Revivals of Religion, 6-8.

초기부터였음이 분명하다. 좀 더 정확히 말하자면 그는 회심 이전부터 칼빈주의 장로교의 교리에 대해 반감을 가지고 있었음을 알 수 있다. 그렇다면 그가 역사적 칼빈주의를 떠나 알미니안 칼빈주의 교리를 선호하게 된 것은 애초부터 그의 개인적인 성격이 큰 특성으로 좌우되었다고 할 수 있다. 그는 어릴 적 매우 고생하며 황무지에서 개척하며 살았던 시골뜨기였다. 그는 예일대학교에 진학하고 싶었으나 하지 못했다. 나중에 법률사무소에서 근무하면서 변호사가 되는 견습생과정을 거치게 되었다. 그가 성경을 사서 읽게 된 계기는 법률회사에서 근무하면서 일반법의 모든 위대한 원리들이 성경에서 나왔다는 사실을 알게 되었기 때문이다. 결국 피니가 알미니안 칼빈주의 교리를 선호하게 된 이유에 대해 웨들은 이처럼 법심리학적 접근방식에서, 반면 맥롤린은 당시 잭슨식 대중 민주주의의 시대에 피니의 부흥운동은 잭슨식 민주주의를 대변하는 종교적 대중주의라는 인류학적 접근방식을 취한다.[58]

인간 의지의 자율성과 책임을 강조하는 피니의 알미니안 칼빈주의 부흥신학이 웨들의 주장처럼 피니의 법률가로서의 법사상에서 기인하든 잭슨식 대중 민주주의에서 기인하든 피니가 그 시대의 영향으로 인해 알미니안 칼빈주의를 선호하는 성격이 형성되었고 알미니안 칼빈주의 부흥신학의 주창자가 되었음은 분명하다.

이상을 살펴보면 피니가 인간의 자유의지를 강조하는 알미니안 칼빈주의 부흥신학을 형성하게 된 이유는 그 시대의 정치, 사회, 문화, 종교적 영향으로 인한 것임은 분명하다. 피터 윌리엄스는 당시 미국사회가 추종하였던 부흥주의(revivalism)와 완전성화론(perfectionism)은 점증하

---

[58] David., Weddle, "The Law and Revival: A New Divinity for the Settlement", Church History, Vol. 47(1978), 196-214; William McLoughlin, *Lectures on Revivals of Religion by Charles Finney* (Cambridge: Belknap, 1960).

던 감리교 알미니안주의 때문이었다고 했다.[59]

따라서 피니의 알미니안 칼빈주의 부흥신학은 당시 미국사회의 독립주의, 개인주의, 산업화, 대중주의, 끊임없는 서부개척과 실험의 시대에 황폐화 된 심령들 속에 제2차 대각성운동이 일어나고 있었는데 그 시대의 정신을 따라 인간의 자율성과 책임을 유난히 강조하는 웨슬리안주의자들의 부흥방법론이 그 시대에 신축성 있게 적용되면서 양산해 낸 부흥주의를 피니가 칼빈주의 장로교 안에 새로운 부흥신학과 방법론으로 변모시켜 적용한 것이라 할 수 있다. 피니의 알미니안 칼빈주의 부흥신학은 그 시대의 정치, 사회, 문화, 사상적인 배경들과 잘 조화되면서도 그 시대에 흐르고 있었던 종교적인 흐름, 즉 알미니안화에 맞추어서 칼빈주의 교리를 그 시대에 꿰맞춘 부흥신학이다. 이러한 부흥신학은 당시의 잭슨식 민주주의와 같은 대중주의의 인기와 영합하였고 이것이 종교적으로 성공을 거두자 하나의 보편적인 부흥신학처럼 정착되어버린 것이다.

2) 알미니안 칼빈주의 부흥신학과 신복음주의 부흥신학 비교

'알미니안 칼빈주의'란 알미니안화 된 칼빈주의를 의미한다. 네덜란드의 신학자요 목회자였던 알미니우스(Jacobus Arminius, 1560-1609)는 하나님의 의지에 의한 선택, 즉 예정(豫定)보다도 그리스도의 복음에 대해 인간들이 어떻게 반응할지 예지(豫知)하셨다는 것을 강조했던 신학자다. 그의 신학사상은 하나님의 예정과 선택을 약화시키고 복음에 대한 인간의 선택과 거부에 좀 더 무게중심을 두고 있다. 그는 전통적 칼빈주의자들의 예정론(豫定論)을 약화시켜 예지론(豫知論)에 가까운 주장

---

[59] Peter W. Williams, *Popular Religion in America: Symbolic Change and the Modernization Process in Historical Perspective* (Urbana and Chicago: University of Illinois Press, 1989), 134.

을 하였다. 이로 인해 칼빈주의자들과 논쟁이 촉발되어 그의 사후에도 계속되었는데 시간이 경과하면서 차츰 스페인과 네덜란드 간의 독립전쟁과 같은 정치적 요소와 복합적인 사회·경제적 요소들까지 합해지면서 커다란 문제로 비화되었다.

급기야 네덜란드 의회는 이 문제를 종식시키고자 대규모 종교회의를 소집하였는데 1618-19년의 도르트 회의가 그것이다. 이 종교회의에서 알미니안주의자들이 주장했던 다섯 가지 교리가 정죄되었고 칼빈주의자들의 5대 교리가 정통교리로 선포되었다. 무조건적 선택(unconditional election), 제한적 속죄(limited atonement), 전적 타락(total depravity), 불가항력적 은혜(irresistible grace), 성도의 견인(perseverance of saints)이다.[60] 사실 알미니안주의는 새로운 신학사상이 아니라 어거스틴 시대에는 펠라기우스 논쟁을 통해 주장되었던 사상으로서 좀 더 정확히 말하면 반(半)펠라기우스주의라고 할 수 있다. 반펠라기우스주의는 아담의 죄가 유전되고 은혜로 구원을 얻는다는 기본전제에 있어서는 어거스틴주의를 따르나, 하나님의 은혜가 모든 사람에게 제시되지

---

[60] 애초 알미니안주의자들이 칼빈주의에 대항하여 내놓은 5대 교리는 다음과 같다. 첫째, 예정: 하나님은 창세 전에 예수 그리스도를 믿고 구원받게 될 자를 미리 예정하셨다(그러나 그들의 이 주장은 '결정적 예정론'이 아니라 '개방적 예정론'으로서 예지론에 가깝다). 둘째, 구속: 그리스도의 구속사역은 예정된 자들만을 위한 것이 아니라 모든 인간을 위한 것이다(만인구원론까지는 아니지만 그리스도의 구속사역이 지니는 보편적 의미에 무게중심을 둠). 셋째, 죄 혹은 자유의지: 아담의 타락 이후 인간은 선한 의지를 상실했기 때문에 스스로의 힘으로는 선을 행할 수 없는 죄인들이다. 그러나 그리스도의 구속사역 혹은 성령의 역사(役事)에 어떻게 반응하는가는 사람들의 자유의지에 달렸다. 넷째, 은혜: 하나님은 모든 인간에게 원죄의 영향력을 깨뜨려버릴 만한 충분한 은혜를 주셨다. 또 성령과 협력하여 중생한 삶을 살 수 있도록 하는 은혜도 주셨다. 만약 어떤 사람이 중생하지 못했다면 그것은 하나님의 이 충분하고도 능력있는 은혜를 충분히 활용하지 못했기 때문이다. 다시 말해 불가항력적(irresistible)이라고 말할 수 없다. 다섯째, 성도의 견인: 성경에는 성도의 견인(perseverance of saint)에 관한 가르침, 곧 한번 중생한 성도는 결코 하나님의 은혜로부터 떨어져 나갈 수 없다는 가르침에 대한 명확한 근거가 제시되어 있지 않지만 그렇다고 하여 이에 반대되는 가르침을 가르쳐서는 안 된다〈김광채, 『자율시대의 교회: 근세·현대교회사』, (서울: CLC, 2000), 94-95에서 인용〉

만 인간의지에 의해 받아들여지거나 거부될 수 있다는 신학사상이다. 어거스틴주의는 하나님의 선택에 의해 선행적으로 주어진 은혜를 강조하지만 반펠라기우스주의는 인간의 의지에 의해 거부되거나 수용된다고 함으로써 구원을 절대적인 은혜가 아니라 인간의 의지에 의해 좌우될 수 있는 어떤 것이라고 주장했다. 이러한 신학사상은 독일의 경건주의와 영국의 웨슬리안주의에 깊이 침투해 들어갔으며, 피니 당시에는 미국 감리교의 부흥운동을 통해 미국의 여러 개혁교회에도 스며들어갔는데 이는 당시 미국의 여러 사회, 정치적 현상들과 맞아떨어졌기 때문이다.

조지 마즈던(George M. Marsden)은 청교도들에 의한 미국의 건국초기로부터 20세기 후반까지 미국의 개혁주의는 교리주의, 문화주의, 경건주의 특성을 가진 3대 지류가 흘러왔는데 피니 당시의 미국 개혁주의는 17,8세기의 엄격한 칼빈주의 청교도들보다 신학적 혁신과 변형에 있어서 좀 더 관용적인 그러나 급진적인 자유주의가 아닌 다소 온건한 반(半)칼빈주의 또는 반(半)펠라기우스주의로 이전되었다고 했다.[61] 마즈던은 이러한 반칼빈주의 혹은 반펠라기우스주의의 특징으로서 부흥운동을 촉진시키기 위해 피니가 사용했던 '새로운 수단들'에서 전통적 칼빈주의에서 떠나려는 복음주의의 개방성 그리고 개인적인 경험을 강조하므로 신앙의 개인주의화, 선교와 전도와 출판과 교육과 사회개혁을 위한 다양한 독립단체들(준(準)교회:파라처치)의 괄목할 만한 등장이라고 했다.[62]

알미니안 칼빈주의는 '반펠라기우스주의(semi-Pelagianism)'와 비슷한 신학으로서 하나님의 예정과 절대주권을 주장하는 칼빈주의 신학의

---

[61] George M. Marsden, "개혁주의와 미국", David F. Wells 편집, 『웨스트민스터 신학과 화란 개혁주의』 박용규 역 (서울: 도서출판 엠마오,1992), 11-28.
[62] Ibid., 19

수위를 좀 더 낮추고 인간의 자유의지와 책임을 강조하는 펠라기우스주의를 좀더 높이는 신학이다. 그러기에 완전한 칼빈주의도 완전한 펠라기우스주의도 아닌 신학이다. 알미니안 칼빈주의의 신학적 쟁점은 하나님의 절대주권과 예정을 별로 언급하지 않거나 점점 약화시키고 무시하는 반면 인간의지의 자유와 낙관론을 좀 더 강조하는 점이다. 알미니안 칼빈주의는 하나님의 절대주권과 예정에서 인간의 자유의지와 책임으로 무게중심이 옮겨짐으로써 좀 더 인본주의화된 신학이다. 그러기에 부흥신학의 핵심적 내용이 되는 회심론에 있어서 하나님의 주권적 선택에 의한 성령의 선행적(先行的) 역사로 인해 회심이 일어난다기보다 인간의 자유의지를 발동시켜 의지를 하나님에게 굴복시킴으로써 회심이 이루어진다고 보았던 것이다.

피니의 '알미니안 칼빈주의'와 비교대상이 되는 빌리 그레이엄의 '신복음주의 부흥신학'은 2장에서 많이 언급하였기에 재론하지 않겠다. 다만 두 부흥신학을 비교하기 이전에 언급해야 할 것은 피니 시대의 쟁점과 빌리 그레이엄 시대의 쟁점이 서로 달랐다는 것이다. 피니 시대의 쟁점은 칼빈주의와 알미니안주의 신학적 수위(水位)에 대한 것이었지만 이는 성경해석상의 차이였을 뿐 성경관 자체가 달라진 것은 아니었다.

성경관에 있어서는 칼빈주의든 알미니안 칼빈주의든 둘 다 칼빈주의 성경관을 따랐다. 그러나 빌리 그레이엄 시대에는 진화론과 성경고등비평 같은 자유주의의 도전으로 인해 성경이 하나님의 말씀이 아니라 인간의 말이라는 불신앙이 퍼져서 성경에 대한 절대적 권위가 약화되고 도전받았다. 자유주의 도전으로 인해 정통신앙이 흔들리던 시대에 대(對) 자유주의 전략을 어떻게 행할 것이냐에 있어서 근본주의(Fundamentalism)는 '거룩'의 신학을 강조하여 대형화된 자유주의 교회들을 배교의 집단이라고 보고 여기서 '성별, 분리'를 강조하며 전투적 논쟁을 전개한 반면, 신복음주의(New Evangelicalism)는 '사랑'의 교리를 강조하며 자유주의 교회들에 침투해 들어가 변화시키는 '포용, 화해, 일치'를 강조하였으며 논쟁을 지양(止揚)하고 협력의 방법들을 모색하였다.[63] 빌리 그레이엄은 이러한 신복음주의 라인에 서 있는 부흥신학자로서 자유주의자들을 향해서까지도 포용, 화해, 일치, 협력의 부흥을 꾀한 사람이었다. 피니와 빌리 그레이엄 시대의 이러한 쟁점의 차이를 염두에 두고서 둘 사이의 부흥신학을 비교해 보자.

(1) 부흥의 주체에 있어서 피니는 하나님에 의한 부흥을 인간의 노력과 열심에 의한 부흥으로 바꾼 장본인이다

피니는 하나님의 예정에 대해서 전적으로 부정한 것은 아니지만 인간의 노력과 의지적인 열심을 강조함으로써 하나님의 예정과 절대주권을 약화시켰다. 그리하여 부흥은 인간의 노력과 의지적인 열심에 의해서 만들어질 수 있는 것으로 개념화시켰다. 즉 하나님에 의한 부흥을 인간에 의한 부흥으로 바꾼 것이다. 물론 피니가 부흥에 있어서 하나님의 주권성을 전적으로 부정한 것도 아니고 부흥을 인간의 노력과 열심의 산물만으로 본 것도 아니지만 그럼에도 불구하고 그는 부흥이 하나님의 절대주권에 의해서 이루어지는 것만이 아니라 거기에 인

---

63 근본주의에 관한 책들로는 다음과 같은 것들을 보라. Ernest R. Sandeen, *The Origins of Fundamentalism: Toward a Historic Interpretation* (Philadelphia: Fortress Press, 1968); Ernest R. Sandeen, *The Roots of Fundamentalism: British and American Millenarianism 1800-1930* (Grand Rapids: Baker Book House, 1978); George M. Marsden, *Fundamentalism and American Culture: The Shaping of Twentieth-Century Evangelicalism 1870-1925* (New York: Oxford University Press, 1980); George M. Marsden, *Reforming Fundamentalism: Fuller Seminary and the New Evangelicalism* (Grand Rapids, Michigan: William B. Eedermans Publishing Company, 1988); David O. Beal,『근본주의 역사』(*In Pursuit of Purity: American Fundamentalism Since 1850*), 김효성 역 (서울: CLC, 1994).

간의 노력과 의지적인 열심이 있어야만 한다고 함으로써 부흥의 개념을 바꾸었다. 즉 부흥은 하나님의 절대주권에 의해서 이루어지는 것이 아니라 인간의 노력과 의지적 열심에 의해서 만들어진다는 '부흥주의(revivalism)'의 원조가 된 것이다.

빌리 그레이엄은 부흥의 주체에 있어서 이러한 피니의 견해를 그대로 이었다고 해도 과언이 아니다. 아니 부흥의 주체에 있어서 빌리 그레이엄은 그의 탄탄한 동료들과의 팀워크를 통해서 얼마든지 성공할 수 있다고 보았다는 점에서 피니보다 한 걸음 더 나아갔다고 할 수 있다. 뿐만 아니라 피니 시대보다 훨씬 현대화 된 도구들, 즉 교통과 통신장비와 방송매체들을 통해서 부흥은 이러한 장비들을 효과적으로 사용하는 인간들의 노력과 의지적 열심에 의해서 얼마든지 일어날 수 있고 훨씬 효과적으로 창출될 수 있다고 보았다. 그리하여 빌리 그레이엄의 부흥집회는 피니 시대보다 훨씬 규모가 크고 통제가 더욱 고도화되는 기교적 부흥신학이 되었으며 전문화된 부흥사역이 되었다.

빌리 그레이엄의 부흥집회는 텔레비전이나 영화와 같은 현대 대중매체를 적극 활용해서 대중연설을 하는 정치유세나 대중 연예인들의 대중문화활동과 비슷한 형태가 되었다. 빌리 그레이엄의 부흥사역에 대중매체를 사용한 것이 문제가 있다는 것이 아니라 그러한 부흥사역의 저변에 깔려 있는 부흥신학을 지적하는 것이다. 그것은 부흥이 하나님에 의한 부흥이 아니라 현대화 된 문명의 이기들을 자유자재로 조작할 수 있는 자금력과 종교적 지위를 가진 사람들에 의해서 얼마든지 만들어질 수 있다는 부흥신학 위에 서 있다는 것이다. 빌리 그레이엄의 부흥사역이 영향력 있는 정치인들과의 밀착과 방송매체의 적절한 활용과 부흥사역을 위한 상비인력의 확보와 박대한 자금력의 동원은 빌리 그레이엄의 부흥신학이 인간의 노력과 의지적 열심에 의해서 만들어질 수 있다는 인간중심의 알미니안화 된 부흥신학으로서 부흥의 주체에 있어서 피니의 부흥신학을 그대로 잇되 현대화 된 문명의 이기들을 더욱 활용하여 피니보다 훨씬 더 나아감으로써 그것이 문명의 이기들을 민감하게 활용하는 대중문화활동과 별 차이가 없게 만들어버렸다.

(2) 부흥의 객체인 인간을 어떻게 볼 것이냐에 있어서 피니와 빌리 그레이엄은 모두 낙관적이다

피니나 빌리 그레이엄이 모두 인간의 죄로 인한 타락을 부정했다는 것이 아니다. 둘 다 인간의 죄로 인한 타락을 주장했고 그것이 인간의 근본적인 문제임을 잘 알고 있었다. 그럼에도 불구하고 회심에 있어서 인간의 자유의지를 동일하게 강조했다. 피니는 당대의 칼빈주의가 하나님의 절대주권을 강조함으로써 인간의 자율과 책임을 약화시켜서 종교적 안일을 조장한다고 생각하여 이를 극복하기 위한 대안으로서 회심에 있어서 인간의 자유의지를 강조하였다. 피니의 회심론이란 설교자를 통해서 선포되는 말씀을 듣고 회개하여 의지적으로 그 마음을 그리스도께 굴복시키는 것이라고 보았다. 그리하여 피니의 회심론은 주의론(主意論)적인 형태를 띠게 되었고 그 결과 피니의 회심론은 이 땅에서 얼마나 영적인 투쟁을 하느냐에 따라서 죄에 조금도 유혹받지 않는 성화를 이룰 수 있다는 완전성화론에 이르게 되었다. 그러다보니 피니는 신자들로 하여금 이 땅에서 도덕적 의무를 다하도록 매우 강도 높은 요청을 하게 되었다.

빌리 그레이엄의 인간론과 회심론은 피니의 접근방식과 달리 현대 문명사회 속에서 살아가는 인간의 근본적인 불안과 모순과 인류문명의 위기를 지적하고 인간의 실존적 위기를 지적함으로써 그러한 위기

의 근원이 죄에 있음을 지적했다. 빌리 그레이엄은 인간사회의 모순과 위기, 인간의 근본적인 불안과 두려움을 통해서 인간의 본질은 타락한 죄인이라는 것을 지적했다. 빌리 그레이엄이 이처럼 인죄론을 접근할 때 실존적 분석을 통해서 접근해 들어간 것은 그의 시대에는 이미 고등비평이나 진화론과 같은 현대과학에 의해서 도전을 받았고 또한 미국의 기독교가 현대주의 근본주의 논쟁을 통해서 대사회적 리더십을 상실하고 블록화 되었기에 매력적인 종교로서 지성사회에 접근하여 목소리를 내기 위한 실존주의 철학의 틀을 썼음이 분명하다.

빌리 그레이엄의 인간론과 회심론의 접근방식과 시대적 배경은 분명 피니 시대와는 다르지만 그러나 그의 설교를 종합해 볼 때 피니의 인간론과 회심론을 그대로 잇고 있음이 분명하다. 피니가 설교를 통해서 법정의 검사처럼 구체적인 죄를 날카롭게 지적함으로써 '당신은 죄인입니다'라고 도전했던 것처럼 빌리 그레이엄도 실존적 위기상황에 있는 인간과 사회의 모습을 통해서 '당신은 죄인입니다'라고 도전했다.

어떤 방식으로 접근하든 둘 다 인간의 근본문제가 죄라는 것을 밝히기는 했지만 죄로 인한 인간의 타락을 어디까지 보느냐에 있어서는 둘 다 인간의지의 자유를 인정하는 점에서 볼 때 인간의지에 대해서는 낙관적인 견해를 취했음이 분명하다. 인간은 설교자를 통해서 선포되는 말씀을 듣고 즉시 그의 의지의 자유를 발동하여 그리스도께 굴복시킴으로써 회심할 수 있으며 구원을 얻을 수 있다고 보았던 것이다. 그래서 피니가 시도하였던 '불안의 좌석'을 빌리 그레이엄은 그의 부흥집회가 끝날 때 '강단초청'을 통해서 거기로 나아온 자들에게 즉각적인 구원의 선포를 했는데, 이는 강단초청에 응해서 나온 자들이 자유의지를 발동하여 그리스도께 굴복한 자들이라고 보았기 때문이다. 피니와 빌리 그레이엄의 인간론은 이런 점에서 인간의지의 자유를 강조한 알미니안 칼빈주의 회심론이다.

그러나 피니와 빌리 그레이엄의 차이점은 피니가 완전성화론을 주장한 반면에 빌리 그레이엄의 설교나 책들 속에서는 완전성화론을 주장한 것이 나타나지 않는다는 점이다. 피니는 신학적인 면에서 인간의 자유의지에 기초한 회심론을 더욱 밀고 나아가 자유의지를 발동하여 성화를 위해 힘씀으로써 완전성화에 이를 수 있다고 주장하여 알미니안화 된 회심론을 알미니안화 된 성화론의 극단으로 밀고 나간 점에서 자신의 신학에 철저한 사람이었다면, 빌리 그레이엄은 인간론과 회심론에 있어서는 알미니안화 된 관점을 갖고 있었으나 성화론에 있어서는 그러한 태도를 취하지 않고 다만 기도와 말씀읽기와 교회와 사회를 섬기는 삶으로써 성화를 대체함으로써 신학적으로 철저하지 못한 약점을 실천적인 측면으로 덮어버렸다.

그러나 빌리 그레이엄의 회심 이후의 삶도 그 내용을 따져놓고 보면 알미니안화 된 회심론에 기초하여 인간의지를 사용하여 성화에 이른다는 관점에서는 피니와 차이가 없다. 빌리 그레이엄의 회심론과 성화론은 당시 사회복음을 강조하는 자유주의자들과의 논쟁 한 복판에서 사회의 근본문제를 인간의 죄 문제로 보고 회심을 통한 인간의 변화를 통해 사회가 변혁될 수 있다고 본 관점을 견지한 것은 일관성 있는 빌리 그레이엄의 부흥신학이라 할 수 있다.

(3) 부흥의 방법론에 있어서 피니는 '새로운 방법론들'을 도입하여 논쟁을 촉발했다

그런데 이러한 방법론들은 피니의 새로운 부흥신학, 즉 알미니안 칼빈주의 부흥신학에서 연유하고 있다. 부흥의 주체를 하나님의 절대주권 사역으로 인정한다면 부흥의 객체인 인간의 회심과 성화도 근본적으로 인간의 노력과 의지적 열심에 기초한 것이 아니라 하나님의 선

행적이고 주권적인 역사에 의해 이루어진다. 역사적 칼빈주의 부흥신학이 하나님의 절대주권적 사역을 강조한다고 해서 인간의 노력과 열심을 배제하고 부흥에 있어서 인간의 수동성과 소극성을 강조하여 인간을 안일에 이르도록 한다고 생각하면 오산이다. 오히려 부흥이 죄로 인해 타락한 인간을 살리시는 하나님의 절대주권적인 사역임을 인정할 때 하나님을 향한 무한한 사랑으로 불타게 되는 것이고 그리하여 하나님이 주신 정당한 은혜의 방편들을 통해서 더욱 하나님을 향해 가게 되어 있다.

그런데 피니는 알미니안화 된 부흥신학을 주장함으로써 이제는 부흥의 방법론에 있어서도 하나님이 주신 정당한 은혜의 방편을 넘어서서 인간의지에 기초한 여러 새로운 방법론들을 도입하였다. 피니 시대로부터 부흥을 위한 새로운 방법론들이 유입되면서 갈수록 문명이 발달하면서 최첨단의 부흥의 방식들과 인간의 조직적인 방법론들이 유입되면서 나중에는 하나님의 부흥이 아니라 인간에 의해서 만들어지고 통제 가능한 부흥으로 그 개념이 변질된 것이다. 부흥신학은 약화되고 부흥을 진작시킬 기술적이고 실용적인 방법론들이 우위에 서게 된 것이다. 피니 시대에 칼빈주의 신학자들과의 논쟁은 새로운 방법론들에 관한 것이었는데, 이러한 자유로운 방법론들을 향해 문이 열리면서 갈수록 부흥신학은 실종하고 부흥의 방법론과 인간적 전문성이 우위에 서는 방향으로 역사는 흘러왔던 것이다.

적어도 피니는 그의 알미니안화 된 부흥신학에 기초한 부흥의 방법론들을 사용함으로써 신학과 방법론의 균형은 유지하였다. 그러나 갈수록 부흥신학에 대해서는 깊이 생각지 않으면서 피니에게서 사용된 부흥의 방법론들은 더욱 전문화시키고 개발하여 나중에는 부흥의 방법론들이 부흥신학을 좌지우지 하는 형태에 이르게 되었다. 피니가 부홍의 새로운 방법론들을 주장함으로써 부흥신학의 개념을 되돌리도록 하는 지점이었다면, 그후의 부흥주의자들은 이를 더욱 개발하고 현대문명의 방법론들을 첨가함으로써 부흥을 전문화시키고 대중화시켰지만 부흥신학은 갈수록 그 깊이가 얕아져서 부흥의 광범위성 만큼 부흥을 통한 인간영혼의 변화와 사회개혁은 미미했던 것이다.

빌리 그레이엄은 부흥의 방법론 면에서 피니의 새로운 부흥의 방법론을 그대로 이어받았지만 이를 더욱 현대문명의 이기들을 도입하고 사람들을 조직화시켜서 극단으로 밀고 나아갔다. 피니는 그의 부흥신학을 극단으로 밀고나간 사상가적인 측면이 강하다면, 빌리 그레이엄은 피니의 부흥신학을 그대로 이었지만 이를 현대사회에 적용시키는 기술적인 측면에서 밀고나간 실천가적 측면이 강하다.

REVIVAL

••• 제5장 •••
디 엘 무디와 빌리 그레이엄의 부흥신학

무디가 직접 쓴 책은 거의 없다. 무디의 책처럼 보이는 것들도 대부분 그가 부흥사로서 유명세를 타기 시작할 무렵, 그의 부흥집회 설교가 신문이나 종교잡지에 인쇄된 것들이거나 출판사에 의해 편집된 것들이다. 그렇다고 무디와 관련된 책들이 빈약한 것도 결코 아니다. 무디 연구를 위해 정열을 쏟았던 윌버 스미스(Wilbur M. Smith)는 무디의 설교, 연설, 일화와 관련된 책들 목록을 총 113개로 작성하였는데, 이를 보면 무디 관련 책들이 매우 방대함을 알 수 있다.[1] 스미스 이후에도 무디의 생애와 업적에 관한 책들뿐만 아니라 무게 있는 학위논문들까지 계속 나오고 있으므로 이것들까지 합해지면 더욱 방대해진다. 이 방대한 책들 중 무디의 부흥신학과 직접적으로 관련된 저서들은 무디의 부흥집회 설교들이 편집된 설교집들이다. 그런데 이 설교집들 대부분이 여러 사람들에 의해 편집된 것들이어서 때로는 설교내용이 중첩되는 경우가 많다. 그러므로 부흥신학과 관련된 설교제목을 먼저 쓰고 그 설교가 수록된 설교집의 이름을 기록하는 방식으로 각주할 것이다.

---

1 Wilbur M. Smith, *An Annotated Bibliography of D. L. Moody* (Chicago: Moody, 1948), 97-108, Cited as Annotated Bibliography.

무디는 초등학교도 제대로 졸업하지 못한 학력의 소유자였으며 전문적으로 신학을 공부한 사람도 아니었으며 목사안수를 받은 사람도 아니었다.[2] 그런 무디에게 과연 뚜렷한 신학적 배경을 가진 부흥신학이 있었겠느냐 의문을 가질 수도 있다. 그러나 무디의 생애와 신학을 총체적이면서도 조직적으로 분석했던 스탠리 군드리(Stanley N. Gundry)의 박사논문 개정판 서문에는 무디의 설교에 아무리 신학적 내용이 불충분하고 그 표현이 미흡하다고 할지라도 함축적인 신학이 포함되어 있다고 했다.[3] 그러므로 무디의 설교에는 그의 부흥신학의 신학적 측면과 실천적 측면이 녹아 있다고 할 수 있다. 무디의 설교집들 중 그의 부흥신학에 관한 신학적 측면과 실천적 측면을 파악하는데 직접적 도움이 되는 것은 *The Way to God*와 *Revivals*이다. *The Way to God*는 1884년에 Fleming H. Revell Company에서 편집한 9편의 설교 묶음인데 무디 자신이 독자들을 위해 직접 서문을 쓰고 서명하였다.[4]

이 설교집은 무디의 부흥신학의 신학적 측면인 인간론과 회심론이 여기저기 파편처럼 흩어져 나타나 있다. *Revivals*는 1900년 출판된 설교집 *Moody's Latest Sermon*에 수록된 설교로서 무디 자신이 생각하는 부흥신학이 무엇인가를 잘 보여주는 귀중한 자료이다.[5]

---

[2] 무디의 생애에 관한 책들은 다음을 참조하라. Arthur P. Fitt, *The Life of D.L. Moody* (Chicago: Moody Press); Faith Baily, *D.L. Moody* (Chicago: The Moody Bible Institute, 1959); George Sweeting & Donald Sweeting, *Lessons From the Life of Moody* (Chicago: The Moody Bible Institute, 1989); William R. Moody, *The Life of D.L. Moody* (Sword of the Lord Publishers); Harry J. Albus, *A Treasury of Dwight L. Moody* (Mi: Eerdmans Publishing Company, 1949); J.W. Hanson, *Memorial Life and Works of Dwight L. Moody: The World's Greatest Evangelist* (Naperville, ILL: J.L. Nichols & Co., 1900).

[3] Stanly N. Gundry, *The Life & Theology of Moody* (Mi: Baker Book House, 1976).

[4] 이 설교집에 수록된 설교제목들은 Love That Passeth Knowledge, The Gateway into the Kingdom, The Two Class, Words of Counsel, A Divine Saviour, Repentance and Restitution, Assurance of Salvation, Christ All and in All, Backsliding이다.

[5] D.L. Moody, "Revivals", *Moody's Latest Sermons* (Chicago, 1900). *Moody's Latest Sermon*에 수록된 설교들은 "Revivals"를 포함 총 7편인데 The Ninety-First Psalm, The Eighth Chapter

1. 디 엘 무디의 주요 저서들에 나타난 부흥신학

1) *The Way to God*

이 책은 무디의 부흥신학이 어떠한 것인지 그 대략적인 얼개들을 보여주고 있다. 이를 분석하여 몇 가지로 정리해 보자.

(1) 무디의 부흥설교의 핵심 메시지는 '하나님의 사랑'이다

이는 무디가 생각하는 하나님이 어떤 분이신가를 말해주는 신론(神論)이라고 할 수 있다. 무디는 늘 '사랑의 하나님'을 바라보았고 증거했다. 피니가 법정에 선 검사처럼 인간의 죄를 날카롭게 지적하여 빠져나올 수 없는 상황으로 몰아붙여 '나는 죄인이로소이다'라고 무릎을 꿇게 하는 방식이었다면, 무디는 인간의 죄에 대한 지적보다 자애로운 어머니처럼 하나님의 사랑을 강조함으로써 그 사랑에 심령이 녹아져서 죄인임을 고백케 하는 방식이었다. 피니가 하나님의 거룩성을 강조하였다면, 무디는 하나님의 사랑을 강조하였다. 피니와 무디의 이런 차이는 이솝우화의 바람과 태양을 연상케 한다. 나그네의 옷을 벗기기 위해 바람은 강력한 힘으로 벗기려고 하지만 태양은 따스하게 비추어 자연스럽게 옷을 벗긴다. 피니는 하나님의 거룩성이라는 바람으로 죄인의 누더기 옷을 벗기려 했지만, 무디는 하나님의 사랑으로 녹여 죄인의 누더기 옷을 벗기려 했다. 무디의 부흥설교의 핵심 메시지는 하나님의 사랑이다.

---

of Romans, Temptation, Four Questions From God, The Transfiguration, Mary and Martha 이다. 1973년 한국의 백합출판사에서 번역 편집한 『무디 설교집』에는 *The Way to God*에 수록된 9편의 설교들 외에 7편의 설교를 더 수록하고 있는데 그 중에 Revivals가 "신앙부흥"이라는 설교제목으로 수록되어 있다.

만약에 내가 사도 요한이 말한 "하나님은 사랑이시다"라는 말씀의 진정한 의미를 사람들에게 이해시킬 수만 있다면, 나는 이 한 말씀만을 가지고 온 세상에 두루 다니며 이 영광스러운 진리를 전파할 것입니다. 만약에 당신이 어떤 사람을 사랑하고 있다는 것을 확신시킨다면 당신은 그 사람의 마음을 사로잡을 것입니다. 만약에 우리가 사람들로 하여금 하나님이 그들을 사랑하고 계신다는 것을 진정 믿게 할 수 있다면, 헤아릴 수 없이 많은 사람들이 구름 떼처럼 천국으로 몰려드는 광경을 목격하게 될 것입니다. 문제는 이것입니다. 사람들은 하나님이 그들을 항상 미워하고 계신다고 생각하는 것이며, 그래서 그들은 항상 하나님으로부터 도망가고 있는 것입니다.[6]

무디는 하나님의 사랑은 인간의 언어를 초월하는 깊고, 높고, 넓은 것이며, 인간은 죽을 때까지 하나님의 사랑을 다 알 수 없다고 했다. 인간의 사랑 중에 가장 강한 것이 어머니의 자식들을 향한 사랑이지만 하나님의 사랑은 이것과도 비교할 수 없는 참된 사랑이라고 했다. 무디는 하나님의 사랑의 참된 높이와 깊이와 넓이는 갈보리 십자가에 독생자를 내어주신 데서 나타났다고 했다. 죄인들을 위해 독생자를 내어주신 하나님의 사랑은 늘 무디의 심령을 사로잡고 있었다. 무디는 이 사랑에 기초하여 죄인들에게 호소함으로써 하나님의 사랑의 품안으로 돌아오도록 외쳤다. 무디의 부흥설교는 죄인들에게 하나님의 놀라운 사랑, 갈보리 십자가에 독생자를 내어주신 그 사랑을 깨닫고 그 사랑의 품으로 돌아오도록 하는 것이었다. 무디의 부흥요절은 요한복음

---

[6] D.L. Moody, "Love that passeth Knowledge", *The Way to God* (Chicago: Fleming H. Revell Company, 1884), 7. "If I could only make men understand the real meaning of the words of the apostle John—"God is Love", I would take that single text, and would go up and down the word proclaiming this glorious truth. If you can convince a man that you love him you have won his heart. If we really make people believe that God loves them, how we should find them crowding into the kingdom of heaven! The trouble is that men think God hates them; and so they are all the time running away from Him."

3:16이라 할 수 있다. "하나님이 세상을 이처럼 사랑하사 독생자를 주셨으니 이는 저를 믿는 자마다 멸망치 않고 영생을 얻게 하려 하심이니라." 무디가 생각하는 부흥이란 죄인들의 완악한 심령을 하나님의 사랑으로 녹여 회개시킴으로써 하나님의 사랑의 품에 안기게 하는 것이다. 무디는 하나님의 사랑에 기초하여 죄인들을 회개시키는 사랑의 방식으로 부흥설교를 했다.

> 하나님이 원하시는 것은 자유로운 인격을 가진 천상의 자녀들이지 기계나 노예가 아닙니다. 하나님은 완고한 우리의 마음을 강압적인 방식으로 깨뜨리실 수 있으나 사랑의 법칙으로 하나님에게로 이끄시기를 원하십니다.[7]

(2) 부흥의 대상인 인간 이해에 있어서 무디는 인간을 반드시 중생이 필요한 존재로 보았다

인간은 그 자신의 어떤 노력에 의해서도 구원받을 수 없는 타락한 존재이다. 무디는 "중생의 교리는 다가올 세상을 위한 우리의 모든 희망의 기초"요 "기독교의 ABC"로서 이 교리에 견고히 서지 못하면 성경의 다른 모든 교리에도 굳건히 설수 없으며 성경말씀에서 부딪히는 수천 가지의 어려움도 풀 수도 없다고 했다.[8] 무디는 예수님이 거듭나야만 하나님 나라에 들어갈 수 있다는 중생의 교리를 사마리아 여인이나 세리 마태와 같이 사회적으로 공인된 죄인들이 아니라 예루살렘 사람들 중 가장 모범적인 사람인 니고데모에게 말씀하셨다는 점을 주지시

---

[7] D.L. Moody, *Ibid*., 17. "God wants sons and daughters in heaven; He does not want machines and slaves. He could break our stubborn hearts, but He wants to draw us towards Himself by the cords of love."
[8] D.L. Moody, "The Gate Way into the Kingdom", *The Way to God*, 22.

키면서 중생이 필요 없는 사람은 하나도 없다고 강조했다.[9] 무디의 인간론이 여기에 잘 나타나 있는데 무디는 인간이란 중생이 요구되지 않을 만큼 선한 사람은 하나도 없다는 것, 다시 말해 모든 인간은 타락하여 새로 태어나지 않으면 안 되는 소망 없는 존재라고 보았다. 무디는 타락한 인간은 "위로부터", "성령으로" 태어나야만 참다운 소망이 있다고 보았던 것이다.[10] 무디는 중생이라고 착각하고 있지만 중생이 아닌 것들의 목록을 들고 있는데 이는 "교회출석, 옳은 일을 하고자 노력하는 것, 새로운 결심, 세례, 성찬, 규칙적인 기도생활"등이다.[11] 무디는 이러한 것들의 가치를 부정하지는 않지만 그것들을 중생과 동일시하고 그것들에 소망의 근거를 두는 것은 위험하다고 보았다. 다시 말해 무디는 성령에 의해 새롭게 태어나지 않고 거듭남의 흉내만 내는 것들에 소망의 근거를 두는 거짓 확신들을 무너뜨림으로써 죄로 타락한 인간의 소망 없는 상태를 보게 한 것이다.

그러나 무디가 인간을 타락의 존재로 보았다고 할 때 그것은 개혁주의 인간론에서 말하는 전적 타락의 존재는 아니다. 무디는 타락한 인간에게 중생이 필요함을 강조했고 또한 중생의 역사는 인간노력의 산물이 아니라 성령에 의해서 이루어지는 것임을 강조하였음에도 불구하고 중생을 위해서는 인간 편에서 의지를 발동시켜 적극 회개하고 믿는 과정이 요구된다고 했다. 무디는 중생이 성령의 역사임을 강조하면서도 그것은 인간의 자유의지를 발동시켜 회개하고 믿는 과정을 통해서만 이루어짐을 강조했다. 즉 무디는 성령에 의해서 중생되었기 때문에 회개하고 믿는 것이 아니라, 회개하고 믿음으로써 중생한다고 주장

---

9 *Ibid.*, 23-24.
10 *Ibid.*, 22-23.
11 *Ibid.*, 24-26.

함으로써 구원의 논리적 순서를 뒤집은 것이다. 성령으로 중생했기 때문에 회심하는 것이 아니라 자유의지를 발동시켜 회개하고 믿음으로써 중생한다는 주장은 개혁주의 인간론이 전제되어 있기보다는 회심에 있어서 인간의 자유의지를 주장하는 알미니안주의 인간론이 전제되어 있다. 무디가 의도적으로 개혁주의 인간론과 알미니안주의 인간론을 대비시켜 설교하지는 않았다고 할지라도 그의 인간론 속에는 이미 당대에 점증하고 있었던 알미니안주의 인간론이 스며들어 있으며 이는 그의 회심론에도 영향을 미치게 되고 결국은 그의 부흥신학의 성격을 형성하게 된다.

(3) 부흥신학의 핵심이라 할 수 있는 회심론에 있어서 무디는 회심을 중생, 회개, 믿음, 구원 등의 개념과 거의 구별하지 않고 사용하였다

다시 말해 무디는 명확하게 정리되지 않은 회심론을 갖고 있었다. 무디는 중생을 하나님 나라에 들어가는 유일한 길로 보았으며, 어떻게 중생하는가에 대해서는 성령으로 중생한다고 강조했다. 그런데 성령으로 중생하는 데는 하나님이 갈보리 십자가에서 이루신 일을 마음으로 받아들임으로써 가능하다고 하면서 이는 "누구든지", "원하기만 하면" 가능하다고 하여 중생이 인간의 자유의지에 달려 있는 인상을 주고 있다.[12]

믿음과 관련하여 무디는 "여러분이 버림 받는다면 그것은 아담의 죄 때문이 아니나(If you are lost, it will not be on account of Adam's sin)"라고 하면서 우리의 구원을 위해서 십자가에 달리신 그리스도를 영접치 않은 데

---

[12] Ibid., 24-26.

버림받음의 원인이 있다고 했다.[13] 무디는 인간이 버림 받는 것은 아담의 죄 때문이 아니라 하나님이 이루신 구원을 인간 자신이 거부했기 때문이라고 하면서 구원을 얻는 믿음에 있어서 인간의 무한한 자유와 책임을 강조함으로써 믿음이 하나님의 선물이라기보다 인간의 의지적 결단에 의한 것임을 강조했다. 무디는 믿음이란 단순히 갈보리 십자가의 그리스도를 '바라봄'이며 '신뢰'이며 '말씀을 받아들임'으로 보았다.[14] 무디가 중생의 교리를 설명하는 니고데모 기사(요한복음 3장)를 따라 중생의 필요성, 중생과 하나님 나라, 성령에 의한 중생, 믿음과 구원의 순서로 설교하다보니 중생, 믿음, 구원의 개념을 교호적으로 사용했는지 모른다. 그러나 그의 다른 설교들도 꼼꼼히 살펴보면 믿음이란 '하나님의 말씀을 들음으로써 생겨난 하나님의 선물'이라기보다 '하나님의 말씀에 대한 신뢰'라고 함으로써 인간 편에서의 자유의지에 의해서 형성된 심리적 결과물인 것처럼 말하고 있다.[15]

무디가 생각하는 회개는 '죄로부터의 철저한 방향전환'이다. 무디는 겉으로 드러난 행위가 회개와 비슷하나 참된 회개가 아닌 것들로 "공포감(fear) 속에서 일시적으로 하나님을 찾고 의지하는 것", "자신의 신세에 대한 슬픈 감정(feeling)", "금식과 신체적 고행(fasting and afflicting the body)", "후회(remorse)", "정죄(conviction of sin)", "기도하거나 성경을 읽는 행위(praying and reading the Bible)", "어떤 한 가지의 구체적인 죄를 버리는 것(breaking off some one sin)" 등을 들고 있다.[16] 무디는 이런 것들 자체가 참된 회개가 아니며 참된 회개란 "마음의 변화(a change of mind)"요, "죄

---

[13] Ibid., 31, 32-40.
[14] Ibid., 32-40.
[15] D.L. Moody, "The Two Classes", The Way to God, 41-52.
[16] D.L. Moody, "Repentance and Restitution", The Way to God, 72-74.

로부터 완전히 돌아서는 것"이라고 했다.[17] 무디는 회심(conversion)이란 회개(repentance)와 믿음(faith)의 두 요소로 구성되어 있다고 하면서 성경에 기록된 모든 형태의 회심은 즉각적이고 순간적인 회심이었으므로 즉각적이면서도 순간적인 회개를 강조했고 회개의 열매를 맺는다는 측면에서 죄의 결과에 따른 변상을 역설했다.[18]

무디는 회심의 다양한 요소들을 배격하고 오직 급진적이면서도 위기적인 회심만을 강조했는데, 이는 드라마틱한 부흥설교를 통해서 사람들을 일순간에 회개시키려고 했던 그의 부흥신학에서 연유했음이 분명하다. 무디는 회심을 성령에 의해서 거듭난 자들 속에 이루시는 하나님의 은혜의 역사라는 관점보다 인간이 자유의지를 발동하여 회개하기로 결정하는 순간 하나님이 힘을 주신다고 함으로써 회심이 인간의 주체적 결단에 달려있다는 점을 강조했다.[19] 인간이 회개하기로 결심한 그때에야 비로소 하나님이 힘을 주시고 복음을 믿게 하신다는 논리는 회심에 있어서 하나님의 선행적(先行的)인 역사보다 인간의 자유의지에 기초한 결단을 앞세움으로써 회심이 하나님의 주권적인 뜻에 달려 있는 것이 아니라 인간의 결정여하에 달려 있는 것으로 만들어 버렸다. 즉 회심에 있어서 인간의 주권성이 강조된 알미니안주의 회심론이다.

부흥신학의 핵심이라 할 수 있는 회심론에 있어서 무디는 즉각적이며 급진적인 한 가지 형태의 회심만을 주장했다. 또한 회심은 모든 사람을 위하여 열려 있는데 그것은 죄에서 돌이키는 회개를 할 때 하나님이 힘을 주시고 복음을 믿게 하신다고 강조함으로써, 회심을 하나님의 주권적인 은혜의 역사에 달려있기보다 인간의 의지적 결단에 전적

---
[17] *Ibid.*, 74.
[18] *Ibid.*, 75-83.
[19] *Ibid.*, 71, 75.

으로 달려 있다고 했다. 하나님은 단지 인간을 위해 그의 아들 예수 그리스도를 통하여 복음을 만드시고 그것을 제시하셨을 뿐 그 복음을 믿고 구원을 받는 것은 전적으로 인간이 자유의지를 주체적으로 사용하여 회개함에 달려 있다고 했다. 여기에는 인간의 회심에 있어서 하나님의 예정이나 선행적(先行的)인 역사가 전혀 내포되어 있지 않다. 이는 회심을 중생의 외형적 증거로 보는 개혁주의 회심론이 아니라 의지적 결단을 통해 회개함으로써 중생한다는 알미니안주의 회심론이다. 무디의 설교에 회심, 회개, 믿음, 구원 등의 개념이 정리되지 않고 교호적으로 사용되었던 것은 그의 회심론이 근본적으로 알미니안화 된 회심론에 기초하고 있기 때문이다.

무디가 이런 회심론을 형성하게 된 이유는 그리스도와의 인격적 사귐을 중시하고 교리나 신조를 가볍게 여기는 당대 미국 복음주의의 경건주의적인 특성 때문이었다.

> 여러분이 생명의 길을 알기 원한다면 인격적으로 예수님을 구주로 믿으십시오. 모든 교리들과 신조들로부터 떠나 하나님 아들의 마음속으로 바로 들어가십시오. 여러분들이 메마른 교리들만 먹고 있다면 그런 종류의 양식으로는 더 이상 성장할 수 없습니다. 교리와 영혼의 관계는 나를 저녁식사에 초대한 친구의 집으로 인도하는 길과 몸의 관계와 같습니다. 만일 내가 교리를 올바로 사용한다면 올바른 방향으로 인도할 것이나 내가 여전히 길에 머물러 있다면 결코 만족을 얻지 못할 것입니다. 교리들만 먹는 것은 메마른 겨로 살고자 하는 것과 같고, 하늘로부터 내려오는 빵을 먹지 않는 영혼이 정말 삐쩍 마른 상태로 머물러 있는 것과 같습니다.[20]

---

[20] D.L. Moody, "The Two Classes", *The Way to God*, 45. "If you want to know the way of Life, believe that Jesus Christ is a personal Saviour; cut away from all doctrines and creeds, and come right to the heart of the Son of God. If you have been feeding on dry doctrine there

이에 대해 군드리는 이렇게 말했다. "개신교의 정통이 항상 기독교 신학의 지적인 내용을 정의하고자 노력하고 있는 데 반하여 경건주의 자들은 주로 주관적인 종교경험을 강조해 왔다. 비록 이것들이 반드시 서로 배타적인 관심거리일 수는 없으나 경건주의가 신학의 중요성을 과소평가하는 경향을 갖고 있었던 것은 사실이다. 경건주의적이고 부흥지향적인 관심을 미국 독립운동 시대로부터 생겨난 각 교파의 전통적인 교회 및 신학에 결합시킴으로써 교리적인 내용이 없지는 않지만 뚜렷한 조목으로 표출하는 경향이 없는 미국 복음주의를 산출하게 되었다."[21] 군드리는 무디 당시 미국 복음주의는 교리적 경계선이 희미했고, 신조나 교리나 교의를 피하려는 경향이 강했으며, 영혼구원에 관한 실제적인 면과 개인의 주관적 종교경험에 중점을 두었는데, 무디는 바로 이런 미국 복음주의의 영향을 받았고 무디의 신앙이 복음주의 모임에서 형성되었기 때문이라고 했다.[22]

무디는 부흥운동을 이루는 것 자체에 뚜렷한 목적의식을 가진 사람으로서 당대의 신학적 논쟁들에 휘말려 들어 정력을 소진하는 것은 어리석다고 생각했기에 교리적 경계선을 명확히 확정하는 것을 싫어했는지 모르나 어쨌든 그의 회심론의 개념이 모호하며 알미니안화 된 회심론을 띠고 있는 것은 분명하다. 이는 그 자신도 알지 못하는 사이에 당대 경건주의 특성을 지닌 복음주의 회심론에 알미니안주의가 강하게 스며들어 있었기 때문이라고 할 수 있다.

---

is no much growth on that kind of food. Doctrines are to the soul what the streets which lead to the house of a friend who has invited me to dinner are to the body. They will lead me there if I take the right one; but if I remain in the streets my hunger will never be satisfied. Feeding on doctrines is like trying to live on dry husks; and lean indeed must the soul remain which partakes not of the Bread sent down from heaven."

21 Stanley N. Gundry, 『무디의 생애와 신학』(*The Life & Theology of Moody*), 이희숙 역 (서울: 생명의말씀사, 1997), 77.

22 *Ibid.*, 17.

(4) 보수주의적 성경관에 기초한 부흥신학이다

무디는 그리스도의 신성(神性)을 변호하고 있다.[23] 그리스도의 신성 변호는 당대의 점중하는 성경고등비평, 진화론 같은 현대주의가 성경을 공격하고 그리스도의 신성을 공격했기 때문임이 분명하다. 당대에 점중하고 있었던 현대주의는 성경의 영감성을 무너뜨리고 그리스도의 신성을 약화시키는 운동이었다. 이러한 상황에서 무디는 보수주의적인 성경관에 확고히 서서 부흥 메시지를 전했다.[24] 무디는 확신보다는 회의, 성령의 즉각적인 회심보다는 점진적인 교육을 통한 교화와 같은 낙관적 태도의 어리석음에 대해 지적했다. 무디 당시의 이러한 지적 오만의 횡포에 물든 회의주의적 지성인들에 대해서 하나님의 사랑과 확신을 심었다.[25] 무디가 그리스도의 신성에 대해 설교한 것은 이런 시대적 배경과 밀접한 관련이 있다. 무디는 그리스도의 신성에 대해서 두 가지 차원에서 말했다.[26]

첫째는 그리스도 자신이 그의 신성을 증거하다 죽으셨다는 것이다. 일찍이 그 어떤 위대한 선지자나 하나님의 종들도 자신이 하나님의 아들이라고 주장하지 않았다. 또 그러한 주장 자체가 십계명의 1계명을 범하는 우상숭배의 죄이다. 그런데 예수님은 자신의 신성을 증거하셨고 이로 인해 십자가에 죽으셨다.

둘째는 그리스도의 부활이다. 그리스도는 자신의 신성을 증거하다 십자가에 죽으셨지만 부활하셨다. 이는 그리스도의 신성에 대한 명백한 증거인 것이다. 결국 무디는 성경고등비평과 진화론 같은 현대주의자들이 성경의 영감성을 부정하고 그리스도의 신성을 부정하여 기독교

---

[23] D.L. Moody, "A Divine Saviour", *The Way to God*, 63-70.
[24] D.L. Moody, "Words of Counsel", *The Way to God*, 57-62.
[25] D.L. Moody, "Assurance of Salvation", *The Way to God*, 84-100.
[26] D.L. Moody, "A Divine Saviour", *The Way to God*, 63-70.

를 하나의 도덕적이며 윤리적인 종교로 격하시키려는 진보적인 태도에 대해 도전해서 싸웠던 보수주의적인 부흥설교자였다고 할 수 있다.

*The Way to God*에 나타난 무디의 부흥신학을 정리해 보면 보수적인 성경관에 기초한 부흥신학이면서도 인간론과 회심론은 알미니안주의가 강하게 스며든 부흥신학이다. 무디의 부흥신학은 '성경관은 보수주의적이지만 회심론은 알미니안 칼빈주의에 기초하고 있는 부흥신학'이라고 할 수 있다.

2) *Revivals*[27]

(1) 부흥을 미국 사회개혁의 유일한 희망으로 제시하면서 부흥과 미국적 애국주의를 연결시키고 있다

> 제가 지금 당장에 가장 크게 관심을 가지고 있는 것은 하나님이 미국의 교회들을 부흥시켜야 하겠다고 하는 것입니다. 저는 이것이 우리 공화국에 대한 유일의 희망이라고 믿습니다. 왜냐하면 공화체계를 가진 정부는 의(義) 없이 존속할 수 없는 까닭입니다. 제가 보기에는 이 나라를 사랑하는 모든 애국자나 모든 국민은 하나님의 교회가 활기를 띠며 부흥되도록 애써야 할 것이라고 생각합니다.[28]

그는 미국에 왜 부흥이 일어나야 할 것인지 부흥의 필요성을 언급하는 구절에서 미국사회의 영적 타락상을 구체적인 통계수치를 동원하여 지적하고 있다. 그것은 만족할 줄 모르는 돈에 대한 사랑과 이기심,

---

[27] D.L. Moody, "신앙부흥", 『무디 설교집』 (서울: 백합출판사, 1973). 1900년 Chicago에서 출판된 *Moody's Latest Sermons*에 수록된 설교의 제목이 "Revivals"인데 백합출판사는 이를 "신앙부흥"이라고 번역했다.

[28] *Ibid.*, 70

알코올 중독, 살인, 이혼율의 증가, 안식일 무시, 회계부정 등이다.[29]

　　하나님이 당신의 사업을 부흥시키셨을 때는 항상 막대한 필요성이 있어서였습니다. 동이 트기 전이 가장 어두운 법입니다. 저는 세대가 점점 어두워간다고 봅니다. 그러나 조금이라도 저를 비관론자라고 생각지는 마십시오. … 저는 비관주의자가 아닙니다. … 그러나 세상은 점점 어두워지기 시작하고 있습니다. 이것을 의심할 여지는 없습니다. … 사람들은 자기 것만 사랑합니다. 돈을 몇 백만 불씩 쌓아 모으고 있는 사람들을 보십시오. 저는 아직 젊은 사람입니다. 그런데도 저는 이 나라에 백만장자라곤 별로 없던 시절을 기억합니다. 사람이 백만 불이나 가졌으면 충분히 가졌다고 만족하였습니다. 그러나 지금은 2,3백만 불이 아닌 5백만 불을 가져도 만족치 않습니다. 실로 "탐욕과 자랑하는 것과 뽐내는 것과 하나님에게 대한 불경과 부모에게 복종치 않는 것과 감사할 줄 모르는 마음과 신성치 않은 것" 뿐입니다. … 이 나라에는 24시간마다 300명이나 되는 사람이 주정뱅이 무덤 속에 들어가고 있습니다. …북미 합중국에 있어서 지난 4년 동안에 38,512명의 살인자가 발생하였습니다. 그런데 똑같은 기간 내에 영국에서는 600명도 채 되지 않았습니다. … 작년에 이 나라에는 25,000명의 이혼자가 나왔습니다. 안식일을 지키지 않는 일과 실업계의 부정한 것이 얼마나 늘어가고 있는지 보십시오. 다 형무소에 갇혀 있는 은행 거두들이나 출납계원들을 보십시오. 우리에게 개혁이 필요치 않겠습니까? 하나님의 자녀들이 "오 하나님이여, 당신의 일을 다시 일으키소서"라고 외칠 때가 오지 않았습니까?[30]

　　오늘날 주말에 많은 사람들이 차를 타고 교외로 빠져나가듯이 무디 당시 많은 젊은이들이 일요판 신문을 호주머니에 꽂은 채 자전거를 타고 교외로 빠져나가 즐기는 것이 하나의 낭만적 유행처럼 번졌고, 또

---

[29] Ibid., 81-82.
[30] Ibid., 80-82.

한 일요일 오후와 야간극장에 가는 것이 만연하였는데 무디는 이러한 사회의 영적 타락상을 지적하였다.

> 저는 우리 도시의 막대한 수의 젊은 남자들이 저-말하기는 좀 안되었지만 불량한 여자들도 역시 자전거를 타고 안식일을 피하기 위해 시골로, 들로, 숲 속으로 들어가서 하나님의 계명을 먼지와도 같이 짓밟으며 주머니에는 일요판 신문들을 넣어가지고-사실 이들은 신문이 성경인 듯이 가지고 돌아다니는 꼴은 참아볼 수 없습니다. 이런 일은 수년전만 해도 용서되지 않던 일입니다. 이 시카고 시에서는 수년 전까지 극장이 일요일 오후와 야간에 흥행하는 것을 허용치 않았습니다. 그런데 이것도 또 마찬가지의 경우입니다. … 아침에는 히브리의 하나님을 믿고 오후와 저녁에는 바알신을 섬기는 격입니다. 이 세대가 저주 받을 일은 사람들이 두 제단을 원하는 것입니다. 하나는 바알신을 위한 것이요, 또 하나는 여호와 하나님을 위한 것입니다. 여러분은 이렇게 할 수 없습니다. 이들은 길라져야 합니다. 우리들은 공기를 맑게 하기 위해서 무홍을 일으킬 필요성이 있습니다.[31]

무디는 미국사회의 영적·도덕적 타락상을 지적함으로써 부흥만이 미국사회의 영적 개혁과 사회개혁의 유일한 희망이라고 생각하였다. 부흥이 일어나야만 미국사회가 영적·도덕적으로 올바로 설 수 있다고 보았다. 이런 점에서 무디는 부흥을 새로운 미국건설의 영웅적인 행위로 보게 함으로써 미국적 애국주의를 자극하였고 부흥을 미국적 애국주의와 연결시켰다.

---

31 *Ibid.*, 82-83.

(2) 부흥은 성경적이며 모든 좋은 것들은 부흥의 열매들이라는 확신을 갖고 있다

이는 무디의 역사관이 '부흥사관(復興史觀)'이며, 그의 문화관이 '부흥 주도의 문화관' 혹은 '부흥제일주의 문화관'임을 보여준다. 무디는 부흥이야말로 하나님이 모든 세대에 걸쳐 하나님의 백성들을 소생시킨 성경적 방법이라고 하면서 구약의 역사를 하나님이 시대마다 그의 종들을 통해서 이루신 부흥의 역사라는 측면에서 바라보았다. 대표적으로 모세, 사무엘, 엘리야, 예레미야를 통해 부흥을 일으키셔서 이스라엘을 우상에서 하나님에게로 돌이키고자 하셨던 역사라고 한다.[32]

무디는 또한 교회의 역사를 볼 때도 모든 종파들은 부흥에서 파생된 '신앙부흥의 자손'이라고 하면서 로마 가톨릭과 감독교회도 역사의 물줄기를 거슬러 올라가면 오순절 부흥의 산물들이며, 루터교회는 마틴 루터 시대의 종교개혁 때 이루어진 부흥의 산물이고, 감리교회는 찰스 웨슬리와 요한 웨슬리와 조지 휫필드 시대에 일어났던 부흥의 산물이며, 퀘이커교단은 폭스 시대에 일어났던 부흥의 산물이고, YMCA는 1850년의 부흥의 결과라고 했다.[33] 또한 무디 당대에 존재했던 모든 최선의 교육기관들은 부흥에서 발생한 열매들이라고 주장한다.[34]

무디는 이처럼 구약의 역사와 신약의 역사 그리고 교회사를 꿰뚫는 하나의 역사흐름을 하나님이 각 시대마다 그의 종들을 통해 이루신 부흥의 측면에서 바라보는 '부흥사관(復興史觀)'을 가졌다고 할 수 있다. 그러기에 그는 자기 시대에도 괄목할만한 부흥이 있어야 하겠다고 생각하고 이를 위해 노력했으며, 또한 부흥을 외면하거나 반대하는 자

---

[32] Ibid., 70-71.
[33] Ibid., 72-73.
[34] Ibid., 73.

들을 '하나님의 사업의 적'으로 규정하였던 것이다.[35] 무디의 문화관은 모든 선한 문화적 열매들(특히 최선의 교육기관)은 부흥에서 파생되어 나왔다고 믿는 '부흥주도의 문화관' 혹은 '부흥제일주의 문화관'이라 할 수 있다.

(3) 부흥에 대한 몇 가지 반대에 대해 논박하였으며 그릇된 견해들에 대해 교정하였다

부흥이 성경적이라는 확신에 넘치고 부흥주의 역사관과 부흥주의 문화관이 투철한 무디에게 있어서 부흥에 대한 반대 혹은 그릇된 견해들은 논박되고 교정되지 않으면 안 되었다. 무디에게 있어서 부흥반대론자들은 '하나님 사업의 적'으로 간주되었다. 다시 말해 부흥반대론자들은 하나님의 적으로 간주되었으며 반면 부흥진작을 위해 힘쓰는 자들은 하나님의 충실한 종들로 간주되었다.

> 모든 참된 하나님의 사업에 대해서는 항상 신랄하였습니다. 외부의 적뿐만 아니라 꼭 느헤미야의 시대 모양으로 내부에도 적이 있었습니다. 그리고 늘 선한 사람들이 신성치 못한 일에 가담하여 하나님의 사업에 대항하여 소리를 높입니다. 최선의 사업은 대개 가장 강력한 반대에 직면합니다. 가령 어떤 사람이 어떤 도시에 들어가서 십 년간이나 데모스테네스(Demosthenes)의 훌륭한 웅변으로 전도를 하고 수많은 군중을 이끌 때에 만약 아무도 회개하는 사람이 없다면 모든 신문들은 그를 찬양하며 그를 칭찬하는 훌륭한 말을 자자하게 쓸 것입니다. 그러나 만약 회개한 사람이 수백 명이나 된다면 반대론이 마치 지옥이나 만들 수 있을 정도로 맹렬해질 것입니다. 사람이 그리스도께 더 가깝게 살면 살수록 또 진리를 더 많이 가지게 될 수록 하나님의 적들은 그에게

---

35 *Ibid.*, 72.

대해서 더욱 신랄하고 비열한 말을 하게 됩니다.[36]

무디는 오순절 부흥으로 존재하게 되었던 오래된 전통의 가톨릭과 감독교회가 부흥을 반대하고 외면하는 점에 대해서, 루터의 부흥운동으로 존재하게 된 루터교회가 신앙부흥에 대해서 얼굴을 돌리고 찰스 웨슬리와 요한 웨슬리의 부흥운동에 의해서 존재하게 된 감리교회가 신앙부흥을 믿지 않는 점에 대해서, 그 외에도 많은 사람들이 신앙부흥을 두려워하며 계속해서 반대론을 일으키는 점을 지적했다.[37]

무디는 부흥의 반대론자들이 지적하는 논점은 크게 두 가지인데, 그 하나는 부흥집회 때 회개했던 자들이 신앙의 지속성을 보이지 못한다는 것이요, 또 하나는 하나님의 사업에 지나치게 흥분하는 감각주의라고 분석했다.[38] 무디는 이에 대해 성경과 상식을 동원하여 반대론자들의 어리석음을 논박하며 영적인 위험은 하나님의 사업에 대한 뜨거움이 결여된 채 안개처럼 애매한 태도를 취하여 성도들을 그릇된 길로 이끄는 목사들의 태도에 있다고 여러 사례를 열거하며 지적한다.[39] 사람들이 부흥에 대해서 이렇다 저렇다 비판만 할 줄 알뿐 참된 부흥의 결과들을 볼 수 있는 영적인 눈을 상실하고 사회와 교회가 심각한 도덕적, 영적 위기에 처해 있는 데도 아무런 노력을 하지 않은 채 '옛 복음'은 자기들의 시대에 힘을 잃었고 결국 '새로운 복음'이 필요하다고 주장하는 것은 비판자들 자신의 '불신앙적 회의주의'에서 기인한다고 논박한다.[40]

---

[36] *Ibid.*
[37] *Ibid.*, 72-73.
[38] *Ibid.*, 74-76.
[39] *Ibid.*, 77-80.
[40] *Ibid.*, 77-85.

무디는 '옛 복음'이 그들의 시대에는 힘을 잃었다고 주장하는 회의주의자들을 향해 그가 솔트 레이크(Salt Lake), 디트로이트(Detroit), 예일대학교, 메리랜드(Maryland)에서 4주간 죄를 지적하는 설교를 하고, 또한 발티모어(Baltimore) 형무소에서 4주간 죄를 지적하는 설교를 했을 때 일어난 놀라운 부흥의 사례를 열거하며 다음과 같이 말한다.

> 4주일간에 4종의 인물들을 대하였으나 결과는 어디서나 마찬가지였습니다. 복음이 예전에 가지고 있던 힘을 잃었다는 말은 하지 마십시오. 사람들이 다른 종류의 새로운 설교가 필요하다는 말을 하지 마십시오. 우리들이 해야 할 것은 죄를 크게 비난하고 하나님이 저희들을 책벌하기 위해 보내신 예수 그리스도의 이름을 소리높이 외쳐야 하는 것입니다.[41]

무디는 이처럼 불신앙적 회의주의가 사로잡고 있는 시대에 죄에 대한 회개를 지적하고 예수 그리스도를 믿도록 도전하는 설교를 4주만 전해도 얼마나 놀라운 회개와 부흥이 일어났는지를 간증하며 목사들의 안일과 불신앙을 지적한 것이다. 그는 하나님이 그의 시대에도 살아계시고 역사하심을 브루클린(Brooklyn)의 스토스 박사(Dr. Stors)의 교회에서 행한 설교에서 일어난 놀라운 역사를 예로 또한 제시한다. 그는 지금까지 브루클린과 뉴욕에서 230회의 집회를 가졌지만 스토스 박사의 교회에서 있었던 역사는 매우 특별한 것으로서 하나님의 주권적인 임재에 의한 부흥이었음을 시사한다. "그 집회는 6월 더운 날 사람들이 아무 것도 하지 못하리라 생각하는 날이었는데, 회중들은 마치 보이지 않는 어떤 힘에 의해 붙들려 있는 듯하였으며, 마치 하나님이

---

41 *Ibid.*, 87

그 사람들에게 말씀하시는 것 같았습니다."⁴² 무디는 성경에 써진 대로 복음을 믿고 죄를 지적하며 예수 그리스도께로 돌아오도록 설교할 때 부흥이 일어나며 특히 하나님이 그들의 시대에도 살아계셔서 역사하심을 간증하며 희망을 제시한다.

(4) 부흥에 대한 싸움을 걷어치우고 성경으로 돌아가서 부지런히 복음전파를 위해 일하라고 한다

무디는 철저하게 '보수적인 성경관'을 견지했으며 부흥의 핵심적인 방법론으로 성경강의가 부지런히 시행되어야 한다고 보았다. 그는 이 시대에도 성경에 대한 요구가 있느냐고 묻는 뉴욕신문의 편집장을 향해 역사상 현재 같이 성경에 대한 요구가 컸던 적은 없다고 하면서 성경이 역사상 그 어느 시대보다 많이 팔리고 있는 책임을 대표적인 서점과 성서공회의 자료를 동원하여 논박했다.⁴³ 또한 그가 시카고에서 여러 단체들에게 지속적으로 성경강의를 했을 때 얼마나 놀라운 부흥이 일어났는지 구체적인 통계수치를 동원하여 반박한 후 다음과 같이 말했다.

저는 하나님이 당신의 사업을 부흥시키실 때는 사람들을 성경으로 돌아가게 하신다고 믿습니다. 사람들은 이런 재미없는 논쟁에 진저리를 내고 있습니다. 샘 존스(Sam Jones)의 모토는 '너의 야비함을 버려라'였습니다. 저는 이 나라의 목사들의 모토는 "싸움을 다 걷어치우고 일하러 돌아가라. 그리고 단순한 복음을 전하라"라는 것이 되었으면 좋겠습니다. 이제 문제되는 것은 우리들이 커다랗고 힘센 수확을 거둘 것인가 그렇지 않으면 우리들의 차이점만을 가지고 계속 논의만 할

---
42 Ibid., 88.
43 Ibid., 88-89.

것인가입니다. 저에게 관하여 말하는 한은 저는 이것에 이젠 진절머리가 나고 있으며 제가 죽기 전에 모든 교회가 1857년 모양으로 활기를 띠며 메인주에서부터 캘리포니아주에 이르기까지 수천 명을 하나님의 나라로 몰아넣는 커다란 파동을 보고 싶습니다.[44]

무디는 부흥에 대해 왜곡된 개념을 갖고 반대를 일삼는 사람들을 향하여 그러한 열심만큼 성경을 연구하고 가르친다면 큰 부흥이 있을 것이라고 역설한다. 무디는 부흥을 위한 협력을 강조하였고 목사들이 쓸데없는 소모적 논쟁을 중지하고 부흥을 위해서 구체적으로 성경을 연구하고 부지런히 가르치는 데 땀 흘릴 것을 역설하였는데, 이는 성경만이 부흥을 가져오는 길이라는 그의 투철한 성경중심의 부흥신학을 보여주고 있다.

무디가 복음주의 부흥운동에 뛰어들어 정력적으로 활동하던 1860년부터 1890년까지의 기간은 남북전쟁과 1차 대전 사이의 시기로서 미국의 사회적·종교적 분위기가 진화론과 성경고등비평에 휩쓸려가던 시대였다. 인간의 이성과 과학에 대한 신뢰와 낙관주의 자유주의는 정통적 신앙에 큰 위협을 가해왔다. 평신도 복음주의자인 무디의 부흥운동은 바로 바로 이러한 사회적·종교적 분위기 속에서 이루어졌다.[45] 윌리엄 맥롤린(William G. McLoughlin)은 무디의 부흥운동이 남북전쟁 이후 급격한 산업화와 도시화의 불안정한 사회적인 흐름과 또 한편으로는 자유주의 신학의 발흥으로 인해서 전통적 신앙개념들이 도전을 받는 매우 불안정한 종교적·사회적인 물결 속에서 있었다고 분석했다.[46]

---

[44] *Ibid.*, 90-91.
[45] Williston Walker, 『기독교회사』, 송인설 역 (서울: 크리스챤다이제스트, 1998), 730.
[46] William G. McLoughlin, Jr. *Modern Revivalism: Charles Grandison Finney to Billy Graham* (Oregon: Wipte & Stock Publishers, 1959), 166-70.

무디의 복음주의 부흥운동은 진화론과 성경고등비평으로 대변되는 자유주의 신학이 득세하는 지적·종교적 분위기와 산업화와 도시화로 대변되는 사회적인 분위기 속에서 철저한 성경주의 부흥운동을 고수하였으며 또한 도시화 되어가는 시대에 적응성을 갖춘 도시부흥운동의 새로운 장을 열었다.

무디가 하나님 사업의 적으로 비판했던 회의주의자들, 냉소주의자들, 부흥반대론자들은 주로 자유주의 지적 풍토에 물든 자들이었음이 분명하며, 그는 이런 시대에 성경에 대한 흔들림 없는 믿음으로 보수적인 성경관을 견지하였으며, 성경강의를 통한 전통적인 부흥운동을 주창했다. 박세환은 무디의 설교를 분석하기를 전통적 칼빈주의자들의 교리설교와 달리 원고 없는 성경본문 주제별 설교, 성경적인 스토리에 기초한 구속사적 전도설교, 예화중심의 이야기식 설교 등 다양하다고 했다.[47] 그렇지만 무디의 설교 스타일이 어떠하든 성경을 중시하고 부지런히 성경을 배우고 가르침으로서 당대의 점증하는 자유주의를 따르지 않고 철저히 성경중심적인 부흥운동을 꾀했던 점에서만큼은 칼빈주의 부흥신학자였다고 할 수 있다.

정리해 보면 *Revivals*는 무디가 생각하는 부흥신학의 실천적인 측면들을 잘 보여주고 있다. 무디는 부흥운동을 미국적 애국주의와 연결시키고 있으나 부흥만이 사회개혁의 유일한 길이요, 모든 좋은 열매들의 뿌리라고 생각하는 투철한 부흥주의 역사관, 부흥주의 문화관을 가지고 있었다. 무디는 부흥을 진작시켜 나가는 의미 있는 행진을 가로막는 것은 당대의 점증하는 진화론과 성경고등비평과 같은 논쟁들이었음을 인식하고 있었다. 무엇보다도 성경에 대한 믿음을 상실하고 회의

---

[47] 박세환, 『디 엘 무디의 신학사상과 설교』 (서울: 도서출판 영문, 2001), 215-26.

주의에 빠져 신학적 논쟁이나 일삼고 있는 그러한 태도를 버리고 부흥 운동에 적극 동참하지 않는다면 하나님의 사업의 적이라고 본 것이다. 무디는 보수적 성경관에 기초한 부흥주의자였으며, 부흥만이 아름다운 열매를 맺고 사회개혁을 이룰 수 있는 유일한 길이라고 보았던 부흥지상주의 역사관과 문화관을 가진 투철한 부흥주의자였다.

2. 디 엘 무디의 부흥신학 정리 및 빌리 그레이엄의 부흥신학과 비교

1) 보수적 성격의 알미니안 칼빈주의 부흥신학

무디의 부흥신학은 한마디로 '보수적 성격의 알미니안 칼빈주의'라고 할 수 있다. 무디의 부흥신학이 알미니안화 되어있다는 말은 그의 부흥신학이 칼빈주의를 떠났다는 말이 아니라 칼빈주의 교리를 약화시키고 알미니안화로 진행되었던 당대의 미국 복음주의 흐름 속에 있었다는 말로서 일정부분 피니의 알미니안 칼빈주의 부흥신학의 연장선상에 있었다는 말이다. 그렇지만 무디의 부흥신학은 피니의 부흥신학과 방법론을 그대로 답습하지 않고 나름대로의 독특성을 갖고 있었으니 그것은 당대 알미니안화의 흐름을 역행하여 칼빈주의 전통에 더 다가섰던 점이다. 다시 말해 무디의 부흥신학은 피니의 알미니안 칼빈주의 부흥신학보다 좀 덜 알미니안화되었으며 칼빈주의 색깔을 좀 더 강하게 느러냈던 '보수적 성격의 알미니안 칼빈주의 부흥신학' 혹은 '온건한 알미니안 칼빈주의 부흥신학'이라고 정의할 수 있겠다. 어떤 점에서 그러한가?

(1) 무디의 부흥신학은 대체적으로 피니의 알미니안 칼빈주의를 따르고 있으나 보다 온건한 형태를 띠고 있다

부흥의 주체인 하나님에 대해서 무디도 피니처럼 부흥이 하나님의 초자연적인 역사에 의해 일어남을 인정하였으나[48] 하나님의 예정과 선택의 교리에 대해서는 거의 말하지 않거나 강조하지 않음으로써 피니의 알미니안 칼빈주의 신론(神論)을 따르고 있다. 그렇지만 무디는 피니와 달리 하나님의 거룩보다 사랑을 강조하였다. 무디도 하나님의 거룩과 지옥심판에 관해 전했으나 그것들을 통해서 인간의 마음을 겁박하듯이 설교하지는 않았다. 도리어 하나님의 사랑을 훨씬 더 강조함으로써 그 사랑에 마음이 녹아지도록 설교하였다. 피니가 생각하는 하나님은 '거룩하신 하나님'이었다면 무디가 생각하는 하나님은 '사랑의 하나님'이었다. 하나님의 사랑은 독생자를 내어주신 십자가에 가장 잘 나타나 있다.

피니가 하나님의 거룩을 강조했던 것은 부흥의 주체를 하나님보다도 부흥설교자에게 좀 더 무게중심을 두고서 부흥설교자의 죄를 지적하고 책망하는 설교를 통해 청중이 의지적으로 자신의 마음을 하나님에게 바침으로서 회심이 일어난다는 부흥신학에 기인하고 있었던 것이다. 다시 말해 부흥의 주체이신 하나님의 역사보다도 부흥설교자의 청중의 의지를 겁박하는 공포의 설교를 통해 회심이 이루어진다는 주의론(主意論)적 부흥신학 때문이었다. 이에 반해 무디가 하나님의 사랑을 강조한 것은 부흥의 주체를 인간보다 하나님에게 좀 더 무게중심을 두려는 관점을 뚜렷이 나타내는 것이다.

무디가 생각하는 부흥설교는 설교자가 인간의 죄를 지적하고 들볶아서 그 의지를 굴복시키는 것이 아니라 복음에 나타난 하나님의 사랑

---

[48] D.L. Moody, *Revivals*, 439.

을 제시하면 성령께서 그 설교를 듣는 사람의 마음에 감동을 주어 의지를 굴복케 하신다는 것이다. 그래서 무디는 할 수 있는 한 복음에 나타난 하나님의 사랑을 좀 더 실재적이고 가슴 뭉클하게 제시하는 데 집중하였다. 무디는 하나님의 사랑에 마음이 감동되어 의지를 돌이켜 회개하도록 하는 주정론(主情論)적 부흥신학이었다.[49]

무디는 부흥의 주체면에서 하나님의 선택과 주권의 교리를 거의 말하지도 강조하지도 않음으로써 피니처럼 알미니안 칼빈주의를 좇고 있지만 그럼에도 불구하고 부흥설교자의 들볶는 설교와 청중의 억지스런 의지적 결단을 강조하였던 피니와 달리 복음에 나타난 하나님의 사랑을 제시함으로써 성령께서 각 사람의 마음에 감동을 주어 의지를 돌이키게 하였던 점에서 하나님의 주권성을 좀 더 강조하는 칼빈주의 색깔을 띠었다.

부흥의 객체인 인간을 바라보는 관점에 있어서도 무디는 피니보다 좀 더 칼빈주의 색체를 띠고 있다. 무디 당시의 인간관은 진화론에 기초한 생물학적 진보의 개념과 낭만주의 철학과 낙관적 역사관으로 인해 인간은 교육과 훈련을 통해 발전 가능한 존재라고 여겨졌다. 나다나엘 테일러(Nathaniel W. Taylor)의 뉴헤이븐 신학을 이었던 호레이스 부쉬넬(Horace Bushnell, 1802-76)의 책 『기독교인의 양육』(*Christian Nurture*)은 그 시대의 인간관이 무엇이었는지를 잘 보여준다. 부쉬넬은 죄란 인간의 본성에 유전된 것이 아니라 행동에 유전되었다고 하면서 돌연한 중생과 회심의 교리를 거부했다.

---

[49] 그렇다고 무디가 신앙의 본질이 감정에 있다거나 무분별한 감정주의를 허용하였다는 의미가 아니다. 무디는 감정에 의존하는 신앙의 위험하다고 했으며 그의 부흥집회에서 무분별한 감정주의를 제어했으며 구원의 확신은 "하나님의 말씀을 있는 그대로 영접하는 데 있다"고 했다.(Gals Tidings, 419 25, 229; *New Sermons*, 348, 593; *Great Joy*, 343; Shanks, D.L. *Moody at Home: His Home and Home Work*, 60, 83; Stanley N. Gundry, 180 81에서 재인용).

회심이란 교육적이고 점진적인 것으로서 한 아이가 크리스천으로서 성장하는 것일 뿐 자기 자신과 달라진 자기를 체험하는 것이 아니라고 했다.[50] 그의 뒤를 이은 학자들 데오도르 멍거(Theodore Munger), 헨리 워드 비처(Henry Ward Beecher), 라이만 아보트(Lyman Abbot)와 같은 학자들은 진화론을 신학과 조화시키는 일을 더욱 가속화시켰으며 한때 무디의 부흥운동 동역자였던 헨리 드러먼드(Henry Drummond)도 진화론적 인간관을 수용한 책 『인간의 향상』(The Ascent of Man)을 지었다.[51] 무디는 이러한 시대의 인간관과 분명한 획을 그었다. 무디는 인간이란 교육과 훈련에 의해서 발전 가능한 존재가 아니라 거듭나지 않으면 안 되는 소망 없는 죄인으로 보았다. 인간은 반드시 십자가에서 거듭나지 않으면 소망이 없는 부패한 존재로 보았던 것이다. 무디는 당대의 진화론적 인간관을 부인했으며 교육에 의해 인간이 발전가능하다는 사상도 부인했다. 인간은 거듭나지 못하면 죽음으로 인한 지옥의 형벌을 피하지 못하리라고 했다.

무디는 지옥의 공포로 사람을 겁박하고자 하는 목적에서 설교하지는 않았지만, 지옥의 존재를 확실히 믿었고 이를 설교했다. 군드리는 무디의 인간론이 가끔은 일관성을 보이지 않고 인간이 타락에 의해 파멸되었으나 원하기만 하면 구원을 받을 수 있다는 점을 강조하여 알미니안적 경향성을 띨 때도 있었지만, 전체적으로 볼 때는 칼빈주의의 전적 타락설을 따른다고 평가했다.[52] 그러나 나는 무디의 인간론은 칼빈주의 전적 타락설을 따르고 있지 않다고 앞에서 분석했다. 무디의 인간론은 엄밀히 말해서 칼빈주의의 전적 타락설이 아니다. 무디의 인간론은 타락한 인간이 구원을 위해서 무언가 가능성이 남겨진 존재,

---

[50] David O. Beal, *Ibid.*, 100-01.
[51] Stanley N. Gundry, *Ibid.*, 119.
[52] *Ibid.*, 109-29.

즉 의지의 결단을 통해서 그리스도를 받아들일 수 있는 자유의지의 존재임을 부각시켰다. 그렇지만 중생론에 있어서 무디는 타락한 인간은 성령에 의해 거듭나야만 한다고 함으로써 중생이 인간의 협력에 의해 이루어지는 협동사역이 아니라 하나님의 단독사역이라는 점을 강조하여 피니의 알미니안주의 중생론과는 대조적으로 칼빈주의 중생론의 모습을 보이고 있다.[53]

그러나 중생, 회심, 회개, 믿음을 거의 구별 없이 사용함으로써 여전히 구원론의 혼돈을 보여주고 있다. 특히 무디의 회심론은 성령의 선행적 역사로 중생한 자들의 심령 속에 이루어지는 회심보다도 그리스도의 복음을 듣고 의지적인 결단을 통해서 돌이킴으로써 회심하게 된다는 점을 강조함으로써 알미니안주의 회심론을 나타내고 있다.[54] 이처럼 무디의 인간론과 구원론이 전반적으로 알미니안주의 색채를 띠고 있지만 피니보다는 알미니안화에 덜 기울었고 상당부분 칼빈주의 색채를 띠고 있다.

무디는 또한 교회를 "하늘아래 있는 최선의 기관"이라고 보았다.[55] 무디는 교회의 일차적인 사명은 복음전파, 즉 피의 복음을 전하는 일에 최우선의 과제를 두고 이에 매진하는 것이며 서로 연합하는 것으로 보았다. 즉 "교회의 본질은 신자들이 일하는 곳, 그리스도를 증거하는 곳"이라는 것이다.[56] 무디는 교회를 전도에 최우선순위를 둔 기관으로 보았으며 이를 위해 상호 협력해야 한다고 보았다. 이런 점에서 당파

---

[53] D.L. Moody, *The Way to God*, 22-40.
[54] Stanley N. Gundry, *Ibid.*, 175-77.
[55] *Ibid.*, 228.
[56] "Thursday Afternoon, August 18, 1898, Questions and Answers at General Conference", typed manuscript, Moodyana; "The Bread and the Wine", *Baltimore Sun*, undated newspaper clipping, Moodyana.

심과 교파주의를 복음전도의 최대의 적이라고 보았다. 무디가 이렇게 초교파 복음전도, 협력전도의 교회론을 피력했던 것은 부흥만이 이 땅에 모든 선한 도덕적이며 사회적인 열매를 창출할 수 있다는 부흥주의 문화관을 가졌는데, 이는 교회를 통해서만 이루어질 수 있다고 여겼기 때문이다.

그러나 무디는 이 세상에서 천년왕국이 이루어진다는 후천년주의 역사관이 아니라 미래적 전천년주의, 즉 세대주의 역사관을 가졌다. 이는 그가 플리머스 형제단(Plymouth Brethren)과의 깊은 교제와 세대주의자인 헨리 무어하우스(Henry Moorhouse)의 영향 때문이었다. 그러나 무디는 세대주의자들과 달리 교회의 은밀하고 순간적인 휴거(공중 재림)를 인정하지 않았다. 무디는 이처럼 세대주의 역사관에 기초한 부흥신학자였기에 이 세상에 대한 낙관적 견해를 갖지 않았으며 문화의 변혁에 대한 의지보다 '복음의 구원선'에 오르게 하려는 사경회, 전도, 선교, 학교건립 등에 열정을 나타냈다. 무디는 연합보다 분열을 자극하는 듯이 보였던 피니의 교회론이나 후천년주의 역사관과는 다른 관점을 갖고 있었다.

무디의 부흥신학을 전반적으로 살펴볼 때 기본적으로는 피니의 알미니안 칼빈주의를 좇고 있지만 피니보다도 칼빈주의 색채를 좀 더 강하게 띠고 있는데 그것은 무디가 찰스 스펄전, 플리머스 형제단, 헨리 무어하우스와 교제했기 때문이었다.[57]

---

[57] Stanley N. Gundry, *Ibid.*, 55-57.

(2) 무디의 부흥방법론은 피니의 알미니안화 된 실용주의를 따르고 있으나 온건한 방법론을 따르고 있다

무디는 부흥에 있어서 하나님의 주권적이며 초자연적인 역사를 인정하는 듯한 발언도 하지만, 전반적으로 볼 때 그는 부흥을 진작시키기 위해 인간 편에서 노력을 해야 한다는 점을 더 많이 역설한 점에 있어서는 피니의 부흥방법론을 따르는 것처럼 보인다.[58] 그러나 무디는 피니가 즐겨 사용한 여러 형태의 부흥방법론들, 즉 '불안의 좌석'이라든지 '강단초청' 등을 사용하지 않았다. 또한 피니가 소도시 중심의 부흥운동을 이룬 반면에 무디는 대도시 중심의 부흥운동을 이루었다. 이런 점들에서 무디는 피니와 다른 면모를 보이지만 전반적으로 볼 때는 부흥을 철저하게 준비하고 전문적인 사역으로 만든 점에서 그리고 부흥을 위한 인간의 준비를 강조한 점에서 피니의 부흥방법론을 따르는 것처럼 보인다.

미국 부흥운동사에서 새로운 부흥방법론을 부흥신학에 기초하여 체계적으로 창안하고 실천한 사람은 피니이다. 무디와 피니는 시대적으로 일정부분 공존했으나 무디와 피니 사이에 직접적인 교류의 증거를 발견할 수는 없다.[59] 군드리는 무디가 지적인 논의보다는 하나님과 그리스도의 사랑을 강조하고 구원받을 필요성에 대해 언급함으로써 특별한 기분을 조성하여 성공했다는 핀들래이의 주장, 부흥을 위해 어떤 수단을 사용해도 좋다고 했다는 미드의 주장, 피니의 부흥방법론을 받아들여 직업적인 부흥주의를 합자회사의 사업원리를 따라 큰 사업으로 만들었다는 맥롤린의 주장 등을 논박했다.[60] 무디는 교회를 부흥

---

[58] D.L. Moody, *Revivals*, 88, 70-91.
[59] Stanley N. Gundry, *Ibid.*, 96-97.
[60] *Ibid.*, 89-90.

시키는데 피니의 '새로운 방법(new measures)'이 필요하다는 생각을 분명히 거부했으며, 무디의 부흥집회는 감정주의의 극단에 휩쓸리지 않은 매우 자연스러운 모임이었다.⁶¹ 그렇다고 무디가 부흥집회를 위해 어떤 수단들을 전혀 사용하지 않았다는 의미는 아니다.

무디 역시 부흥집회를 위해 할 수 있는 최선의 노력을 아끼지 않았으며 특히 광고를 강력한 수단으로 사용하기도 했으나 자극적인 제목으로 사람들의 주의를 빼앗는 처사는 혐오했으며, 또한 논쟁이나 분열을 일으킬 수 있는 자료나 말들은 피했다.⁶² 무디는 개종자의 수를 세지 않았으며, 목적이 수단을 정당화한다는 것을 믿지 않았으며, 피니가 사용한 '불안의 좌석'을 사용하지 않았으며, 요술쟁이가 사람을 홀리는 것과 같은 수법이나 사람들에게 공포심을 심어 회심하도록 하는 방법을 거부했다.⁶³ 무디는 최선을 다해 복음을 전하는 복음 선포의 전도자였으며 그 결과는 하나님에게 맡겼다.⁶⁴ 무디에게 신학이 있다면 그것은 '선포의 신학'이다.⁶⁵ 무디는 설교자는 복음을 선포할 뿐 그 죄를 깨닫게 하는 것은 성령의 사역이라는 점을 매우 강조했다.⁶⁶ 이런 점들에서 무디는 피니와 확실히 다르다. 무디의 부흥방법론에서 인간의 책임과 결단을 강조하는 점에 있어서는 피니와 닮은 점이 있지만 전체적으로 살펴볼 때 무디는 피니의 부흥방법론을 그대로 답습한 사람이 아니었다. 무디가 사랑의 설교자였다면 피니는 공포의 설교자였

---

61 *Ibid.*, 97-99.
62 *Ibid.*, 100-102.
63 *Ibid.*, 103-105.
64 *Ibid.*, 103, 107, 108.
65 *Ibid.*, 108.
66 *Ibid.*

다.⁶⁷ 피니가 사람의 의지에 강력히 호소하고 불안의 좌석으로 사람들을 끌어내리려고 하나님의 거룩성을 강조하고 죄인을 겁박에 가깝게 공포심을 심어 즉각적인 회심을 강요하는 '설득전도'였다면, 무디는 하나님의 사랑을 강조하고 복음을 열렬하게 전했으나 그 결과는 성령께 맡기는 '선포전도'였다. 무디는 부흥방법론에 있어서도 피니의 계승자가 아니었다.

(3) 무디는 보수적인 성경관에 기초하여 부흥사역을 이루었다

이것이 무디의 부흥신학의 보수적 성격을 말해주는 또 하나의 중요한 점이다. 성경관은 무디와 피니의 차이점이 아니라 공통점을 말해준다. 적어도 피니 시대는 성경관이 도전받는 시대는 아니었다. 성경에 대한 해석상의 차이는 있어도 성경자체가 하나님의 말씀임을 의심하지는 않았다. 그러나 무디 시대에는 진화론, 비교종교학, 성경고등비평과 같은 자유주의 신학으로 인해 성경관이 도전받아 "절대적이고 무오한 권위 있는 하나님의 말씀으로서의 성경에 대한 확신의 꾸준한 후퇴는 정통 기독교를 배척하는 데까지 이르렀다"고 했다.⁶⁸ 무디는 성경관이 위협받고 정통 기독교 신앙이 위협받는 자유주의 시대에 성경을 절대적이며 무오한 하나님의 말씀으로 믿었으며, 성경에 기초한 부흥운동을 하였으며, 성경학원 설립과 사경회 운동에 온 힘을 집중하였다. 이 점에서 무디는 당대의 자유주의자들과 확연히 구별된다.

이상에서 무디의 부흥신학, 부흥방법론, 성경관을 살펴볼 때 무디의 부흥신학은 단순히 피니의 알미니안 칼빈주의 부흥신학을 잇고 있는

---

67 *Ibid.*
68 David. O. Beal, *Ibid.*, 103-108.

것이 아니라 피니보다 칼빈주의 색채를 강하게 띤 '보수적 성격의 알미니안 칼빈주의 부흥신학' 혹은 '온건 알미니안 칼빈주의 부흥신학'이다. 무디가 살던 시대(1837-99)는 급격한 산업화, 도시화, 개인주의화가 진행되어 사회적·심리적 몸살을 앓던 시대였다. 1890년 이후부터는 미국에 더 이상 서부개척의 남겨진 땅들이 없었으며, 1920년대가 되었을 때는 미국의 주류사회는 도시거주자들이었다.[69] 급격한 산업화와 도시화로 인해 미국사회가 게마인샤프트(Gemeinschaft)에서 게젤샤프트(Gesellschaft)의 익명사회로 변모되어 개인주의를 더욱 부채질하였으며 상업적 성공과 같은 세속적 야망에 몰두하게 하거나 도시생활에 부적응하여 심리적 아노미에 빠졌다. 이러한 상황에서 크리스천 사이언스(Christian Science)와 같은 신흥종교의 등장, 감리교의 완전성화론 추종자들에 의한 성결교(Holiness)의 등장, 인간영혼의 회심보다 부의 불평등으로 말미암는 사회구조를 개혁시키고자 하는 사회복음이 등장하였다.[70]

감리교는 이러한 미국사회의 변동과 종교적 수요에 기민하게 대응하였다. 감리교는 초창기 서부개척지를 따라 순회사역을 펼침으로써 개척지에서 주로 세력을 얻었으나 차츰 도시사역에도 적응하였다. 피터 윌리암스는 감리교가 처음부터 부흥주의(revivalism)[71]와 완전성화론(perfectionism)이라는 두 가지 점에서 미국사회에 영향을 미쳤는데 성결교의 탄생과 함께 무디의 부흥운동에도 영향을 끼쳤다고 하였다. 그

---

[69] Peter W. Williams, *Popular Religion in America: Symbolic Change and the Modernization Process in Historical Perspective* (Urbana and Chicago: University of Illinois Press, 1989), 130.
[70] Peter W. Williams, *Ibid.*, 131-142.
[71] 이안 머레이는 피니의 알미니안화 된 부흥신학과 부흥방법론이 피니의 독창적인 것이 아니라 감리교가 미국의 종교적 상황에서 대응하면서 만들어낸 부흥신학과 방법론이었다고 했다. Iain H. Murray, *The Revival and Revivalism: The Making and Marring of American Evangelicalism 1750-1858* (Pennsylvania: The Banner of Truth Trust, 1994), 163-90, 225-98을 보라.

증거로서 무디의 부흥운동이 교리와 신학을 약화시키는 대신 감성에 호소하는 피의복음 전파와 복음성가, 도덕주의 강조 등에서 나타난다고 했다.[72] 무디가 감리교의 알미니안주의에 어떻게 영향을 받았든지 무디는 산업화와 도시화라는 급격한 사회변동 속에서 뿌리 없는 나무처럼 심리적·종교적 아노미 상태에 빠져 개인주의와 세속적 야망과 자유주의 신학의 불신앙에 허우적거리는 영혼들에게 보수적 성격의 알미니안 칼빈주의 부흥신학으로 기민하게 대응하여 도시부흥운동의 성공적인 개척자가 되었다.

2) 보수적 성격의 알미니안 칼빈주의 부흥신학과 신복음주의 부흥신학 비교

(1) 부흥의 주체에 있어서 빌리 그레이엄은 무디의 부흥신학보다 피니의 부흥신학을 따르고 있다

빌리 그레이엄은 칼빈주의 색깔을 강하게 띠었던 무디의 보수적 성격의 알미니안 칼빈주의 부흥신학을 계승하지 않았다. 빌리 그레이엄은 부흥집회에서 하나님의 사랑보다 거룩과 심판에 대해 더 많이 강조하고 있다. 그의 초기 부흥설교일수록 이것이 더욱 두드러진다.

그는 무디가 하나님의 사랑에 감동되어 죄를 회개토록 했던 방식과 달리, 피니가 썼던 거룩하신 하나님의 공의에 기초하여 여러 측면에서 죄악을 지적하되 통계적인 수치를 동원하여 전방위적으로 파헤쳐 무시무시한 두려움과 위기의식을 심어 의지를 굴복시켜 회개토록 했다. 특히 핵전쟁의 두려움을 강조하면서 회개를 촉구했다. 원자폭탄의 투하와 같은 핵전쟁의 이미지를 예수님의 심판적 재림과 연결시켜 강조

---

[72] Peter W. Williams, *Ibid.*, 134-38.

하는 시한부 종말론적 설교는 그 두려움을 거의 히스테리에 가까울 정도로 심어 회개하도록 했다. 확실히 부흥의 주체에 있어서 빌리 그레이엄은 하나님의 역사하심보다 죄를 파헤쳐 두려움을 심는 부흥설교자의 역할과 그 설교를 듣고 두려움에 사로잡혀 의지적으로 자신을 하나님에게 돌이키는 청중의 역할에 무게중심을 강하게 두고 있으며 이런 점에서 하나님의 사랑에 감동되어 자연스럽게 회개하도록 했던 무디의 부흥신학보다 피니의 부흥신학을 잇고 있음이 분명하다.

(2) 부흥의 객체인 인간론과 회심론에 있어서도 빌리 그레이엄은 무디보다 피니를 잇고 있으나 어떤 점들은 무디를 닮았다

무디는 피니의 알미니안 칼빈주의 인간론을 그대로 이어받아 인간이 죄로 타락했으나 의지까지는 타락하지 않은 존재로 보았다. 인간의 자유의지를 적극 발동하여 그 의지를 굴복시킴으로써 회개하고 믿음으로써 회심한다는 점에서는 피니와 같다. 그러나 죄에 대한 강도 높은 책망과 압박과 두려움을 통해서 의지를 굴복시키는 것이 아니라 하나님의 사랑에 대한 감동으로 굴복시킨다는 면에서 피니와 차이가 있다. 무디는 또한 피니만큼 그렇게 인간의 자유의지를 강조하여 내면을 억압하지는 않았기 때문에 피니처럼 이 땅에서 완전한 성화가 가능하다는 완전성화론을 추종하지도 않았다. 빌리 그레이엄은 부흥의 객체인 인간론과 회심론에 있어서 칼빈주의 색채를 띠고 있는 무디보다 알미니안 색채를 강하게 띠고 있었던 피니의 부흥신학을 잇고 있다. 그러나 중생, 회심, 칭의 등의 개념적 혼란 상태에 있었던 점과 완전성화론을 추종하지 않았던 점은 무디를 닮았다.

(3) 부흥방법론 면에서 빌리 그레이엄은 원론적으로 피니를 잇고 있으나 어떤 점들은 무디를 닮았다

무디는 원론적으로 피니의 알미니안 칼빈주의 부흥방법론을 잇고 있으나 그 구체적인 방법론은 사뭇 달랐다. 무디는 피니가 사용하였던 '불안의 좌석'이나 '강단초청'과 같은 인위적인 방법들을 사용하지 않았으며, 또한 죄인에게 두려움을 심어 겁박하듯 회심을 시키는 방법론을 취하지 않았으며, 감정을 고양시키는 그러한 방법도 취하지 않았다. 무디는 부흥설교시 논쟁을 불러일으키거나 분열을 가져올 자료를 피하고 감정을 진정시키려는 질서 잡힌 모습의 부흥집회를 이루었다.[73] 무디는 부흥집회를 위해 조직적으로 철저히 준비해야 한다는 점에 있어서는 피니와 같았으나 구체적인 방법론에 있어서는 피니와 달랐다. 피니가 높은 강단 위에서 죄인을 꿰뚫어 보고 정죄를 선포하는 법관과 같은 방식으로 부흥설교를 했다면, 무디는 친근한 아저씨처럼 재미있고 감동적으로 하나님의 사랑을 전하여 사람을 회심하도록 했다.

무디의 부흥방법론은 원론적으로 인간 편에서 조직적이면서도 면밀히 준비되어야만 한다는 점에서 피니의 부흥의 방법론을 이었으나 구체적으로 살펴보면 피니의 인위적인 방법론을 따르지 않았다. 이런 점에서 무디의 부흥방법론은 피니와 확실히 구별되며 더군다나 피니의 부흥의 방법론은 소도시 중심의 부흥집회에 적합한 방법론이었나 무디의 부흥방법론은 대도시 중심의 부흥집회에 적합한 방법론이었다. 무디는 도시선노의 새로운 문을 열었다. 무디가 원론적으로는 미국 복음주의 안에 흘러온 알미니안 칼빈주의 부흥방법론을 좇고 있었으나 그럼에도 불구하고 그는 알미니안 칼빈주의 부흥방법론의 대변자였던

---

[73] Stanley N. Gundry, *Ibid.*, 102.

피니와 달리 그 자신만의 독특하면서도 창조적인 방법론을 구사했다. 무디의 부흥방법론의 특징은 부흥집회를 위해 철저히 준비하되 인위적이고 억지스런 방법론들을 배제하려 했던 점이다.

반면 빌리 그레이엄의 부흥방법론은 철저히 피니의 방법론을 따르면서도 오히려 피니보다 훨씬 개방적인 방법론을 구사하였다. 빌리 그레이엄은 그 누구보다 개방적인 방법론을 구사함으로써 알미니안 칼빈주의 방법론을 극단으로 밀고 나아가 현대 대중집회 방법론에 근접해갔다고 할 수 있다.[74] 부흥방법론 면에서 빌리 그레이엄은 무디보다 피니에게서 강한 영향을 받았다. 그러나 부흥설교시 논쟁을 불러일으키거나 분열을 가져올 수 있는 말을 피하고 감정을 진정시키려는 질서 잡힌 모습은 무디에게서 영향을 받았던 것 같다. 피니는 부흥설교시 강렬한 논쟁을 불러일으킬 수 있는 말을 많이 하고 그러한 방법론들을 구사하여 결국 장로교 분열의 한 원인이 되었는데 빌리 그레이엄은 이런 점들을 지양했던 점에서 무디를 따르고 있다. 또한 무디가 미국사회에 대해 면밀히 분석하여 통계와 수치를 동원하여 부흥설교의 설득력을 확보하는 방법론을 구사하였는데 빌리 그레이엄의 부흥설교 곳곳에서도 이런 점들이 동일하게 나타난 점들은 무디와 비슷하다.

(4) 부흥주의 문화관에 있어서 빌리 그레이엄은 무디와 일치하고 있다

문화관은 역사관 위에 기초하고 있다. 칼빈주의 청교도들이 미국에 상륙할 때 가졌던 이상, 즉 '언덕위의 도시'[75]를 건설하여 세계의 모범

---

[74] 빌리 그레이엄의 부흥방법론은 2장 빌리 '그레이엄의 부흥신학 정리'에서 '가능한 수단의 총동원' 부분을 참조하라.

[75] Sydney E. Ahlstrom, *A Religious History of the American People* (New Haven: Yale University Press, 2004), 147. "…우리는 언덕 위의 도시가 되어야 한다는 것을 명심해야 한다. 모든 사람의 눈이 우리를 주목하고 있다(For we must consider we shall be as a city upon a hill, the eyes of all people are upon us…"

적인 빛이 되고자 했던 그 비전은 에드워즈, 피니, 무디, 빌리 그레이엄에게 그대로 이어지고 있음이 분명한 사실이다.[76] 에드워즈, 피니, 무디, 빌리 그레이엄의 부흥신학이 피니 이후 급격히 알미니안화 되어 역사적 칼빈주의 모습과는 매우 이질적인 모습으로 전락했지만 그럼에도 불구하고 개혁주의 전통에서 완전히 떠났다고는 볼 수는 없다.[77]

넓은 의미의 개혁주의라는 틀 안에서 놓고 볼 때 얼마만큼 역사적 칼빈주의를 떠나서 알미니안화 되었느냐의 편차가 있을 뿐이다. 조지 마스던은 "청교도 칼빈주의 이후 미국 개혁주의 공동체의 가장 큰 약점은 그들이 엘리트주의를 배양하여 왔다는 사실"이라고 지적했다.[78] 이러한 엘리트주의는 미국사회가 위기에 처할 때 고도의 위력을 발휘하기도 했으나 이는 "명백한 사명(Manifest Destiny)"사상이 되어 세계의 경찰을 자임하는 미국의 패권주의 이데올로기로 작동하기도 했다. 에드워즈, 피니, 무디, 빌리 그레이엄에 이어지는 미국 부흥신학은 이 점에서 변치 않았으니 그것은 미국의 애국주의와 연결되었고, 또한 부흥만능주의 역사관과 연결되었다.[79] 무디의 *Revival*에서 이 점이 뚜렷이 나타나고 있다.[80]

---

[76] Billy Graham, *Revival in our Time.*, 70-71.

[77] 여기서 말하는 개혁주의는 교단적 차원의 개혁주의가 아니라 소위 말해 개혁주의 유산을 일정부분 이어받았다고 자부하는 넓은 의미에서의 개혁주의를 말한다. 그러므로 얼마만큼 역사적 칼빈주의에 철저한가를 논의의 중심으로 삼는 것은 아니다. 조지 마스던은 "개혁주의와 미국"에서 미국의 개혁주의는 크게 교리주의자, 문화주의자, 경건주의자로 불리는 3대 지류가 있는데 경건주의적인 특성을 띤 개혁주의를 복음주의라고 하면서 이는 전통적인 개혁주의보다는 상당히 '폭넓은' 개혁주의로 정의될 수 있는데 빌리 그레이엄이 여기에 속한다고 했다(George M. Marsden, "개혁주의와 미국", David F. Wells 편집, 『웨스트민스터 신학과 화란 개혁주의』 박용규 역 [서울:도서출판 엠마오,1992], 14를 보라).

[78] George M. Marsden, "개혁주의와 미국", David F. Wells 편집, 『웨스트민스터 신학과 화란 개혁주의』 박용규 역 (서울: 도서출판 엠마오,1992), 27.

[79] Jonathan Edwards, *Some Thoughts Concerning the Revival*, 329, 353-58; Charles G. Finney, *Revivals of Religion*, 1-31.

[80] Moody, *Revival*, 70-73.

빌리 그레이엄 역시 그러한 문화관을 분명히 나타내고 있다. LA 부흥 집회 때 설교한 내용을 보면 미국사회의 도덕적 타락에 대한 무시무시한 심판의 선포와 함께 미국이 부흥을 통해 새로워져서 세계에 대한 책무를 다해야 한다고 역설하고 있다.[81]

이러한 문화관은 서구 문명을 기독교 문명과 동일시하고, 서구 문명만이 성경에 기초한 참 문명이며 그 외의 문명, 특히 공산주의 문명은 마귀적 문명이라는 이분법적인 등식은 빌리 그레이엄의 부흥집회를 통한 세계 복음화가 순수한 성경적 부흥의 이상을 실현하는 것만이 아니라 그 속에 서구중심의 문화관, 무엇보다도 미국중심의 문화관이 채색된 부흥운동이었음을 말해준다. 한 가지 아이러니컬한 것은 참혹한 남북전쟁을 겪은 무디와 2차 세계대전과 동·서 냉전체제를 경험한 빌리 그레이엄이 모두 인간사회의 낙관적 전망보다 어두운 전망의 전천년주의 역사관을 가졌는데 이는 문화에 대한 소극적 자세를 나타내는 역사관임에도 불구하고 무디나 빌리 그레이엄이 매우 적극적으로 미국적 문화와 부흥운동을 유착시켰다는 점이다. 에드워즈와 피니가 후천년주의 역사관에 기초한 낙관적 전망 속에서 부흥을 문화변혁의 힘으로 생각했던 것과는 대조적이다.

---

[81] Billy Graham, *Revival in our Time*, 69-80.

제6장

결 론

조나단 에드워즈, 찰스 피니, 디 엘 무디, 빌리 그레이엄으로 이어지는 시대는 대략 미국 역사의 3/4에 해당하는 300여 년의 기간이다. 300여 년에 이르는 역사를 단 네 사람의 부흥신학을 통해 들여다본다는 것은 역사를 지극히 단순화시키는 위험이 없지 않지만 그럼에도 불구하고 근대 미국 부흥운동사에서 빼놓을 수 없었던 사람들을 다루었다는 점을 자위하면서 지금까지 분석했던 내용들을 정리해 보자.

먼저 조나단 에드워즈, 찰스 피니, 디 엘 무디, 빌리 그레이엄, 이들 네 사람의 공통점이 무엇인지 정리해 보자.

성경관에 있어서 강한 보수성을 띤 부흥신학이라는 점에서 공통적이다. 여기서 말하는 보수적 성경관이란 역사적 칼빈주의 성경관을 의미하지 않는다. 성경이 하나님의 말씀이 아니라 인간의 말이라고 하는 자들이 등장함으로써 성경의 무오성이 도전받고 그 절대권위가 의심되던 무디 이후의 시대를 염두에 둔 성경관으로서 성경을 인간의 말이라고 주장하거나, 성경에는 하나님의 말씀도 있고 인간의 말도 있다고 주장하는 자들과의 사이에서 보수성을 의미한다. 다시 말해 성경을 무오류한 하나님의 말씀으로 믿고 그 절대권위를 인정하는 그런 정도의 보수성이다. 그렇지 않고 역사적 칼빈주의 성경관을 기초로 삼아 에드워즈, 피니, 무디, 빌리 그레이엄의 성경관의 보수성을 엄격히 비교한다면 공통점보다 차이점들만 부각될 것이다. 예를 들면 성경을 정확무오한 하나님의 말씀으로 믿는다고 하더라도 성경이 명하시지 않는 것을 부흥방법론으로 도입할 수 있느냐 없느냐의 측면에서 볼 때 에드워즈는 성경의 규범성에 좀 더 강조를 둔 엄격성을 띤 반면 피니와 그 이후의 사람들은 훨씬 자유로웠다.

피니는 성경의 신적권위를 인정했지만 구체적인 부흥방법론은 그때그때의 상황에 따라 교회에 위임된 것이라고 함으로써 성경의 엄격한 규범성으로부터 자유로운 입장이었다.[1] 그러므로 성경이 인간의 말이 아니라 무오류한 하나님의 말씀으로 믿는 정도의 보수성 측면에서 살펴본다면 에드워즈, 피니, 무디, 빌리 그레이엄은 모두 다 강한 보수성을 띤 부흥신학자들이었다는 점에서 공통점이다.

역사적 칼빈주의 청교도 신학의 요체는 하나님중심 사상으로서 하나님의 말씀인 성경이 그 중심을 차지하고 있다.[2] 북미 개척 조상들이었던 칼빈주의 청교도 신앙의 가장 큰 특징은 성경중심적인 삶이었다. 에드워즈의 부흥신학은 바로 이러한 칼빈주의 청교도 신앙, 즉 성경중심적인 삶으로 돌아가는 것이었다. 에드워즈는 참된 부흥이냐 거짓된 부흥이냐의 판별 기준도 철저히 성경으로 보았다. 피니의 알미니안 칼빈주의 부흥신학도 성경 해석상의 강조점이 달라 성경이 명하시지 않

---

[1] Charles D, Finney, *Revivals of Religion*, 411, 261.
[2] H. Henry Meeter, 『칼빈주의 기본사상』 (*The Basic Ideas of Calvinism*), 박윤서·김진홍 역 (서울: 개혁주의 신행협회, 2000), 21-38; 이근삼, 『개혁주의 신학과 교회』 (서울: CLC, 1985), 19-22.

는 부흥방법론들이 교회에 위임된 것이라고 생각하여 차츰 인간중심을 강조하는 점으로 나아간 것이 문제였지 성경의 무오류성과 신적권위를 믿는 보수성은 그대로 이어지고 있었다. 무디 역시 성경이 하나님의 말씀이 아니라 인간의 말이라고 도전하던 시대에 성경의 무오성과 절대권위를 믿고 부흥운동을 이루었던 보수적 성경관의 소유자였다. 성경을 널리 전파하고자 부지런히 사경회를 개최했고 성경학교를 세웠다.

빌리 그레이엄 역시 이런 점에서 보수적 성경관의 사람이었다. 대부분의 신복음주의자들의 성경관이 칼 바르트의 신정통주의 성경관을 피력했으나 빌리 그레이엄의 성경관은 별로 그런 모습을 보이지 않는다. 그의 성경관이 기독론적 성경관에 유독 강조점이 있어 신정통주의 성경관을 갖고 있지 않은가 의심될 수 있지만 전반적으로 살펴볼 때 그는 성경의 축자영감설, 그것도 기계적인 영감설에 가까운 믿음을 가졌던 보수적 성경관의 사람이었다.[3] 빌리 그레이엄이 성경적 교제의 원리를 버리고 넓게 사람들과 교우한 점에서는 비판받을 수 있고, 또한 성경에서 출발하지 않고 인간학적인 데서 출발하여 성경으로 올라간 해석 방식 등은 비판받을 수 있겠으나 그의 성경관이 자유주의자들의 성경관이나 신복음주의자들의 성경관을 따르고 있지는 않다. 그는 성경의 권위가 오늘날도 살아 있음을 강조하기 위해 "성경이 오늘날도 말씀하시기를"이라는 말을 수없이 사용했다. 그래서 그의 신학을 "성경이 오늘날도 말씀하시기를"의 신학이라고 했다.[4]

성경을 하나님의 말씀이 아니라 인간의 말로 받아들이는 자유주의 신학은 신앙의 근간을 흔드는 위험한 신학이다. 자유주의 신학뿐만 아니라 성경을 하나님의 말씀으로 믿는다고 하면서도 실제 생활은 비성

---

[3] Billy Graham, *Peace with God*, 24.
[4] William Martin, *Ibid.*, 604-10.

경적이고 세속적인 삶을 사는 실천적 무신론자들의 형식주의도 위험하다. 에드워즈와 피니는 실천적 무신론자들이 넘쳐나는 시대에 성경으로 도전했다는 점에서, 무디와 빌리 그레이엄은 성경을 인간의 말로 여기는 자유주의 신학이 팽배한 시대에 성경으로 도전했다는 점에서 보수적 성경관으로 그 시대에 도전한 부흥신학자들이었다.

부흥은 성경이 하나님의 말씀임을 부정하고서는 일어날 수 없다. 그래서 적어도 부흥운동은 보수적 성경관 없이 진행될 수 없다. 이런 점에서 근대 미국 부흥신학이 알미니안화를 향해 달려왔음에도 불구하고 성경관에 있어서만큼은 자유주의 성경관에 대항하여 보수적 성경관을 유지하게 하는데 한몫을 했음을 부정할 수 없다. 근대 미국 부흥신학의 알미니안화로 인한 폐해가 크지만 적어도 사회 전반적으로 자유주의 신학의 악폐가 만연할 때 보수적 성경관으로 도전하여 보수적 성경관이 흐르게 했던 점은 그 시대에 끼쳤던 공통적 공헌이다.

부흥주의 문화관 면에서 네 사람이 공통적이다.

청교도들은 '언덕위의 도시'를 건설하고자 하는 비전 가운데 북미에 상륙했다. 그들은 하나님의 말씀에 의해 지배되는 신정국가(神政國家)의 비전을 가지고 상륙했다. 그런데 이런 그들의 비전은 1세기가 가기도 전에 무너져 내렸다. 그러나 청교도들의 비전이었던 언덕위의 도시는 부흥운동을 통한 영적쇄신을 통해서 도덕적으로 문화적으로 탁월한 백성들로 다시 세워진다는 이상으로 나타났다. 청교도들의 언덕위의 도시에 대한 비전은 에드워즈, 피니, 무디, 빌리 그레이엄으로 이어지는 부흥운동에 늘 이어져 내려와 부흥운동은 하나의 미국적 애국주의와 결합하였으며 그리하여 '명백한 사명(Manifest Destiny)' 사상으로 나타났다. '명백한 사명(Manifest Destiny)' 사상은 미국이 도덕적으로, 문화적으로 타락하였을 때 회개하고 일어나도록 하는 모티브가 되기도 했으며 미국뿐만 아니라 전 세계를 향한 책임의식을 갖게 하여 선교적 동력으로 나타나기도 했으나 한편으로는 그것이 엘리트의식과 미국중심의 문화적 우월주의로 작동하여 세계에 대한 경찰국가를 자임하는 제국주의의 부정적인 모습으로 표출되기도 했다. 에드워즈, 피니, 무디, 빌리 그레이엄의 영웅적 부흥운동 속에는 청교도들의 비전이었던 '언덕위의 도시'를 세운다는 웅대한 이상이 숨어 있으며 이러한 비전은 부흥을 통해서만이 이루어진다는 부흥주의 문화관이다.

에드워즈, 피니, 무디, 그레이엄의 부흥신학이 약간씩 다르다고 할지라도 부흥을 통한 인간의 회심과 성화만이 사회적으로 온갖 선한 열매를 낳는다는 부흥 만능주의 문화관의 소유자들이었던 점에서는 공통적이다. 또한 자신들의 부흥운동만이 성경적인 인간의 변화와 사회의 변혁을 가져올 수 있다는 확신 속에서 자신들을 성경적인 개혁자들의 반열에 두고서 일했던 부흥주의 역사관을 가졌던 점에 있어서도 동일하다. 그들 모두는 사회적 관심을 가졌으나 사회복음을 주장하는 자유주의자들과는 달리 먼저 사회를 구성하고 있는 인간의 변화를 통한 사회적 변혁의 열매를 바라보았던 점에 있어서 공통적이다. 그들의 역사관이 에드워즈와 피니의 후천년주의 낙관적 역사관에 기초하든 무디와 빌리 그레이엄의 전천년주의 비관적 역사관에 그들은 문화에 대한 지극한 관심을 가졌던 사람들로서 부흥을 통한 인간의 변화와 선한 사회변혁의 꿈을 꾸며 살았던 '꿈의 사람들', '비전의 사람들', '이상주의자들'이라는 점에서 공통적이다.

이제 조나단 에드워즈를 제외한 찰스 피니, 디 엘 무디, 빌리 그레이엄, 이들 세 사람들만의 공통점이 무엇인지 정리해 보자.

성경에 의해 변화된 인간에 의해 성경적인 가치관이 지배하는 사회·

문화적 변혁을 꿈꾸었는데, 그것은 부흥을 통해서만이 이루어질 수 있다는 확신을 가졌던 점에서 에드워즈, 피니, 무디, 그레이엄은 공통점이 있다. 그러나 이런 공통점에도 불구하고 이들 네 사람들 사이에는 매우 큰 차이점들이 있으니 그 분수령은 피니로부터 시작된다. 피니, 무디, 그레이엄의 부흥신학은 에드워즈의 부흥신학과 확연히 구별된다. 그것은 에드워즈가 전통적 칼빈주의 청교도의 부흥신학을 좇고 있다면 피니, 무디, 그레이엄은 알미니안화 된 부흥신학을 좇고 있다는 점이다.

세 사람의 공통점은 알미니안주의 부흥신학이다.
피니, 무디, 그레이엄은 부흥의 주체 면에서 하나님의 절대주권과 선택과 예정의 교리를 약화시키고 부흥설교자의 역할에 좀 더 강조를 두었으며 청중의 의지적 결단에 좀 더 강조점을 둠으로써 구원이 인간의 결심여부에 좌우된다는 부흥신학을 피력했다. 결국 부흥의 주체에 있어서 하나님의 주권성보다 인간의 주권성을 더 강조하는 것으로서 칼빈주의의 중요교리를 침식시키고 알미니안주의 교리를 부각시켰다.
또한 부흥의 객체인 인간의 회심에 있어서 성령의 선행적 역사보다도 인간의 의지적 결단에 회심이 일어난다는 알미니안화 된 회심론을 부각시켜 칼빈주의 인간론의 전적 타락과는 달리 의지의 자유를 강조하는 낙관적 인간론을 피력하였으며 그리하여 구원을 인간의 자유의지에 둠으로써 구원에 있어서 하나님과 인간이 서로 협력한다는 신인협동설적 구원관에 이르게 되었으며 또한 인간의 의지에 구원의 근거를 둠으로써 구원의 절대적 확실성이 흔들리게 되었다. 이러한 알미니안주의 회심론을 극단으로 밀고 나가면 이 땅에서 완전한 성화가 이루어진다는 완전성화론에 이르게 된다. 피니는 그의 알미니안주의 회심론에 충실하여 신학사상 면에서 완전성화론까지 밀고 나갔으나 무디와 빌리 그레이엄은 완전성화론을 주장하지는 않았다. 이러한 알미니안주의 부흥신학은 부흥의 목적을 하나님의 영광이 아니라 인간의 영광으로 변모시키는 위험요소를 안고 있다.

세 사람의 공통점은 알미니안주의 부흥방법론이다.
피니는 그의 알미니안주의 부흥신학에 기초하여 성경에서 금하지 않는 것은 어떤 방법론이든 사용가능하다는 알미니안주의 부흥방법론을 구사하였는데, 이것은 전반적으로 그의 이후 계속되는 부흥방법론으로 흘러왔다. 이는 사실 성경이 명하는 것만을 은혜의 방편으로 취급하는 칼빈주의 신학과 달리 성경에서 금하지 않는 것은 어떤 것이든 은혜의 방편으로 가능하다는 신학에서 출발하고 있는 것이다. 그리하여 피니 이후 인간의 기술과 문명의 진보에 부합하는 세련된 방법론들이 자꾸만 부흥의 방법론들로 유입되는 문을 열어놓은 것이다. 피니 이후 인간의 기술과 문명의 진보만큼이나 화려한 방법론들이 부흥집회에 도입되었으나 정작 그러한 것들을 통해서 점점 부흥신학의 쇠퇴와 부흥기술주의가 편만해지게 만드는 문을 열어놓았던 것이다.

무디는 피니만큼 알미니안화 된 부흥방법론을 쫓지 않았고 온건한 부흥방법론을 구사하였지만 이미 그는 거대한 도시집회에서 이러한 알미니안화 된 부흥방법론을 구사하고 있었던 것이다. 피니는 부흥방법론에 있어서 초교파적 연합의 길을 가지 않았고 무디는 초교파적 연합의 길을 갔으나 자유주의자들까지 연합의 범위를 확대시키지는 않았다. 그런데 빌리 그레이엄은 초교파적 연합과 협력을 위해 자유주의자들뿐만 아니라 유대교와 로마 가톨릭까지 연합하는 부흥방법론을 구사하였으며 잘 조직된 그의 부흥팀(BGEA)을 효율적으로 가동시킴으로써 얼마든지 기술적으로 부흥이 통제 가능한 것으로 만듦으로써 부흥집회의 성공을 창출해낼 수 있는 부흥기술주의로 흘러감으로써 알미니안화 된 부흥방법론의 극단적인 모습을 보여주고 있다.

피니, 무디, 그레이엄의 부흥신학이 그 신학과 방법론 면에서 알미니안화 된 공통점이 있지만 그럼에도 불구하고 무디는 피니나 그레이엄에 비해 약간 독특한 색깔을 띠고 있다. 그것은 그의 부흥신학이 상당부분 칼빈주의 부흥신학 색깔을 띠고 있다는 점이다. 그의 부흥신학과 부흥방법론은 피니나 그레이엄만큼 칼빈주의의 강조점을 깎아내리지는 않았고 가능하면 이를 유지하려고 했다. 무디는 피니 시대 이후 계속 흘러왔던 알미니안 칼빈주의 부흥신학의 흐름 속에 있었으나 칼빈주의 부흥신학에 좀 더 다가가고자 했다.

이제는 조나단 에드워즈, 찰스 피니, 디 엘 무디, 빌리 그레이엄 이들 네 사람의 부흥신학의 특징이 각각 어떠한지 정리해 보자.

조나단 에드워즈, 찰스 피니, 디 엘 무디, 빌리 그레이엄의 부흥신학을 각각 '칼빈주의 청교도 부흥신학', '알미니안 칼빈주의 부흥신학', '보수적 성격의 알미니안 칼빈주의 부흥신학', '신복음주의 부흥신학'이라고 했다. 이들의 이러한 부흥신학의 특색을 부흥의 주체이신 하나님과의 관계에서 어떻게 한마디로 말할 수 있을까? 조나단 에드워즈의 부흥신학은 '하나님에게 영광', 피니의 부흥신학은 '하나님에게 굴복(순종)', 무디의 부흥신학은 '하나님의 사랑 영접', 빌리 그레이엄의 부흥신학은 '하나님과의 화해'라고 할 수 있다. 에드워즈의 부흥신학은 칼빈주의 청교도 신학의 중심사상인 하나님의 절대주권과 영광의 교리에 따라 부흥의 목적이 하나님의 영광이다. 부흥을 통한 인간의 변화를 통해 궁극적으로 하나님에게 영광 돌리는 것이 목적인 것이다. 반면 피니의 부흥신학은 알미니안주의 인간론과 회심론의 근간이 되는 인간의지의 자유를 강조하여 그 의지를 하나님에게 굴복시키는 것이다.

결국은 그러한 의지를 굴복시키도록 설득하는 부흥설교자와 의지의 굴복사에게 부흥의 영광이 돌려진다. 무디의 부흥신학은 복음을 통해 제시된 하나님의 사랑을 영접함이다. 하나님이 그리스도 안에서 이루신 객관적 구속을 인간 편에서 주관적으로 자유의지를 발동하여 영접하기만 하면 된다는 것이다. 이는 피니의 의지의 굴복보다는 억지스럽지 않지만 그럼에도 불구하고 성령의 선행적 역사를 강조하지 않았던 점에서는 여전히 알미니안주의 특색을 보여주고 있다.

빌리 그레이엄의 부흥신학은 복음을 통해 제시된 하나님의 화해의 손을 인간 편에서 자유의지를 발동하여 회개함으로써 붙잡을 수 있다는 것이다. 그리고 하나님과 화해한 개인은 주변의 사람들을 위해 역시 화해의 손길을 내밀어야 한다는 것이다. 빌리 그레이엄의 이러한 화해론 역시 하나님과 인간의 쌍방간 협력에 의해 구원이 이루어진다는 신인협력적인 구원관이며 인간의 의지적 결단에 구원의 좌우된다는 알미니안주의 구원관이다. 무엇보다 빌리 그레이엄의 화해론은 이웃과의 평화와 세계평화의 사회·정치적인 논리로 확장되었고 복음적 에큐메니즘의 논리로도 확장되었지만 이는 자칫 현대 에큐메니즘의 일치 논리로 전환될 수 있는 위험성을 다분히 내포하고 있다. 조나단 에드워즈, 찰스 피니, 디 엘 무디, 빌리 그레이엄의 부흥신학의 핵심적인 언어는 각각 영광, 굴복(순종), 사랑, 화해라는 말로 요약될 수 있다.

그렇다면 지금까지의 부흥신학 비교분석을 통해서 빌리 그레이엄의 부흥신학의 역사적 위치에 대해서는 어떻게 정리할 수 있을까?

빌리 그레이엄의 부흥신학은 전반적으로 무디의 부흥신학보다 피니의 부흥신학을 잇고 있다. 빌리 그레이엄의 부흥신학에서 에드워즈의 칼빈주의 청교도 부흥신학을 잇고 있는 점을 거의 찾아보기 힘들다.[5] 빌리 그레이엄의 부흥신학은 적어도 에드워즈의 부흥신학, 즉 17세기의 초기 칼빈주의 청교도 부흥신학을 잇고 있지 않다는 점은 분명하다. 미국의 교회들이 점점 알미니안화 되어가던 시대에 혜성처럼 등장하여 알미니안 칼빈주의 부흥신학의 대변자가 되었고 그 이후의 이러한 부흥신학을 정착시켰던 피니의 부흥신학을 대부분 충실하게 잇고 있다.

그러므로 미국 부흥운동사에 있어서 피니는 근대 미국 부흥신학의 성격을 그 이전의 칼빈주의 청교도 부흥신학과 확연히 구별되게 했던 지점인 것만큼은 분명하다. 무디는 역사적으로 피니와 빌리 그레이엄의 중간에 서 있는 사람이지만 그의 부흥신학은 일정 부분 피니의 부흥신학을 잇고 있으면서도 칼빈주의 색깔을 많이 띠고 있는 독특한 부흥신학이다. 무디는 피니의 부흥신학에서 칼빈주의 청교도의 옛 부흥신학으로 좀 더 나아갔던 독특한 부흥신학이다. 빌리 그레이엄은 시대적으로는 피니보다 무디에 가까이 있었지만 그의 부흥신학의 전반적인 면모들을 살펴볼 때 피니의 부흥신학을 충실히 이었던 사람이다. 아니 피니의 부흥방법론을 더욱 극단으로 밀고 나아갔던 사람이다. 빌리 그레이엄이 피니와 다른 점이 있다면 피니의 완전성화론와 후천년주의를 좇지 않은 것이며, 초교파적 협력전도의 범위를 성경에서 교제를 금하는 사람들에게까지 너무 광범위하게 넓혀버렸던 점이다. 빌리 그레이엄의 부흥운동이 찰스 피니 이후 계속된 알미니안화의 흐름 속에 있었음에도 불구하고 20세기 중반 미국 기독교가 자유주의자들에 의해서 비웃음거리가 되고 미국사회 속에 존립의 위기감마저 감돌았을 때

---

[5] 앞에서 성경관에 있어서 보수성을 띤 부흥신학, 부흥주의 문화관 면에서 공통점이 있음을 밝혔으나 에드워즈의 역사적 칼빈주의 부흥신학이라는 엄격한 잣대로 비교분석해보면 완전히 다르다. 에드워즈의 칼빈주의 청교도 부흥신학과 빌리 그레이엄의 신복음주의 부흥신학을 비교분석한 3장의 '조나단 에드워즈의 부흥신학 정리 및 빌리 그레이엄 부흥신학과의 비교'를 참조 바람.

그래도 기독교를 미국사회의 시민종교로서 고상한 위치에서 밀려나지 않도록 한몫을 했음은 누구도 부인 못할 업적이다.

지금까지 살펴본 것처럼 결국 미국 근대 부흥신학은 전반적으로 부흥신학의 약화와 부흥방법론의 발전이 상호 보완적 역할을 해왔음을 알 수 있다.

부흥신학이 약화되고 쇠퇴한 자리를 부흥방법론들이 메우면서 부흥운동이 진행되어왔고, 이는 결국 신적 부흥을 인간적 부흥으로 그 성격을 변모시켜 인간 의존성의 부흥운동으로 만들어 버렸다. 이는 부흥의 주권을 절대주권자 하나님의 손에서 빼앗아 인간의 손으로 넘겨버린 알미니안주의 부흥신학이 밝게 되는 필연적인 결과인 것이다. 부흥신학의 쇠퇴는 인간의 현란한 기술문명에 더욱 의존하는 형태를 강화시키는 반비례 형태를 띠면서 부흥의 성격을 변모시켜버리는데, 결국 칼빈주의 부흥신학의 쇠퇴는 인본적인 알미니안주의 부흥방법론의 득세로 이어진다는 것을 알 수 있다.

그렇다면 앞으로의 전망은 어떻게 될까? 인간의 현란한 기술문명을 동원한 부흥운동의 방식은 계속되고 더욱 발전할 것이다. 중요한 것은 여기서 걸음을 멈추고 숨고르기를 하여 칼빈주의 청교도 부흥신학과 부흥방법론을 제대로 정립하는 것이다. 그렇지 않으면 알미니안화는 더욱 진행되어 인간의 현란한 기술문명에 의존하는 부흥의 술수는 많아질 것이나 부흥집회는 대중문화 행사와 별 차이가 없어져버릴지도 모른다. 인간은 지독하게 자기몰입에 빠져드는 나르시즘적이며 자기영광에 미혹되는 어리석은 존재이다. 근대 미국 부흥신학의 알미니안화는 인본적인 역사의 발자취를 보여주고 있다. 아이러니컬하게도 알미니안화의 진행은 현대 기술문명에 의존하여 부흥집회의 규모를 이전 세기에는 상상할 수도 없을 만큼 거대하고 세계적인 집회가 되게 했지만 인간의 변화와 문화 변혁에의 힘은 미약하고 일천했음을 보여주고 있다. 결국 칼빈주의가 치료제다. 칼빈주의 부흥신학으로의 회복이 저 "옛 형태의 하늘로부터 임하는 성령의 부흥"을 이 땅에 임하게 하는 유일한 치료제이다.

••• 참고문헌 •••

1. 국내 단행본

김광열.『구원과 성화』. 총신대학교출판부. 2000.
김광채.『자율시대의 교회: 근세·현대 교회사』. CLC, 2000.
심병훈.『다시, 이 땅에 부흥의 불을 붙이자』. 새한기획출판부, 2001.
김재성.『칼빈과 개혁신학의 기초』. 합동신학대학원출판부, 1997.
김홍만.『개혁주의 부흥 신학』. 도서출판 옛적길, 2002.
나용화.『칼빈과 개혁신학』. CLC, 1992.
미국사연구회.『미국 역사의 기본 사료』. 소나무, 1992.
박세환.『디 엘 무디의 신학사상과 설교』. 도서출판 영문, 2001.
박아론.『보수신학연구』. CLC, 1993.
_____.『기독교 종말론』. CLC, 2004.
박영호.『청교도 실천신학』. CLC, 2002.
박일민.『개혁교회의 신조』. 성광문화사, 2002.
박종구.『폭발적인 전도자: 무디』. 신망애출판사, 1997.
양낙홍.『조나단 에드워즈: 생애와 사상』. 부흥과개혁사, 2003.
오덕교.『장로교회사』. 합동신학대학원출판부, 2005.
_____.『청교도 이야기: 교회사를 빛낸 영적 거장들의 발자취』. 이레서원,
         2001.
_____.『청교도와 교회개혁』. 합동신학교출판부, 1994.

원종천. 『청교도 언약사상: 개혁운동의 힘』. 대한기독교서회, 2002.
유태화. 『개혁신학의 구원론』. 크리스찬출판사, 2006.
이근삼. 『개혁주의 신학과 교회』. CLC, 1985.
이주형·김형인. 『미국 현대사의 흐름: 뉴딜에서 현재까지』. 비봉출판사, 2003.
이형기. 『에큐메니칼 운동사』. 대한기독교서회, 2004.
정부흥. 『조나단 에드워즈의 생애』. CLC, 1999.
정준기. 『복음운동사』. 광신대학교출판부, 1998.
_____. 『청교도 인물사』. 생명의말씀사, 1997.
_____. 『미국 대 각성운동』. 복음문화사, 1994.
조영엽. 『교회론』. CLC, 1997.
홍일권. 『왜 하나님은 무디를 쓰셨는가』. 생명의말씀사, 1998.
홍치모. 『영·미 장로교회사』. 개혁주의신행협회, 2002.
황권일. 『복음주의 이해』. 한국복음문서협회, 1995.
한국미국사학회. 『사료로 읽는 미국사』. 서울: 궁리출판사, 2006.
한국전도대회특집. 『빌리 그레함 전집』. 신경사, 1973.

2. 국외 단행본

Albus, Harry J. *A Treasury of Dwight L. Moody*. Michigan: Eerdmans Publishing Company, 1949.

Adair, John. *Founding Fathers: The puritans in England and America*. London Melbourne Toronto: J.M. Dent & Sons Ltd, 1982.

Ahlstrom, Sydney E. *Religious History of the American People*. Conn: New Haven, 1972.

Baily, Faith. *D.L. Moody*. Chicago: The Moody Bible Institute, 1959.

Barker, William. *Puritan Profiles: 54 Influential Puritans at the Time When the Westminster Confession of Faith was written*. Ross-Shire, Scotland: Mentor, 1996.

Bercovitch, Sacvan. *The Puritan Origin of the American Self*. New Haven: Yale

University Press, 1975.

Beveridge, William. *The Westminster Assembly*. Greenville, South Carolina: Reformed Academic Press, 1993.

Brauer, Jerald C. *Protestantism in America. Philadelphia(Revised Edition): A Narrative History*. Philadelphia: The Westminster Press.

Bremer, Francis. J. Editor. Puritanism: *Transatlantic Perspectives on a Seventeenth-century Anglo-American Faith*. Boston: Massachusetts Historical Society, 1993.

Carden, Allen. *Puritan Christianity in America: Religion and Life in Seventeenth-Century Massachusetts*. Michigan: Baker Book House, 1990.

Catherwood, Christopher. *Five evangelical leaders*. Illinois: Harold Shaw Publishers, 1985.

Cherry, Conrad. *The Theology of Jonathan Edwards*. New York: Doubleday & Company Inc., 1966.

Conkin, Paul Keith. *Reformed Christianity in Antebellum America*. Chapel Hill & London: The University of North Carolina Press, 1995.

Daniels, Glenn. *Billy Graham: The Man who walks with God*. New York: Paperback Library, 1968.

Daniel, Stephen H. *The Philosophy of Jonathan Edwards*. Indiana: Indiana University Press, 1994.

Day, Richard Ellsworth. *Bush Aglow: The Life Story of Dwight Lyman Moody Commoner of Northfield*. Philadelphia: The Judson Press, 1937.

Dolan, James P. & Wind James P. *New Dimensions in American Religious History: A Festschrift for Martin E. Marty*. Michigan: Eeerdmans Publishing Co., 1993.

Drummond, Lewis A. *The Life and Ministry of Charles G. Finney* Minneapolis: Bethany House Publisher, 1985.

Dunn, David. *A History of the Evangelical and Reformed Church*. New York: The Pilgrim Press, 1990.

Edman, V. Raymond. *Finney Lives On: The Secret of Revival in Our Time*

Wheaton: Scripture Press Book Division, 1951.

Edwards, Jonathan. *The Works of Jonathan Edwards: V1*. Massachusetts Hendrickson Publishers, Inc., 2000.

_____. *The Works of Jonathan Edwards: V2*. Massachusetts: Hendrickson Publishers, Inc., 2000.

_____. *The works of Jonathan Edwards V1: Freedom of the Will*. Edited by Paul Ramsey. Connecticut: Yale University Press., 1957.

_____. *The works of Jonathan Edwards V2: Religious Affections*. Edited by John E. Smith. Connecticut: Yale University Press., 1959.

_____. *The works of Jonathan Edwards V3: Original Sin*. Edited by Clyde A. Holbrook. Connecticut: Yale University Press., 1970.

_____. *The works of Jonathan Edwards V4: The Great Awakening*. Edited by C. C. Goen. Connecticut: Yale University Press., 1972.

Encyclopedia Britannica, Inc. *The Annals of America Vol 1, 1493-1754: Discovering a New World*. Chicago.

_____. *The Annals of America Vol 10, 1866-1883: Reconstruction and Industrialization*. Chicago.

_____. *The Annals of America Vol 11, 1884-1894: Agrarianism and Urbanization*. Chicago.

_____. *The Annals of America Vol 12, 1895-1904: Populism, Imperialism, and Reform*. Chicago.

_____. *The Annals of America Vol 14, 1916-1928: World War and Prosperity*. Chicago.

_____. *The Annals of America Vol 15, 1929-1934: The Great Depression*. Chicago.

_____. *The Annals of America Vol 17, 1950-1960: Cold War in the Nuclear Age*. Chicago.

Finney, C.G. *The Autobiography of Charles G. Finney*. condensed & edited by Helen Wessel. by Minneapolis, Minnesota: Bethany House Publishers, 1977.

_____. *Revivals of Religions*. Virginia: CBN University Press, 1978.

_____. *The Guilt of Sin*. Michigan: Kregel Publications, 1965.

_____. *True and False Repentance*. Michigan: Kregel Publications, 1966.

_____. *True Submission*. Michigan: Kregel Publications, 1967.

_____. *Victory Over the World*. Michigan: Kregel Publications, 1966.

_____. *True Saints*. Michigan: Kregel Publications, 1967.

_____. *Prevailing Prayer*. Michigan: Kregel Publications, 1965.

_____. *God's Love for a Sinning World*. Michigan: Kregel Publications, 1966.

_____. *So Great Salvation*. Michigan: Kregel Publications, 1965.

_____. *The Promise of the Spirit*. Edited by Timothy L. Smith. Minneapolis, Minn., 1965.

Fitt, Arthur Percy. *The Shorter Life of D.L. Moody*. Chicago: Moody Press.

Frady, Marshall. *Billy Graham: A Parable of American Righteousness*. London: Hodder and Stoughton, 1979.

Ryken, Leland. *Worldly Saints: The Puritans as They really were*. Michigan: Zondervan Publishing House, 1990.

Gabriel, Ralph Henry. *The Course of American Democratic Thought*. New York: Greenwood Press, 1986.

Garison, P.J, Jr. *Presbyterian Polity and Procedures: The Presbyterian Church, U.S.* Richmond, Virginia: John Knox Press, 1953.

Gaustad, Edwin Scott. *The Great Awakening in New England*. New York: Harper & Brothers, 1957.

Graham, Billy. *Just As I Am: The Autobiography of Billy Graham*. New York: Zondervan, 1997.

_____. *Revival: in Our Time*. Wheaton, Illinois: Van Campen Press, 1950.

_____. *Peace With God*. New York: Doubleday & Co, Inc., 1953.

_____. *World Aflame*. New York: Doubleday & Co, Inc., 1965.

_____. *The Secret of Happiness*. New York: Doubleday & Co, Inc., 1955.

_____. *My Answer*. New York: Doubleday & Co, Inc., 1960.

_____. *The Challenge*. New York: Doubleday & Co, Inc., 1969

_____. *The Jesus Generation*. Minnesota: World Wide Publications, 1971.

_____. *The Holy Spirit*. New York: Wanner Books, 1980.

_____. *Angels: God's Secret Agents*. New York: Doubleday & Co, Inc., 1975.

_____. *America's Hour of Decision*. Wheaton, Ill: Van Kampen Press, 1951.

_____. *Approaching Hoofbeats: The Four Horsemen of the Apocalypse*. Minneapolis: Grasson, 1983.

_____. *How to Be Born Again*. Waco, Texas: Word Books, publisher, 1977.

_____. *Freedom from the Seven Deadly Sins*. Marshall Morgan & Scott. 1956.

_____. *Calling Youth to Christ*, Zondervan, 1947.

_____. *I Saw Your Sons at War*, Billy Graham Evangelist Association, 1853.

_____. *Billy Graham Talks to Teenagers*, Zondervan, 1958.

_____. *Billy Graham Answers Your Questions*, Zondervan, 1958.

_____. *Till Armageddon*, Word Books, 1981.

_____. *A Biblical Standard for Evangelists*, World Wide Publications, 1984.

_____. *Unto the Hills*, Word Books, 1986.

_____. *Facing Death and the Life After*, Word Books, 1987.

_____. *Answers to Life's Problems*, Word Books, 1988.

_____. *Hope for the Trouble Heart*, Word Books, 1991.

_____. *Storm Warning*, Word Books, 1992.

Greaves, Richard L. *The Puritan Revolution & Educational Thought: Background for Reform*. New Brunswick, New Jersey: Rutger University Press, 1969.

Gunnemann, Louis H. *The Shaping of the United Church of Christ: An Essay in the History of American Christianity*. New York: United Church Press, 1977.

Hardman, Keith J. *Charles Grandison Finney, 1792-1875: Revivalist and Reformer*. Michigan: Baker Book House, 1987.

Hart, D,.G. *Deconstructing Evangelicalism: Conservative Protestantism in the Age of Billy Graham*. Michigan: Baker Academic, 2004.

Hambrick-Stowe, C.E. *Charles G, Finney and the Spirit of American Evangelism*. Michigan: Wm. B. Eerdmans Publishing Co, 1996.

Harvey, B.C. *Chareles Finney: The Great Revivalist*. Ohio: Barbour, 1997.

Hatch, Nathan O. & Stout, Harry S. *Jonathan Edwards and the American Experience*. New York: Oxford Uiversity Press., 1988.

Hatch, Nathan O. *The sacred Cause of Liberty: Republican Thought and the Millennium in Revolutionary New England*. New Haven, Conn., 1977.

Heimert, Allan & Delbanco, Andrew. *The Puritans in America: A Narrative Anthology*. Massachusetts: Harvard University Press, 1985.

Hollinger, David A. & Capper, Charles. *The American Intellectual Tradition Vol 1, 1630-1865*. New York: Oxford University Press, 1997.

Hetherington, William Maxwell. *History of the Westminster Assembly of Divine*. Still Waters Revival Books, 1993.

High, Stanley. *Billy Graham: The Personal Story of the Man, His Message, and His Mission*. New York: McGraw-Hill, 1956.

Howard, Leon. *Essays on Puritans and Puritanism*. Edited by James Barbour & Thomas Quirk. Albuquerque: University of New Mexico Press, 1986.

Hunt, William. *The Puritan Moment: The Coming of Revolution in an English Country*. Massachusetts London: Harvard University Press Cambridge, 1983.

Hunter, J.D. *American Evangelicalism*. New Brunswick: Rutgers, 1989.

Jones, Martyn Lloyd. *Revival*. Crossway Books, 1987.

Knappen, M.M. *Tudor Puritanism*. Chicago: The University of Chicago Press,

Keeble, N.H. *Richard Baxter: Puritan Man of Letter*. Oxford: Oxford University Press, 1982.

Longfield, Bradly J. *The Presbyterian Controversy: Fundamentalist, Modernist, and Moderates*. New York: OXford University Press, 1991.

Lloyd-Jones, Martin. *The Puritans: Their Origin and Successors*. Edinburgh, Scotland: The Banner of Truth, 1987.

Marty, Martin E. *Protestantism in the United States*, New York: Scribner Book Companies, Inc., 1986.

Marsden, George M. *Fundamentalism and American Culture: The Shaping of Twentieth-Century Evangelicalism 1870-1925*. New York: Oxford University Press, Inc, 1982.

_____. *Understanding Fundamentalism and Evangelicalism*. Michigan: Eerdmans Publishing Co., 1991.

_____. *Evangelicalism and Modern America*. Michigan: Eerdman Publishing Co., 1984.

_____. *Reforming Fundamentalism: Fuller Seminary and The New Evangelism*. Michigan: Eerdman Publishing Co., 1987.

McLoughlin, William G. *Modern Revivalism: Charles Grandison Finney to Billy Graham*. Eugene, Oregon: Wift & Stock Publishers., 1959.

Mead, Frank S. *Handbook of Denominations in the United States*. New York: Abingdon Press, 1961.

Meyer, Donald. *The Protestant Search for Political Realism 1919-1941* Middletown, Connecticut: Wesleyan University Press, 1960.

Miller, Basil. *Charles Finney*. Michigan: Zondervan, 1947.

Miller, Perry. *Jonathan Edwards*. Amherst: The University of Massachusetts Press, 1981.

_____. *The Life of the Mind in America: From the Revolution to the Civil War*. New York: HBJ., 1965.

Miller, William Lee. *The First Liberty; Religion and the American Republic*. New York: Paragon House Publishers., 1988.

Mitchell, Curtis. *Billy Graham: The Making of a Crusader*. Philadelphia and New York: Chilton Books, 1966.

Moody, D.L. *Glad Tidings Comprising Sermons and Prayer Meeting Takings Delivered at the N.Y. Hippordrome*,(New York: E.B. Treat Press, 1876).

Moody, D.L. *The way to God & How to find it*. Chicago: The Fleming H. Revell Company, 1912.

Moody, William R. *The Life of D.L. Moody*. Sword of the Lord Publishers.

Morgan, E.S. *The Puritan Dilemma: The Story of John Winthrop*. Edited by Handlin, Oscar. Toronto: Little, Brown & Company, 1958.

Mouw, Richard J. *The Smell of Sawdust: What Evangelist can learn their Fundamentalist Heritage*. Michigan: Zondervan Publishing House, 2000.

Murray, Iain H. *Jonathan Edwards: A New Biography*. The Banner of Truth Trust., 1987.

Murray, Iain H. *Revival and Revivalism*. Pennsylvania: The Banner of Truth Trust, 1994.

Niebuhr, Reinhold. *The Irony of American History*. New York: Charles Scribner's Sons, 1952.

Noll, Mark A. *A History of Christianity in the United States and Canada*. Michigan: Eerdermans Publishing Co., 1993.

Paker, J.I. *A Quest for Godliness: The Puritan Vision of the Christian Life*. Wheaton, Illinois: Crossway Books, 1990.

Patterson, Bob E. *Carl F. H. Henry: Makers Modern Theological Mind*. Peabody, Massachusetts: Hendrickson Publishers., 1983.

Paul, Ronald C. *Billy Graham: Prophet of Hope*. New York: Ballantine Books, 1978

Pollock, John. *Billy Graham: The Authorized Biography*. New York: McGraw-Hill Book Company., 1966.

Reid, D.G., Linder, R.D., Shelley, B.L., Stout, H.S., Noll, C.A. *Concise Dictionary of Christianity in America*. Downers Grove, Illinois: IVP.,

1995.

Royal, Robert. *Reinventing the American People: Unity and Diversity Today*. Michigan: Eedermans Publishing Co., 1995.

Ryken, Leland. *Worldly Saints: The Puritans as They Really Were*. Michigan: Zondervan Publishing House, 1990.

Salter, Darius. *American Evangelism: Its Theology and Practice*, MI: Baker Book House Co, 1996.

Sandeen, Ernest R. *The Roots of Fundamentalism: British and American Millenarianism*, 1800-1930. Chicago, 1970.

Lee, Sang Hyun. *The Philosophical Theology of Jonathan Edwards*, (Princeton, New Jersey: Princeton University Press, 1988)

Schneider, Herbert Wallace. *Religion in 20th Century America*. New York: Atheneum, 1964.

Simonson, Harold P. *Jonathan Edwards Theologian of the Heart*. Macon: Mercer University Press, 1982.

Smith, Page. *Religious Origins the American Revolution*. Missoula, Montana: Scholars Press, 1976.

Smith, Timothy L. *Revivalism & Social Reform: American Protestantism on the Eve of the Civil War*. Baltimore and London: The Johns Hopkins University Press, 1989.

Smylie, James H. *A Brief History of the Presbyterians*. Louisville, Kentucky: Geneva Press,1996.

Sweet, William Warren. *Religion in Colonial America*. New York: Cooper Square Publishers, Inc., 1965.

_____. *Religion in the Development of American Culture 1765-1840*. New York: Charles Scribner's Sons, 1952

Sweeting, George. & Sweeting, Donald. *Lessons From the Life of Moody*. Chicago: The Moody Bible Institute, 1989.

Warfield, Benjamin Breckinridge. *The Westminster Assembly and Its Works*. Cherry Hill, N.J: Mack Publishing Company, 1972.

Weisberger, Bernard A. *They Gathered at the River: The Story of the Great Revivalism and Their Impact upon Religion in America*. Boston: Little, Brown and Co., 1958.

Wells, David F. *Reformed Theology in America: A History of Its Modern Development*. Grand Rapids, MI: Baker Book, 1997.

Williams, Peter W. *Popular Religion in America: Symbolic Change and the Modernization Process in Historical Perspective*. Urbana and Chicago: University of Illinois Press, 1989.

Wirt, Sherwood Eliot. *Billy: A Personal look at the world's best-loved evangelist*. USA: OM Publishing. 1997.

Wuthnow, Robert. *The Restructuring of American Religion: Society and Faith World War* II. Wilson, John F. Editor. New Jersey: Princeton University Press, 1988.

3. 번역서

Amstrong, J.H. 『부흥을 준비하라』. 김태곤 역. 서울: 생명의말씀사, 2001.

Balmer, Randall & Fitzmier, John R. 『미국 장로교회사: 전통과 인물』. 한성진 역. CLC, 1993.

Baxter, Richard. 『참 목자상』. 최치남 역. 서울: 생명의말씀사, 2005.

_____. 『성도의 영원한 안식』. 김기찬 역. 서울: 크리스챤다이제스트, 2001.

Baily, Faith. 『무디의 생애』. 전갑진 역. 생명의말씀사, 1981.

Berman, Morris. 『미국문화의 몰락』. 심현식 역. 서울: 황금가지, 2002.

Bickel, Bruce. 『복음과 청교도 설교』. 원광연 역. 서울: 청교도신앙사, 2002.

Brinkley, Alan. 『있는 그대로의 미국사: 다양한 시작-식민지 시기부터 남북전쟁 까지』. 황혜성 외 5인 공역. 서울: 휴머니스트, 2007.

Carden, Allen. 『청교도 정신』. 박영호 역. 서울: CLC, 1993.

Cherry, Conrad. 『조나단 에드워즈의 신학』. 주도홍 역, 서울: 이레서원, 2001.

Coray, Henry W. 『잔 그레스햄 메이첸』. 김길성 역. 서울: 총신대학교출판부, 1998.

Davies, Horton. 『청교도 예배』. 김석한 역. 서울: CLC, 1999.

Edwards, Jonathan. 『놀라운 부흥과 회심 이야기』. 백금산 역. 부흥과개혁사, 2006.

_____. 『균형잡힌 부흥신학』. 양낙흥 역. 부흥과개혁사, 2005.

_____. 『성령의 역사 분별 방법』. 노병기 역. 부흥과개혁사, 2006.

_____. 『고린도전서 13장 강해: 사랑의 열매』. 서문 강 역. 서울: 도서출판 엠마오, 1984.

_____. 『조나단 에드워즈처럼 살 수는 없을까?: 에드워즈의 자서전, 결심문, 일기』. 백금산 역. 서울: 부흥과개혁사, 2000.

Erickson, Millard J. 『복음주의 조직신학』. 신경수 역. 서울: 크리스찬다이제스트, 1997.

Finney, C.G. 『찰스 피니의 자서전』. 웨셀, 헬렌 편. 양낙홍 역. 서울: 생명의말씀사, 1984.

_____. 『진정한 부흥』. 홍성철 역. 서울: 생명의말씀사, 1975.

_____. 『세상을 이기는 믿음』. 엄성옥 역. 서울: 은성, 1989.

Fitt, A. P. 『무디의 생애』. 서종대 역. 서울: 생명의말씀사, 2002.

Follock, John. 『빌리 그레이엄: 생애와 사상』. 김준곤(서). 서울: 세종문화사, 1973.

Graham, Billy. 『빌리 그레이엄 자서전』. 윤종석 역. 서울: 두란노, 2001.

_____. 『예수 십자가를 기억하라』. 강주헌 역, 서울: 엔크리스토, 2003.

_____. 『빌리 그레함의 365일 설교와 기도』. 권명달 역. 서울: 보이스사, 1992.

_____. 『도전』. 권혁봉 역. 서울: 생명의말씀사, 1973.

_____. 『하나님과의 평화』. 정동섭 역. 서울: 생명의말씀사, 1994.

_____. 『예수의 젊은이들』. 홍성철 역. 서울: 생명의말씀사, 1981.

_____. 『결정의 시간』 홍동근 역. 서울: 한국가정문서선교회, 1969.

_____. 『12時 3分前』. 홍동근 역. 서울: 한국가정문서선교회, 1969.

_____. 『불타는 세계』. 서울: 생명의말씀사, 1973.
_____. 『천사론: 하나님의 비밀을 맡은 자』. 도한호 역. 서울: 침례회출판사, 1988.
_____. 『성령』. 주인정 역. 서울: 보이스사, 1979.
_____. 『이렇게 답한다』. 오세철/송천호 역. 서울: 설우사, 1973.
_____. 『매일의 묵상』. 김윤규 역. 서울: 백합출판사, 1978.
_____. 『인생』. 전의우 역. 경기, 파주: 청림출판사, 2006.
Gundry, S. N. 『무디의 생애와 신학』. 이희숙 역. 서울: 생명의말씀사, 1985.
Hardman, Keith J. 『부흥의 계절』. 박응규 역. 서울: CLC, 2006.
Heron, James. 『청교도 역사』. 박영호 역. 서울: CLC, 1996.
Hindson, Edward. 『청교도 신학』. 박영호 역. 서울: CLC, 1989.
Hoekema, A. A. 『개혁주의 인간론』. 유호준 역. 서울: CLC, 1990.
Horton, Michael Scott. 『미국제 복음주의를 경계하라』. 김재영 역. 서울: 나침반, 2001.
Jones, Martyn Lloyd. 『로이드 존스의 부흥』. 서문강 역. 서울: 생명의말씀사, 2006.
Kantzer, Kenneth S. 『복음주의의 뿌리』. 서울: 생명의말씀사, 1983.
Kuyper, A. 『칼빈주의』, 박영남 역. 서울: 세종문화사, 1993.
Leer, Ellen Flesseman Van. 『WCC연구자료 6: 에큐메니칼운동에 있어서 성경의 권위와 해석』. 이형기 역. 한국장로교출판사, 1996.
Lewis, Peter. 『청교도 목회와 설교』. 서창원 역. 서울: 청교도신앙사, 1991.
Loetscher, Lefferts A. 『세계 장로교회사』. 김남식 역. 서울: 성광문화사, 1990.
Longfield, Bradley J. 『미국 장로교회 논쟁』. 이은선 역. 서울: 아가페문화사, 1992.
Lloyd-Jones, Martin. 『청교도 신앙: 그 기원과 계승자들』. 서울: 생명의말씀사, 2005.
Marsden, George M. 『근본주의와 미국문화』. 박용규 역. 서울: 생명의말씀사, 1997.
_____. 『미국의 근본주의와 복음주의 이해』. 홍치모 역. 서울: 성광

문화사, 1992.
Martin, William. 『빌리 그레이엄』. 전가화 역. 서울: 고려원, 1993.
Meeter, H.H. 『칼빈주의』. 박윤선·김진홍 역. 서울: 개혁주의신행협회, 2000.
Miller, Basil. 『찰스 피니의 생애』. 유양숙 역. 서울: 생명의말씀사, 1992.
Moody, D. L. 『하나님에게 가는 길』. 차한 역. 서울: 도서출판 안티오크, 1995.
_____. 『무디의 명설교』. 김동현 역. 서울: 도서출판 솔로몬, 1994.
_____. 『아직도 하나님의 사랑은 끝나지 않았습니다』. 정혜숙 역. 서울: 한국로고스연구원, 1996.
_____. 『무디의 명상론』. 권달천 역. 서울: 생명의말씀사, 1984.
Moody, W. R. 『위대한 전도자 무디』. 김한기 역. 서울: 도서출판 은혜, 1997.
_____. 『D.L. 무디(상)』. 이상준 역. 서울: 도서출판 두란노, 1997.
_____. 『D.L. 무디(하)』. 이상준 역. 서울: 도서출판 두란노, 1997.
Murray, Iain. H. 『조나단 에드워즈: 삶과 신앙』 윤상문·전광규 역. 서울: 이레서원, 2005.
_____. 『부흥과 부흥주의』. 신호섭 역. 서울: 부흥과개혁사, 2005.
_____. 『부흥관 바로 세우기』. 서창원 역. 서울: 부흥과개혁사, 2001.
Packer, James I. 『청교도 사상』. 박영호 역. 서울: CLC, 2001.
_____. 『근본주의와 성경의 권위』. 옥한흠 역. 개혁주의신행협회, 1992.
Perkins, William. 『설교의 기술과 목사의 소명』. 채천석 역. 서울: 부흥과개혁사, 2006.
Ramm, Bernard. 『복음주의 신학의 흐름』. 권혁봉 역. 서울: 생명의말씀사, 1973.
Rapp, Robert S. 『칼빈주의 신학과 신앙』. 김차생 편역. 서울: 성광문화사, 1990.
Quincer, Sheldon B. 『조나단 에드워즈 요약설교. 싱노를 인도하는 성령』. 김남일 역. 서울: 여수룬, 1989.

Sell, Alan P. F.『칼빈주의와 알미니안주의와 구원』. 김경진 역. 서울: 생명의말씀사, 1989.

Smylie, James.『간추린 미국 장로교회사』. 김인수 역. 서울: 대한기독교서회, 1998.

Solberg, Winton U.『미국인의 사상과 문화』. 조지형 역. 서울: 이화여자대학교출판부, 1996.

Spurgeon, C.H.『스펄젼의 부흥의 열망』. 송용자 역, 서울: 지평서원, 2001.

Steinfels, Peter.『현대 미국 지성사』. 김쾌상 역. 서울: 현대사상사, 1983.

Sweet, William Warren.『미국교회사』. 김기달 역. 서울: 대한기독교서회, 1978.

Sweeting, George & Sweeting, Donald.『무디의 삶이 주는 교훈』. 국백런 역. 서울: 생명의 말씀사, 2000.

Thomson, Andrew.『청교도 황태자: 존 오웬』. 엄경희 역. 서울: 지평서원, 2006.

Vincent, Thomas.『성경 소요리문답 해설』. 홍병창 역. 서울: 여수룬, 1999.

Vischer, Lukas.『WCC 연구자료 7: 에큐메니칼 운동에 있어서 개혁교회의 증거』. 이형기 역. 한국장로교출판사, 1996.

Visser't Hooft, W.A.『WCC연구자료 1: 기원과 형성』. 이형기 역. 한국장로교출판사, 1993.

Walker, Williston.『기독교회사』. 송인설 역. 서울: 크리스챤다이제스트, 1998.

WCC.『WCC 연구자료 2: 세계교회협의회 40년사』. 이형기 역. 한국장로교출판사, 1993.

WCC.『WCC 연구자료 3: 세계교회협의회 역대총회 종합보고서』. 이형기 역. 한국장로교출판사, 1993.

WCC.『WCC 연구자료4: BEM 문서』. 한국장로교출판사, 1993.

WCC.『WCC 연구자료5: 세계가 고백해야 할 하나의 신앙고백』. 이형기 역. 한국장로교출판사, 1996.

Wessel, Helen.『찰스 피니의 자서전』. 양낙홍 역. 서울: 생명의말씀사, 1984.

Wells, David F. 『남부 개혁주의 전통과 신정통신학』. 박용규 역. 서울: 도서출판 엠마오. 1992.

White, Ronald C. Jr.& Weeks, Louis B.& Rosell Garth M. 『미국 기독교: 사례중심연구』. 맹용길 역. 서울: 한국장로교출판사, 1998.

Williams, Colin W. 『존 웨슬리의 신학: 현대적 의미』. 이계준 역. 서울: 전망사, 1983.

土肥昭夫. 『日本基督教의 史論的 理解』. 서정민 역. 서울: 한국기독교역사연구소, 1993.

4. 논문

박광서. 「조나단 에드워즈의 인간의 전적 타락관 연구」, 아세아연합신학대교 대학원 석사학위논문, 2002.

배상도. 「신앙부흥운동에 원동력으로서의 조나단 에드워즈의 성결」, 아세아연합신학대학교 대학원 석사학위논문, 2000.

이종진. 「챨스 피니 연구」, 장로회신학대학 대학원 석사학위논문, 1987.

김승민. 「챨스 피니의 설교와 부흥운동에 대한 연구」, 아세아연합신학대학교 대학원 석사학위논문, 2003.

김동인. 「챨스 피니의 완전성화론 연구」, 아세아연합신학대학교 대학원 석사학위논문, 2003.

김규원, 「빌리 그래함의 설교연구」, 장로회신학대학교 대학원 석사학위논문, 1997.

조병하, 「무디의 부흥운동과 한국성결교회」, 서울신학대학교 대학원 석사학위논문, 1979.

정세훈, 「미국 근본주의 신학이 한국 장로교회에 미친 영향」, 장로회신학대학교 대학원, 신학학위논문, 1998.

이주형, 「18, 19세기 미국 대각성운동 연구」, 장로회신학대학교 대학원, 석사학위논문, 2004.

5. 정기 간행물

고광필. "성 어거스틴의 은혜의 개념."『광신논단 Vol. 10』. 광신대학교출판부, 2001. 5.
김광열. "개혁신학에서 조망한 부흥."『제 44회 전국 목사·장로 기도회』, 2007. 5. 7-9.
김상복. "세계 복음주의 운동의 흐름과 방향."「한국복음주의협의회 발표문 모음집 2002년」. Apostolos Press, 2007.
박명수. "한국복음주의 운동의 내용과 방향."『성결교회와 신학 Vol 14』. 성결교회역사연구소, 2005. 가을.
오덕교. "청교도와 가정(The Journal of Reformed Theological Studies)."『개혁주의 신학 연구논문. Vol 3. 역사신학』. 광신대학교출판부, 2003. 6.
이종진. "미국 부흥운동 연구: 조나단 에드워즈와 찰스 피니 비교."『서울 長神論壇 9輯』. 2001.
조봉근. "성령론과 세계교회협의회(WCC) 운동의 발전 추이."『광신논단 Vol 15』. 광신대학교출판부, 2006. 10.
허명섭. "한국복음주의 운동의 최근 동향."『성결교회와 신학 Vol 14』. 성결교회 역사연구소, 2005. 가을.
『신학논문총서 조직신학 27』. 학술정보자료사
『신학논문총서 역사신학 13』. 학술정보자료사.

신학박사논문시리즈 21
미국교회 부흥신학 Revival Theology in America

2012년 4월 20일 초판 발행

지은이 | 박용호

펴낸곳 | 사)기독교문서선교회
등록 | 제16-25호(1980. 1. 18)
주소 | 서울시 서초구 방배동 983-2
전화 | 02)586-8761~3(본사) 031)923-8762~3(영업부)
팩스 | 02)523-0131(본사) 031)923-8761(영업부)
홈페이지 | www.clcbook.com
이메일 | clckor@gmail.com
온라인 | 국민은행 043-01-0379-646, 기업은행 073-000308-04-020
　　　　　예금주: 사)기독교문서선교회

ISBN 978-89-341-1192-4 (93230)

* 낙장, 파본은 교환해 드립니다.